# 内部控制与现代审计初探

胡志容◎著

中国书籍出版社

图书在版编目（CIP）数据

内部控制与现代审计初探 / 胡志容著. ——北京：中国书籍出版社，2013.9
ISBN 978-7-5068-3674-6

Ⅰ.①内… Ⅱ.①胡… Ⅲ.①内部审计—研究 Ⅳ.①F239.45

中国版本图书馆 CIP 数据核字 (2013) 第 178679 号

## 内部控制与现代审计初探
胡志容 著

| | |
|---|---|
| 责任编辑 | 安玉霞 |
| 选题策划 | 重庆书缘工作室 |
| 责任印刷 | 孙马飞　张智勇 |
| 封面设计 | 左源洁 |
| 出版发行 | 中国书籍出版社 |
| 地　　址 | 北京市丰台区三路居路 97 号（邮编：100073） |
| 电　　话 | （010）52257143（总编室）　（010）52257153（发行部） |
| 电子邮箱 | chinabp@vip.sina.com |
| 经　　销 | 全国新华书店 |
| 印　　刷 | 重庆市东升印务有限公司 |
| 开　　本 | 787 厘米 × 1194 厘米　1/32 |
| 印　　张 | 11 |
| 字　　数 | 240 千字 |
| 版　　次 | 2013 年 10 月第 1 版　2013 年 10 月第 1 次印刷 |
| 书　　号 | ISBN 978-7-5068-3674-6 |
| 定　　价 | 38.00 元 |

版权所有　翻印必究

# 序

重庆城市管理职业学院财贸学院院长、教授 浓东升

　　学习会计学和从事会计、审计工作的读者都知道内部控制和现代审计。但随着我国经济的快速发展以及经济发展的不断现代化，内部控制与现代审计也在相应发展并走向现代化，这是要引起那些从事审计理论与实践探索的读者不断关注的。比如，内部控制和现代审计的概念如何，关系如何，各有什么特征，各有哪些范畴和内容，它们发展的历史和现状怎么样，在国际国内新的政治经济背景下，它们有什么理论与实践上的变化和发展趋势，对我们经济单位的经营管理和经济运行的监督管理等起什么样的促进作用，实践中有什么创新性的运用，等等，都是值得我们不断研究和探索的，而且这不仅有利于各方面的理论更加完善，也有利于实践更加富有成效。应当说，这就是作者萌发编撰出版这本专著的重要原因。

　　我们知道，理论的研究与探索，从来都是实践不断发展的需要。内部控制和现代审计在国际上和我国都有着相当长的发展历史，其间蕴藏着丰富的理论和实践经验。而以社会审计身份出现的注册会计师审计，则是经济现代化时代企业或其他经济单位审计的重要特征，并且从几百年前西方资本市场形成、投资和入股兴起之时起，投资、入股人逐渐与经营分离，为了了解和把握企业的经营状况，

维护投资者或股东的利益，第三方以独立于企业之外的具有权威性、公正性的查账或者说审计，自然应运而生，这第三方就是注册会计师等。而与注册会计师审计相关的审计规则、人才标准、组织管理、培训认定、法律责任等制度、理论也就顺其自然地发展起来。由此，内部审计、注册会计师审计等步入现代审计的殿堂。本书就是着眼于探讨内部控制背景下现代审计的一部分问题，以期引起新的探讨和学习借鉴。

在本书中，作者在现代审计的视野里，回顾并探讨了内部控制及相关的危机管理、风险管理的起源与发展情况、内部控制的要素、内部控制与现代审计的关系等，并关注中国审计的现代化问题。紧接着，对内部审计、注册会计师审计等涉及的一系列问题进行了探讨，并根据作者本人的教学重心和现代审计的重心以及注册会计师审计特有的复杂性，尽力吸收更多的观点和看法，试图对注册会计师审计作更为全面深入的探讨，并且在探讨中将其与内部控制紧密结合起来。例如，作者对内部控制与注册会计师审计的关系，内部控制背景下注册会计师审计的项目承接、审计目标、审计范围、审计方法、审计风险、审计责任、审计实施措施等，都作了不同程度的探讨。

作者胡志容是教学会计学的副教授，她紧扣自己的专业，广泛学习，积极思考，善于吸收别人的先进理论，善于总结和创新，其精神是难能可贵的，应当受到广泛的鼓励和支持。本书不是系统的教材，也不是会计学单一领域的探究，而是基于内部控制和现代审计两大领域的交叉和重叠部分的总结、观察、探索与思考，力求在这两大方面之间，寻求新的思维和理论架构，正如作者所言，此书若能起到抛砖引玉的作用，引出同仁更多的相关成果，其愿足矣！

## 序

  在此，我们感谢作者费心所作的探讨和编撰，感谢作者为会计领域提供了这样一个新的成果，并祝愿她本人和同仁们有更多相关成果的出现，让我们的高等职业院校会计学理论更加蓬勃发展。

  是为序。

2013 年 5 月 28 日

# 绪 言

我们知道，内部控制与现代审计是密切相关的两个会计学概念。

这里，我们先说内部控制。内部控制是指一个单位尤其是经济单位为了实现其经营目标，保护资产的安全完整，保证会计信息资料的正确可靠，确保经营方针的贯彻执行，保证经营活动的经济性、效率性和效果性，而在单位内部采取的自我调整、约束、规划、评价和控制的一系列方法、手续与措施的总称。这些方法、手续与措施形成一套控制制度，那就是内部控制制度。内部控制制度便是各级管理部门在本单位、本部门内部因分工而产生的相互制约、相互联系的基础上，采取一系列具有控制作用的方法、措施和程序，并即时予以规范化、系统化和制度化，由此所形成的一整套严密的控制机制，也称为内部控制系统。内部控制制度是现代企业的一种科学管理方法，它不但可以帮助单位实现预期目标，而且能为外部审计提供可靠的依据。审核被审计单位的内部控制制度是现代审计的一大特征。

那么，审计是什么呢？它是一项具有独立性的经济监督活动。其本质具有两方面含义：一是指审计属于一种经济监督活动，经济监督是审计的基本职能；二是指审计具有独立性，独立性属于审计监督的最本质的特征，是区别于其他经济监督的关键所在。而审计在当代的发展和应用，则具有了现代审计的特征。

审计与经济管理活动、非经济监督活动以及其他专业性经济监督活动相比较，独立性特征是审计的本质特征，也是保证审计工作顺利进行的必要条件。审计机构和审计人员应保持职业精神上的独立性，不受其他行政机关、社会团体或个人的干涉。审计机构应有自己专门的经费来源或一定的经济收入，以保证有足够的经费独立自主地进行审计工作，不受被审计单位的牵制。审计人员依法行使审计职权应当受到国家法律保护。

审计的权威性特征是保证有效行使审计权的必要条件。我国政府审计机关的审计决定明显具有法律效力，可以强制执行，这充分地显示了我国审计的权威性。我国的社会审计组织，如会计师事务所，也是经过有关部门批准、登记注册的法人组织，依照法律规定独立承办审计查账验证和咨询服务业务，其审计报告对外具有法律效力，这也充分体现它们同样具有法定地位和权威性。我国内部审计机构也是根据法律规定设置的，在单位内部具有较高的地位和相对的独立性，因此也具有一定的权威性。

与权威性密切相关的是审计的公正性。审计人员理应站在第三者的立场上，进行实事求是的检查，做出不带任何偏见的、符合客观实际的判断，并做出公正的评价，进行公正的处理，以正确地确定或解除被审计人的经济责任，审计人员只有同时保持独立性、公正性，才能取信于审计授权者或委托者以及社会公众，才能真正树立审计权威的形象。

在现代审计概念中，国家审计机关与内部审计、注册会计师审计有一定的区别和联系。国家审计是政府的一种行政职能，国家审计主要关注国家机关及企业的财务情况，防止非法占用挪用资金及偷逃等行为，国家审计的一般执行机构为审计署（厅、局），财政部及相关财政机构，也会对相关企事业单位进行一定的审计监督工作。

除国家审计外，内部审计和注册会计师审计对经济单位来说则分别属于内部和外部的审计活动。

内部审计属于单位内部的审计活动，内部审计具有内部经营管理的性质，是内部控制的组成部分，指的是公司等经济单位自设的审计部门对本单位制度程序执行的合规性、财务报表编制的真实性和完整性、项目及采购价格的合理性等进行内部评价评估的业务活动。主要目的是确保消除单位经营风险。从内部控制角度看，内部审计则是指由被审计单位内部机构或人员对其内部控制的有效性、财务信息的真实性和完整性以及经营活动的效率和效果等开展的一种评价活动。

注册会计师审计属于社会审计，注册会计师审计制度最早起源于16世纪意大利合伙制度，形成于英国的股份公司制，完善于美国发达的资本市场。作为注册会计师形成阶段的英国，审计的存在，主要是为企业的财务真实性、有效性提供独立的第三方认证（涉及监管、政策、税收等相关问题，国家属于第一方，企业属于第二方），并出具相应的财务报告，注册会计师取得执业资格后，在会计师事务所进行执业工作。到现当代，注册会计师审计正蓬勃发展。

由于审计人员在执行审计业务时，首先要对被审计单位的内部控制制度进行审查和评价，根据被审计单位内部控制制度的好坏来确定进行实质性测试的性质、范围、时间等。这是现代审计的重要特征。内部控制的完善和发展，促使审计工作从以经济业务检查为基础的详细审计发展成为以测试内部控制为基础的抽样审计。因此，现代审计与内部控制之间存在着密切的联系。

第一，内部控制和内部审计同时作为现代企业制度中企业加强内部管理的手段，两者职能上有重叠、实施上有差异。两者相互渗透、相互促进，从企业内部的不同方面降低企业生产经营中的风险，提高企业的"自身免疫力"，促进企业全面协调可持续的发展。而有效的内部控制，包括内部审计是公司治理的重要部分。内部审计作为一种"内部人"约束机制，是现代企业建立和完善法人治理结构的内在需要。企业内部审计在评价和监督企业内控机制的有效运转，保障企业依法合规、稳健经营，有效防范金融风险方面起着不可替代的作用。现代企业制度强调自我约束机制，企业自我约束机制主要体现在以下两个方面：一是内部控制制度，二是内部审计制度。内部控制制度的执行依赖于内部审计监督，换言之，内部审计监督是加强企业内部控制的保障。企业的内部控制是指企业为了保证业务活动的有效进行和资产的安全完整，防止、发现和纠正错误与舞弊，保证会计资料的真实、合法、完整而制定和实施的政策、措施和程序。

第二，注册会计师在审计过程中，通常需要了解和测试被审计单位的内部控制，而内部控制审计是会计师事务所内部控制的一个重要组成部分，其职能包括监督内部控制的运行情况、检查财务信息和经营信息、评价经营活动的效率和效果、评价对法律法规的遵循情况等。注册会计师在审计过程中，自然要考虑内部控制活动及其在内部审计中的作用，以评估财务报表重大错报风险及其对注册会计师审计程序的影响。注册会计师通过了解与评估内部审计工作，利用可信赖的内部审计工作相关部分的成果，可以减少不必要的重复劳动，提高审计工作效率。

第三，内部控制对注册会计师的审计有十分重要的影响，因此注册会计师在审计过程中要进行审计风险的评估，尽量缩小或降低审计风险。

## 绪言

针对上述思考，本书设想对内部控制与现代审计有关问题进行探讨。全书共分十五章，分三大块进行探讨：

第一块，包括两章，重点探讨有关内部控制的问题，并为后面两大块的探讨内容作理论铺垫。分别探讨和回顾组织内部控制的起源与发展、组织内部控制及其构成要素所涉及的一些问题，尤其结合企业管理，还探讨了风险管理、危机管理的起源和发展，以及企业内部管理需要的内部控制构成要素和控制方法等问题，探讨了对内部控制发展的思考和有关内部控制理论的实践与借鉴等问题。

第二块，以内部控制与现代审计研究为过渡，用三章探讨内部审计的有关问题，对内部审计的起源与发展趋势、内部控制与内部审计的关系和内部审计的具体实施、现代企业内部审计系列问题作了重点探讨。

第三块，从第七章起，以九个章节的篇幅，较全面地探讨了有关注册会计师审计的一系列问题。重点探讨了注册会计师审计的起源与发展，内部控制对注册会计师审计的影响，注册会计师的内部控制审核，注册会计师审计的项目承接和审计范围，内部控制与注册会计师审计方法选择，注册会计师对内部控制的审计，内部控制与注册会计师的审计风险，注册会计师的审计责任，内部控制对风险评估及应对审计风险的影响。

# 目 录

序 …………………………………………………… 1
绪 言 ………………………………………………… 1

## 第一章 组织内部控制的起源与发展
第一节 内部控制的产生和演进轨迹 …… 1
第二节 世界内部控制的起源与发展研究 4
第三节 我国组织内部控制的起源和发展 9
第四节 企业内部控制的起源和发展 …… 14
第五节 风险管理的起源和发展 ………… 19
第六节 危机管理的起源和发展 ………… 25
第七节 关于内部控制发展的思考 ……… 28

## 第二章 组织内部控制及其构成要素
第一节 内部控制要素的内容 …………… 30
第二节 内部控制的构成要素和基本方式 33
第三节 基于企业内部管理需要的内部控制构成要素和控制方法 ………… 36
第四节 内部控制理论的实践与借鉴 …… 41

## 第三章 内部控制与现代审计
第一节 现代审计的起源和发展 ………… 45
第二节 现代审计与中国 ………………… 50
附：中国审计现代化 ………………… 53
第三节 内部控制与现代审计的关系 …… 58

## 第四章 内部审计的发展与特征
第一节 内部审计的起源与发展趋势 …… 66
第二节 内部审计特征 …………………… 69

· 1 ·

第三节 内部控制和内部审计的关系 …… 71
## 第五章 内部审计的实施
第一节 内部审计的程序与计划 ………… 73
第二节 制订内部审计工作方案 ………… 78
第三节 开展内部总结 …………………… 80
第四节 审计报告阶段和跟踪审计阶段 … 84
第五节 内部审计工作的范围、存在的主要问题及改进对策 …………………… 86

## 第六章 现代企业内部审计
第一节 内部审计在公司治理结构中的地位 92
第二节 企业内部审计制度的作用 ……… 95
第三节 现代企业内部审计工作的主要内容 97
第四节 健全企业风险管理机制的必要性 … 98
第五节 现代企业风险管理导向下的内部控制审计工作 ……………………………… 100
第六节 企业内部审计工作流程 ………… 103
第七节 现代企业内部控制和内部审计存在的问题及改进措施 ………………… 113

## 第七章 注册会计师审计的起源与发展
第一节 西方注册会计师审计的起源与发展 116
第二节 我国注册会计师审计的起源与发展 121
第三节 注册会计师审计的基本概念 …… 122

## 第八章 内部控制对注册会计师审计的影响
第一节 影响注册会计师审计独立性因素的分析 ……………………………………… 127
第二节 审计与内部控制之管理人制度对注册会计师的影响 …………………… 131
第三节 作为管理人主体的注册会计师——管理人的特点 ……………………… 135

## 目录

### 　　第四节　作为管理人雇员的注册会计师——会计人员的特点　136
### 　　第五节　作为管理人审计的注册会计师——审计人员的特点　139
## 第九章　注册会计师的内部控制审核
### 　　第一节　内部控制审核是现代审计的基础　141
### 　　第二节　内部控制审核的基本原理　145
### 　　第三节　内部控制审核的主要内容　148
### 　　第四节　内部控制的测试　149
### 　　第五节　我国审计事业的发展与内部控制审核　153
### 　　第六节　我国注册会计师对内部控制评价的做法　156
## 第十章　注册会计师审计的项目承接和审计范围
### 　　第一节　审计业务承接和审计规划　167
### 　　第二节　内部控制与审计目标和审计范围　169
## 第十一章　内部控制与注册会计师审计方法选择
### 　　第一节　历史审计模式及方法选择　173
### 　　第二节　在场审计模式及方法　180
### 　　第三节　实验审计模式及方法　180
### 　　第四节　随着审计环境的变化调整审计方法　181
## 第十二章　注册会计师对内部控制的审计
### 　　第一节　会计师事务所与企业内部控制制度　184
### 　　第二节　注册会计师对内部控制进行审计　187
### 　　第三节　注册会计师审计对内部控制的审核　192
### 　　第四节　计划内部控制审计工作　197
### 　　第五节　实施内部控制审计工作　200
### 　　第六节　评价内部控制缺陷　207
### 　　第七节　完成内部控制审计工作　210

第八节　出具内部控制审计报告 …………… 212
第十三章　内部控制与注册会计师的审计风险
　　第一节　注册会计师必须评价被审计单位的审计风险 …………………………………… 217
　　第二节　如何评价内部控制与审计风险 … 222
　　第三节　如何评价内部控制与审计风险（续） …………………………………………… 227
　　第四节　对我国注册会计师审计风险控制的研究 …………………………………………… 238
第十四章　注册会计师的审计责任
　　第一节　注册会计师职务侵权责任归责原则的理论纷争 ………………………………… 241
　　第二节　注册会计师职务侵权责任归责原则的立法考察 …………………………………… 244
　　第三节　我国注册会计师职务侵权归责原则的现行法之分析 …………………………… 248
　　第四节　我国注册会计师职务侵权责任归责原则的最佳选择 …………………………… 254
　　第五节　注册会计师法律责任的成因、认定及防范 ……………………………………… 261
第十五章　内部控制对风险评估及应对审计风险的影响
　　第一节　审计风险准则及其特点 ………… 270
　　第二节　风险评估的含义及作用 ………… 273
　　第三节　风险评估程序 …………………… 274
　　第四节　风险评估的内容 ………………… 276
　　第五节　评估重大错报风险 ……………… 284
　　第六节　财务报表层次重大错报风险与总体应对措施 …………………………………… 293

第七节　针对认定层次重大错报风险的进一步审
　　　　　　计程序及其性质、时间和范围 … 299
　　第八节　针对认定层次重大错报风险的进一步审
　　　　　　计程序控制测试 …………………… 300
　　第九节　针对认定层次重大错报风险的进一步审
　　　　　　计程序实质性程序 ………………… 304
　　第十节　注册会计师审计风险增大趋势及其对策
　　　　　　………………………………………… 311
结束语……………………………………………… 316
参考文献…………………………………………… 317
后　记……………………………………………… 319

# 第一章 组织内部控制的起源与发展

## 第一节 内部控制的产生和演进轨迹

内部控制必须与一定的组织联系起来理解，即它来自组织内部，针对组织内部，是为促使组织实现其所赋予的全部或者部分使命（目标）而开展的一系列专门的活动。这里有两个要点：第一，组织是相关利益（或非利益，下同）主体的结合体，或者说它是一个相关利益主体及其相互关系的联结，内部控制存在于（来自或者针对）这些相关利益主体之间，其目的在于从特定的角度协调某些关系；第二，内部控制是一系列活动，这些活动可能是有意（自觉）的，也可能是无意（自发）的，它并不依赖于外在的称谓或者被归结出来的概念。理解这两点，有助于我们把组织内部的控制（control in organizations）和对组织的控制（control of organizations）区分开来（桑德），把概念化、程式化的内部控制和实质上的内部控制活动本身区分开来，从而避免陷入混淆和曲解。由此，我们不难看出，内部控制是伴随着组织的形成而产生的。宽泛而言，自从组织产生之后，伴随着组织追求其目标的努力，就催生了内部控制。

企业组织的内部控制是伴随着企业组织的形成而产生的。早期的分工、牵制、授权、汇报、稽查等都是内部控制活动。因而，可以肯定地说，内部控制最初是在组织中内生的,而不是外力(外部管制、规范的要求;审计)催生的。内部控制经历了一个不断发展、完善的历史进程。推动其发展的因素主要来自组织的演进和环境(政治、经济、社会、技术)的变化。内部控制的演进主要表现为控制目标、控制对象和控制手段的变化。按照通行的概括,内部控制的演进遵循着"内部牵制——内部控制制度——内部控制结构——内部控制整合框架"的轨迹。应该说,这一概括大致上勾勒出了内部控制的发展进程。但是,值得注意的是,内部控制的演进绝不仅仅是概念的翻新。我们完全可以从"自发性(无意识的)内部控制——自觉性(有主观目的性的)内部控制——他律性(管制、规范要求的)内部控制"(内部控制的属性演变)、"零散的内部控制——专项的内部控制——系统的内部控制——综合的内部控制"(内部控制对象的拓展)、"原始的内部控制——现代手段辅助的内部控制"(内部控制手段的进步)等很多线索去探求内部控制的演进轨迹。而且沿着这些追溯线索也能够找到内部控制与审计渊源关系的一些契合点。这里,只根据通行的线索进行论述。

## 一、内部牵制阶段

从原始的组织诞生开始,直至 20 世纪 40 年代以前,内部控制的发展基本上停留在内部牵制阶段。这一阶段内部控制的着眼点在于职责的分工和业务流程及其记录上的交叉检查或交叉控制。内部牵制主要通过人员配备和职责划分、业务流程、簿记系统等来完成。其目标主要是防止组织内部的错误和舞弊,通过保护组织财产的安全来保障组织运转的有效性。

## 二、内部控制制度阶段

20 世纪 40 年代至 70 年代,内部控制的发展进入内部控制制度阶段。这一阶段内部控制开始有了内部会计控制和内部管理控制的划分,主要通过形成和推行一整套内部控制制度(方法和程序)来实施控制。内部控制的目标除了保护组织财产的安全之外,还包括增进会计信息的可靠性、提高经营效率和遵循既定的管理方针。

### 三、内部控制结构阶段

进入 20 世纪 90 年代以后,内部控制的发展进入内部控制结构阶段。这一阶段开始把控制环境作为一项重要内容与会计制度、控制程序一起纳入内部控制结构,并且不再区分会计控制和管理控制。控制环境反映组织的各个利益关系主体(管理当局、所有者和其他利益关系主体)对内部控制的态度、看法和行为;会计制度规定各项经济业务的确认、分析、归类、记录和报告方法,旨在明确各项资产、负债的经营管理责任;控制程序是管理当局所确定的方针和程序,以保证达到一定的目标。

### 四、内部控制整合框架阶段

1992 年,美国反虚假财务报告委员会(通常以其首任主席的名字命名为 Treadway 委员会)的主办组织委员会(COSO)发布了一份报告——《内部控制:整合框架》,提出了内部控制的三项目标和五大要素,标志着内部控制进入一个新的发展阶段。内部控制的目标包括合理地确保(reasonablyassure):经营的效率和有效性;财务报告的可靠性;对适用法规的遵循。内部控制要素包括:①控制环境,包括员工的正直、道德价值观和能力,管理当局的理念和经营风格,管理当局确立权威性和责任、组织和开发员工的方法等;②风险评估,即为了达成组织目标而对相关的风险所进行的辨别与分析;③控制活动,是为了确保实现管理当局的目标而采取的政策和程序,包括审批、授权、验证、确认、经营业绩的复核、资产的安全性等；④信息与沟通，是为了保证员工履行职责而必须识别、获取的信息及其沟通，信息系统中包括会计信息系统；⑤监控，即对内部控制实施质量的评价，主要包括经营过程中的持续监控（日常管理和监督，员工履行职责的行动等）、个别评价或者两者的结合（COSO）。

## 第二节 世界内部控制的起源与发展研究

内部控制是指单位组织为保证业务活动的有效进行，保护资产的安全和完整，防止、发现、纠正错误与舞弊，保证会计资料的真实、合法、完整而制定和实施的政策与程序。内部控制制度是现代管理理论的重要组成部分，是强调以预防为主的制度，目的在于通过建立完善的制度和程序来防止错误和舞弊的发生，以提高管理的效果及效率。

内部控制的概念最早由审计界于20世纪提出，在此之前的漫长历史，内部控制早已被应用到人们的经济活动中。学术界一个公认的观点是，内部控制起源于内部牵制。但内部控制究竟起源于何时，其发展脉络又是如何呢？这里试通过历史追溯和文献综述的方法对此问题进行探讨。

### 一、内部控制的起源研究

目前国内研究内部控制的起源问题的学者不多，张宜霞认为内部控制最早可追溯到公元前3000年左右的美索不达米亚文化时期；张砚认为内部控制的萌芽期可以追溯到公元前4000年左右。通过历史追溯，学者们发现内部控制在古代社会即已存在，到了中世纪庄园会计时期，内部控制程序已经类似于现代社会，18世纪工业革命后，内部控制已在管理实践中完成了其主体内容的塑造过程，但内部控制的概念还未被提出。

（一）古代社会（公元前～公元454年）的内部控制

大约7000年前，巴比伦、亚述和苏美尔产生了可能是最古老的文字和流传下来的最古老的商业记录。据推断，记账在公元前4000年左右就开始了。巴比伦人十分重视簿记工作，商业和公共管理的记录官（被称为今日会计师的前身）负责在文书上反映商业经营业务，并定期对资产进行盘点，并根据收入和支出的商品编制义务履行报告书。古代埃及的官厅会计的发展大体上与巴比伦相同，记录官仔细反映关于收支的详细情况，官吏之间的记录必须互相一致，并且记录官登记的会计账簿须经仓库监督官加以检查。任何人没有支付命令书均不得从仓库中提取货物。

中国古代的官厅会计在周王朝时期达到顶峰，这个时期产生了"零星算之为计，总和算之为会"的会计和"以九式均节财用"的对口核算、分级管理的管算结合的管理制度，并通过分工负责相互制约。美国著名的会计史学家迈克尔·查特菲尔德称赞中国周代的官厅会计在内部控制方面"在古代世界是无与伦比的"。而公元前5世纪的希腊实行的是公共行政官吏，在新任官吏就职之前，应对神殿财产进行年度盘存，确保记录正确。至于古代社会的罗马，少数财务官负责管理国库，支付军队费用和管理政府会计，各财务官之间，确立了一套复杂的检查和复核制度。

可见，内部控制在古代社会就已经存在，古代社会巴比伦的契约证书、古埃及的国库支付、中国周王朝的政府预算和官厅审计、古希腊的公共财产收支管理、古罗马的家长账簿，无不体现了内部控制的思想。

（二）中世纪（约公元454年～18世纪）的内部控制

1. 庄园会计下的内部控制

公元454～476年西罗马的灭亡，标志着欧洲古代史的结束、中世纪的开端。庄园在中世纪是欧洲的农场和工场。庄园的特征是自给自足的经济业务和通过代理人进行管理。庄园主记账的目的是出于检查的需要,防止损失和盗窃,提高效率;而从受托的管家方面看会计记录是自己忠实履行义务的证据。庄园会计在内部控制程序方面,类似于现代社会。庄园的监视人利用会计资料对庄园各项活动加以控制,并规划未来,他们在不预先通知的情况下赶到现场进行实地调查,将结果报给庄园主,并且记账与现金出纳职能分开。由于庄园主享受社会和政治的特权,没有强烈的利润动机,由此产生的庄园会计主要是为了反映庄园管家的受托责任履行情况,而相应的内部控制活动也只是为了确保庄园主的财产安全。从内部控制的技术手段来看,这个时期的内部控制在职位分工、账物分离、账簿核对等方面接近现在内部控制的理念。

2. 复式簿记产生后的内部控制

十字军东征(1096—1291年)刺激了欧洲与东方之间的商品交易,促成了长达300年的商业革命,商业革命促进了商业和银行组织的产生和产权形式的复杂化,这时应商业要求的复式簿记法产生了。会计的主要职能从庄园资产的受托管理改变为保护投资者、计算利润和支付红利。工厂制度在18世纪工业革命后普遍存在,组织规模的扩大、内部结构的复杂化,以及管理难度的增大使得组织管理成为越来越重要的问题,由此产生了涉及业务程序、职责分配组织结构以及内部审计等多方面的组织管理体系。此时,内部控制主要体现在组织的管理制度和实务中,在管理实践上已经完成了内部控制的主题内容塑造,尽管内部控制的概念还未被提出。

二、内部控制的发展研究

内部控制在企业管理中的作用越来越重要,逐渐引起了管理人员和审计人员的关注。20世纪20年代,审计人员发现内部控制组织愈健全,详细检查舞弊和差错上的时间就愈少,就可以将更多的时间用在对重要的账户的实质性分析上,于是审计人员将内部控制作为审计的基础。一般认为,内部控制的理论发展大致可以分为以下四个不同的阶段:内部牵制、内部控制制度、内部控制结构以及内部控制整体框架。

(一)内部牵制阶段

内部控制最初表现为内部牵制,主要体现在账目之间的相互核对、实施岗位分离等。美国会计师协会1936年在《由独立的会计师执行的财务报表检查》中将内部控制定义为,为保护公司现金和其他资产,检查簿记事务的准确性而在公司内部采用的手段和方法;并提出审计师在制定审计程序时,应审查企业的内部牵制和控制,由此内部控制进入了内部牵制阶段。

1949年,美国审计程序委员会对内部控制提出了更为全面的定义,即内部控制是指内部控制组织的计划和企业为了保护资产,检查会计数据的准确性和可靠性,提高经营效率,以及促使遵循既定的管理方针等所采用的所有方法和措施。在此定义中,提高经营效率首次被提出,这表明内部控制不再仅仅限于与会计和财务部门直接关系的控制,还包括其他经营活动。它赋予了内部控制更为宽泛的内涵,得到了经理们的普遍赞同,然而审计师认为此定义中的内部控制内容过于广泛,显然超出了他们评价被审计单位内部控制所应承担的职责。

(二)内部控制制度阶段

1953年,美国审计程序委员会对内部控制定义做了进一步修正,将内部控制分为两部分:会计控制和管理控制。会计控制由组织计划和所有保护资产、保护会计记录可靠性或与此相关的方法和程序构成，包括授权和批准制度，财产的实物控制，记账、编制财务报表、保管财物资产等职务的分离，以及内部审计等。管理控制由组织计划和所有为提高经营效率、保证管理部门所制定的各项政策得到贯彻执行或与此直接相关的方法或程序构成，管理控制的方法和程序一般只与财务记录发生间接的关系，包括统计分析、时动分析、雇员培训计划、经营报告和质量控制等。1963年，审计程序委员会进一步指出独立审计师主要检查会计控制。修正后的内部控制定义极大地缩小了注册会计师的责任范围，然而管理人员却认为此定义中的内部控制过多地关注纠错防弊，可能无法适应管理部门的需要。

（三）内部控制结构阶段

20世纪以来，大量公司倒闭和陷入财务困境引发了审计诉讼浪潮，审计师们开始思考一个问题：外部投资者对审计师的审计期望往往很高，而审计师在小范围内检查内部控制可能并不能满足投资者的需要，这就加大了审计师的审计风险。同时，随着组织规模越来越大，经营环境越来越复杂，"会计控制"越来越不可能在提高审计效率、降低审计成本的同时保证审计质量。由此美国会计师协会1988年发布了第55号审计准则公告《会计报表审计中对内部控制结构的关注》，不再区分会计控制和管理控制，用"内部控制结构"取代了"内部控制"，并指出"内部控制结构是为合理保证达到特定目标而建立的各种政策和程序"，包括控制环境、会计系统和控制程序三个要素，这标志着内部控制走向结构化和体系化，也拓展了审计师在财务报表审计中考虑内部控制的责任范围。

（四）内部控制整体框架时期

20世纪70年代，美国频频发生公司财务失败和可疑的商业行为，全美反欺骗财务报告委员会，即Treadway委员会由此产生。Treadway 委员会调查发现其所研究的欺诈性财务报告案例中，有大约 50%是由于内部控制失效造成的，于是 Treadway 委员会成立了 COSO 委员会来制定内部控制指南。1992 年，COSO 委员会发布了《内部控制——整体框架》报告。在报告中内部控制被定义为由企业董事会、经理阶层和其他员工实施的，为达成营运的效率效果、财务报告的可靠性、相关法令的遵循性等目标而提供合理保证的过程，它包含五个要素：控制环境、风险评估、控制活动、信息与沟通、监控等。由此内部会计控制与内部管理控制已经完全融入内部控制的框架整体中，也成为现代内部控制最具有权威性的框架。

2004 年，COSO 委员会又进一步发布了《企业风险管理——整合框架》，并指出企业风险管理是一个过程，它是由一个主体的董事会、管理层和其他人员实施的，应用于战略制定并贯穿于企业之中，旨在识别可能会影响主体的潜在事项、管理风险，以使其在该主体的风险容量之内，为主体目标的实现提供合理保证。与 1992 年的报告相比，这次的报告更加关注企业风险管理这一更加宽泛的领域，增加了战略目标，扩大了报告目标的范围；强调了控制的重点是企业风险；在五个要素的基础上增加了目标设定、事项识别和风险应对等三个风险管理要素。

## 第三节 我国组织内部控制的起源和发展

一、我国组织内部控制的起源
1. 组织结构
我国在西周时期，官厅组织结构就已经比较完善。《周礼》中有记载，西周王朝的时候，最高统治者周王，在下设有天官冢宰、地官司徒、春官宗伯、夏官司马、秋官司寇和冬官考工等六大官职。秦朝建立的三公九卿组织，结构更为完备。因而，从官厅内部控制的角度来讲，西周时期就具备了内部控制产生的空间条件。

2. 会计核算

早在西周时期，会计组织由司会统一管理，司会的具体职责包括会计、出纳、税务、财物保管、考核（钩考）、人口与土地统计。组织内部已经构成了一个比较严密的系统，系统内部不但建立了独立的会计部门，而且会计部门与业务部门之间已分工明确。

3、内部牵制与内部稽核

《周礼》中有记载，西周时期的内部牵制包括：财物分管，也就是在天官冢宰之下分设大府、王府、内府、外府、职币等机构，分开管王朝的财物；分职核算，也就是会计记账人员、收入核算、支出核算，以及实物保管，分别由不同官员实施；内部稽核，也就是宰夫行使稽核职权，负责组织对财物保管部门年度、月度、旬度的财物出入和经济收支情况进行具体全面的稽核，这可以作为确定官吏政绩优劣的依据。

二、我国内部控制的发展

1. 古代的内部控制

在我国，古代内部控制制度始于西周，完善于唐朝，衰落于宋代。西周时期是奴隶社会鼎盛的阶段，唐朝是封建社会的盛世时期，宋朝是封建社会转衰的过程，这与我国古代的社会经济发展轨迹是相符合的。在西周时，就闪烁着内部牵制制度的火花，例如"听出入以要会"，也就是以会计文书为依据，批准财物收支事项。当时的统治者，为防止掌管和使用财赋的官史弄虚作假甚至贪污盗窃所采用的分工牵制和交互考核等办法，达到了"一毫财赋之出，

第一章 组织内部控制的起源与发展

数人之耳目通焉"的程度。这段时期上计内部控制制度已萌芽;秦朝时期,就已形成严密的上计制度和御史监察制度。在宋朝,已经形成知府与通判联署的做法,所以说内部控制制度在我国早已有之。中央集权的封建制度在我国的长期影响,社会经济发展及其监控主要由官府来负责,主要方式是职务牵制,民间企业发展及其监控相对薄弱。这一阶段内部控制的着眼点在于职责的分工和业务流程及其记录上的交叉控制。内部控制主要通过人员配备和职责划分、业务流程、簿记系统等来完成。其目的主要是防止组织内部的错误和舞弊,通过保护组织财产来保障组织运转的有效运行。

2. 现代的内部控制

新中国成立之后,由于借鉴了苏联社会广义国家模式实行计划经济体制,对社会经济发展采取高度集中的方式,企业经营与规划完全由国家来控制,监控也由国家直接进行,以企业为主体的内部控制几乎缺失。一直到十一届三中全会确立改革开放的总方针后,市场经济的提出与全国建设才还企业以自主发展的广阔空间,发展蕴涵着加强内部控制健全运营机制。这一阶段内部控制开始有了内部会计控制和内部管理控制的区分,主要是通过形成和推行一套内部控制制度来实施控制。内部控制的目标除了保护组织财产的安全之外,还包括增进会计信息的可靠性、提高经营效率和遵循既定的管理等方针。

(1) 初次出现。1986年财政部颁发《会计基础工作规范》,其中对内部控制作了明确的规定,这一阶段开始把控制环境作为一项重要内容与会计制度、控制程序一起纳入内部控制结构,并且不再区分内部会计控制和管理控制。控制环境反映组织的各个利益关系主体对内部控制的态度、看法和行为;会计制度规定各项经济业务的确认、

· 11 ·

分析、归类、记录和报告方法，旨在明确各项资产、负债的经营管理责任；控制程序是管理当局所确定的方针和程序，以保证达到一定的目标。

　　1996年12月，财政部发布了《独立审计准则第9号——内部控制和审计风险》，对内部控制做出了权威性解释，即"是被审计单位为了保证业务活动的有效进行，保证资产的安全完整，防止、发现、纠正错误与弊端，保证会计资料的真实、合法、完整而制定和实施的政策与程序"，并提出了内部控制"三要素"，帮助注册会计师判断是否信赖内部控制，以确定审计程序的性质、时间与范围。这是我国现代第一个关于内部控制的行政规定，它的发布标志着我国现代内部控制建设拉开了序幕。有了《会计法》之后，我国系统的内控制度建设起来了，1999年修订的《会计法》第一次以法律的形式对建立健全内部控制提出原则性要求，财政部随即连续制定发布了《内部会计控制规范——基本规范》等7项内部会计控制规范。1999年修订的《会计法》颁布不久，财政部根据《会计法》的有关精神，于2000年初组成了内部会计控制研究小组，就内部会计控制的总体思路等问题进行研究。2001年6月财政部发布的《基本规范》和《内部会计控制规范——货币资金（试行）》，明确了单位建立和完善内部会计控制体系的基本框架和要求，以及货币资金内部控制的要求。上述两个《内部会计控制规范》的发布，为我国加强单位内部会计监督与控制的理论与制度建设，树立了一个具有时代意义的里程碑，同时也标志着我国会计法规建设进入到一个更新、更高的新境界。

　　（2）初受重视。2006年，国资委发布《中央企业全面风险管理指引》，对内控、全面风险管理工作的总体原则、基本流程、组织体系、风险评估、风险管理策略、风险管理解决方案、监督与改进、风险管理文化、风险管理信息系统等进行了详细阐述，这是我国第一个全面风险管理的指导性文件，意味着中国走上了风险管理的中心舞台。2008年5月，财政部、证监会、审计署、银监会、保监会发布《企业内部控制基本规范》。2010年4月26日，财政部会同证监会、审计署、国资委、银监会、保监会等部门发布了我国首部《企业内部控制配套指引》，该配套指引连同2008年5月发布的《企业内部控制基本规范》，共同构建了中国企业内部控制规范体系。这是全面提升上市公司和非上市大中型企业经营管理水平的重要举措，也是我国应对国际金融危机的重要制度安排。根据制定的实施时间表，《企业内部控制配套指引》将自2011年1月1日起首先在境内外同时上市的公司施行，自2012年1月1日起扩大到在上海证券交易所、深圳证券交易所主板上市的公司施行；在此基础上，择机在中小板和创业板上市公司施行；同时，鼓励非上市大型企业提前执行。

距离我国首部企业内控规范体系正式实施不足半年之际，由财政部和证监会联合举办的2010年"上市公司内部控制规范培训班"19日在北京正式开班，来自国内50家A＋H股上市公司的总裁、财务总监、董事会秘书就我国最新出台的企业内部控制规范体系接受了系统培训。

财政部副部长、中国企业内部控制标准委员会主席王军在此次培训班开班仪式暨中国企业内控论坛上指出，针对我国在境内外同时上市的公司高管进行企业内控体系培训，是维护我国资本市场健康发展的一项重要举措。通过我国首套企业内控规范体系的实施，首批实施的上市公司通过此次培训正确理解企业内控体系的内涵，加快健全企业内部控制体系建设，从而不断提升企业风险防范水平，改进经营管理能力。

## 第四节 企业内部控制的起源和发展

（一）国外企业内部控制的发展历程

1. 内部牵制阶段（20世纪40年代以前）

内部牵制是指以提供有效的组织和经营，并防止错误和其他非法业务发生为目的的业务流程设计。它是企业内部控制的初级阶段。其基本原理是以账目间的相互核对为主要内容并实施岗位分离，基本目的是查错防弊。即使是在后来形成的系统化企业内部控制理论中，内部牵制仍是企业规划、职务分离控制的基础。

现代企业管理意义上的内部牵制始于20世纪。20世纪初期，伴随着资本主义经济的发展，公司等企业组织形态的产生，出现了所有者与经营者的分离。企业为提高运营效率、防范错弊，保护投资者和债权人的利益，解决所有权与经营权分离中的信息不对称的矛盾，美国的一部分企业在经营发展过程中，逐渐探索出一套组织、调节、制约和检查企业生产经营方面的管理方法，于是以组织结构、职务分离、业务程序、处理手续等因素构成的内部牵制制度逐渐形成。

内部牵制制度的核心理论是，有关经济业务或事项的处理不能由一个人或一个部门总揽全过程，而应当是通过其他个人或部门的功能进行交叉控制。这是因为，内部牵制制度基于两个主观假设：首先，两个以上的人或部门无意识犯同样错误的可能性很小；其次，两个以上的人或部门有意识地串通舞弊的可能性大大低于一个人或一个部门舞弊的可能性。

2. 内部控制制度阶段（20世纪40年代末至70年代）

由于经济社会环境的巨大变化，随着市场竞争日益加剧，企业为了加强管理，必须采取更完善、更有效的控制方法。同时为了适应社会经济关系的要求、保护投资者和债权人的经济利益，西方各国纷纷以法律的形式要求通过内部控制强化对企业财务会计资料以及各种经济活动的内部管理。同时，20世纪30年代的经济危机也对内部控制理论的发展起到了巨大的推动作用。各企业纷纷加强了对企业生产经营的控制与监督，这些控制与监督已逐渐深入到企业的所有部门和全部经营活动中，而这些活动也远远超出了财务与会计的控制范围。这些控制活动的实践促进了控制理论的发展。于是，20世纪40年代至70年代初，内部控制从对单独经济活动进行独立控制为主，向对全部经济活动进行系统控制为主发展。内部控制完成了其核心内容的构建过程，形成了由组织结构、岗位职责、人员条件、业务处理程序、检查标准和内部审计等要素构成的内部控制系统。这一时期的内部控制制度，是传统的内部牵制思想与古典管理理论相结合的产物。

1949年，美国注册会计师协会（AICPA）所属的审计程序委员会发表《内部控制：系统协调的要素及其对管理部门和独立公共会计师的重要性》的特别报告，首次正式定义了内部控制："内部控制是企业所制定的旨在保护资产、保证会计资料可靠性和准确性，提高经营效率，推动管理部门所制定的各项政策得以贯彻执行的组织计划和相互配套的各种方法和措施。"

1958年，AICPA审计程序委员会发布的第29号审计程序公报《独立审计人员评价内部控制的范围》将内部控制分为内部会计控制和内部管理控制，这也是企业内部控制"制度二分法"的渊源。并且认为：内部会计控制是保护企业资产、检查会计数据的准确性和可靠性；内部管理控制是提高经营效率，促使有关人员遵守既定的管理方针。

1972年12月，AICPA审计准则委员会(ASB)在《审计准则公告第1号》中，重新阐述了内部管理控制和内部会计控制的定义。认为：①管理控制包括（但不限于）组织规划及与管理部门业务授权决策过程有关的程序和记录。这种授权是直接与达到组织目标的责任相联系的管理职能，是对经济业务建立会计控制的出发点。②会计控制包括组织规划和涉及保护资产与财务记录可靠性的程序和记录，并为以下各项内容提供合理保证：a. 根据管理部门的一般授权或特殊授权处理各种经济业务；b. 经济业务的记录对使财务报表符合一般公认会计原则或其他适用的标准和保持对资产的经管责任都是必不可少的；c. 只有经过管理部门的授权才能接近资产；d. 每隔一段时间，要将账面记录的资产和实有资产进行核对，并对有关差异采取适当的措施。

3. 内部控制结构阶段（20世纪80年代至90年代）

自20世纪80年代始，内部控制的理论研究重点逐渐向具体内容深化。其标志是美国AICPA于1988年5月发布的《审计准则公告第55号》(SAS55)。公告首次以内部控制结构代替内部控制，认为内部控制结构包括为合理保证企业特定目标的实现而建立的各种政策和程序。内部控制结构包括三个要素，即控制环境、会计制度和控制程序。

其中，控制环境指对建立、加强或削弱特定政策与程序的效率有重大影响的各种因素。控制环境是企业有效的内部控制体系得以建立和运行的基础与保证。会计制度指为认定、分析、归类、记录、编报各项经济业务，明确资产与负债的经管责任而规定的各种方法。会计制度是企业内部控制结构的关键要素。控制程序指企业为保证目标的实现而建立的政策和程序，控制程序是保证内部控制结构有效运行的机制，是管理层所制定的政策和程序。

4. 内部控制框架阶段（20世纪90年代以后）

20世纪90年代以后，内部控制研究取得了重大进展。1985年，由美国注册会计师协会（AICPA）、美国会计协会（AAA）、财务经理人协会（FEI）、内部审计师协会（IIA）、美国管理会计师协会（IMA）联合创建了反虚假财务报告委员会（通称Treadway委员会），旨在探讨财务报告中的舞弊产生的原因，并寻找解决之道。两年后，基于反虚假财务报告委员会的建议，其赞助机构成立COSO(Committee of Sponsoring Organization)委员会，专门研究内部控制问题。1992年9月，COSO委员会经过充分研究，对公司行政总裁、其他高级执行官、董事、立法部门和监管部门的内部控制进行高度概括，形成并发布了指导内部控制实践的纲领性文件《内部控制——整体框架》(Internal Control—Integrated Framework)，简称COSO报告，并于1994年进行了增补。这份报告堪称内部控制发展史上的里程碑，标志着内部控制理论与实践进入整体框架的新阶段。由于COSO报告提出的内部控制理论和体系集内部控制理论和实践发展之大成，因此在业内备受推崇，在美国及全球得到了广泛的推广和应用。

COSO委员会《内部控制——整体框架》将内部控制定义为："内部控制是由企业董事会、管理层和其他员工实施的，为实现经营效果性和效率性、财务报告的可靠性，以及对适用的法律、法规的遵循性等目标的实现提供合理保证的过程。"并提出内部控制整体框架包含了以下五个要素：①控制环境包括员工的忠实和职业道德、人员胜任能力、管理哲学和经营作风、董事会及审计委员会、组织机构、权责划分、人力资源政策及执行。②风险评估包括经营环境的变化、新技术的应用及企业改组等。③控制活动包括职务分离、实物控制、信息处理控制、业绩评价等。④信息与沟通包括确认记录有效的经济业务、采用恰当的货币价值计量、在财务报告中恰当揭示。⑤监控包括日常的管理监督活动、内部审计及与外部团体进行信息交流的监控。

5. 风险管理阶段（20世纪90年代至今）

2004年9月，美国COSO委员会正式公布了《企业风险管理——整合框架》（Enterprise Risk Management—Integrated Framework），简称ERM框架。ERM框架将企业风险管理定义为是一个过程，受企业的董事会、管理层和其他员工的影响，包括内部控制及其在战略和整个公司的应用，旨在为实现经营的效率和效果，财务报告的可靠性以及现行法规的遵循提供合理保证。

ERM框架认为管理的重点应由单纯的控制转向全面风险管理。将企业风险管理框架的构成要素定义为八个，即内部环境、目标设定、事项识别、风险评估、风险应对、控制活动、信息与沟通、监控。该框架的范围比内部控制框架的范围更为广泛，是对内部控制框架的扩展，提出了风险组合观，增加了新的战略目标，且战略目标的层次定位比其他三个目标更高。ERM框架指出，风险管理应贯穿于战略目标的制订、分解和执行，从而为战略目标实现提供合理保证。

（二）中国企业内部控制的发展历程

1. 行业自控阶段

我国内控法规建设开始于金融业。1997年5月，中国人民银行发布《加强金融机构内部控制的指导原则》；同年7月和12月分别发布了《进一步加强银行会计内部控制和管理的若干规定》《关于进一步完善和加强金融机构内部控制建设的若干意见》，从而推动了商业银行内部控制的建立。国资委、银监会、证监会还站在各自行业监管的角度对中央企业、商业银行、证券公司、基金管理公司的内部控制制定了法律法规。

2. 内部会计控制阶段

1985年通过的《中华人民共和国会计法》，从法律层面规定了企业内部控制的基础内容，明确了会计控制的相关问题。财政部1996年颁布的《会计基础工作规范》，首先提出内部控制，该规范提出了内部会计控制要求。2001年6月颁布《内部会计控制规范——基本规范》以及具体规范。《内部会计控制规范》以一般意义上的会计控制为主，兼顾相关的控制，其目标主要集中在会计信息可靠、查错防弊、资产保护和法规遵守上。

3. 内部控制系统化阶段

目前，我国企业内部控制体系建设取得了重大发展，相关部门积极从事内部控制法规、标准的研究和制定工作。其中尤为重要的是，财政部、证监会、审计署、银监会、保监会联合发布，自2009年7月1日起施行的《企业内部控制基本规范》及其17项《企业内部控制应用指引》，标志着我国内控规范建设发展进入迅速系统化阶段。另外，2006年7月15日，财政部会同国资委、证监会、审计署、银监会、保监会发起成立了企业内部控制标准委员会（简称CICSC），作为内部控制标准体系的咨询机构，旨在为制定和完善中国企业内部控制标准体系提供咨询意见和建议。

## 第五节 风险管理的起源和发展

（一）国外企业风险管理的发展历程

1. 现代风险管理萌芽阶段（20世纪30年代至70年代）

从历史上看，企业风险管理的思想与方法产生于企业的安全管理。在企业经营管理过程中,自觉与不自觉地面对着各种风险与不确定性。特别是进入20世纪以来,社会化生产得到高度的发展,垄断和集中加剧,经济活动的竞争性加强,经济关系日趋复杂,现代企业面临更多新的不确定因素,面临各种各样的风险,诸如生产风险、环境风险、技术风险、人员风险、财务风险、经营风险等,任何一种重要的风险处理不当都可能导致企业经营失败。而企业存在的目的是持续发展并获取利润,它从根本上需要稳定与安全,需要减少损失、增加利润,在这种情况下,出现了原始与朴素的安全管理思想,以管理可能导致损失的风险或危险。

可以说,伴随着工业革命的进程而萌芽了企业风险管理思想,风险管理(risk management)理论最早起源于美国,并在美国获得了广泛的发展。尤其是1929—1933年的世界性经济危机,进一步加速了风险管理理论和实务的发展。1912年,芝加哥创立的"全美安全协会"研究制订了有关企业安全管理的法律草案。1917年,英国伦敦成立了"英国安全第一协会"。

自20世纪30年代风险管理的思想理论开始萌芽后,风险管理逐渐以学科的形式发展起来。在此阶段,风险管理主要运用于企业管理领域,主要目的是对企业的人员、财产和自然、财务资源进行适当保护,民间和企业是此阶段风险管理的主角,风险管理以保险为核心。

1952年,美国学者格拉尔(Russell B. Gallagher)在其调查报告《费用控制的新时期——风险管理》中,首次使用"风险管理"一词。由此,风险管理的概念开始广为传播。在此期间,保险成为企业处理风险的主要方法。

20世纪50年代,风险管理开始在美国逐步形成了独立的理论体系,并在美国企业中得到高度重视和积极推广。

因为，美国企业界当时发生了两件大事：首先，1948年，美国钢铁工人工会与厂方就养老金和团体人身保险等损失问题进行谈判。由于厂方不接受工会所提出的条件，导致钢铁工人罢工长达半年之久。其次，1953年8月12日，美国通用汽车公司在密执安州得佛尼的一个汽车变速箱工厂发生重大火灾，这是美国历史上损失最严重的15次重大火灾之一。这两件大事提醒企业界，在利用科学技术迅猛发展的同时，也要重视科学技术带来的巨大风险，重视对引起事故的各种风险因素进行科学、规范的分析和管理，采取措施来消除风险、控制风险、处置风险，以减少风险事件给企业可能造成的负面影响。

20世纪60年代，企业风险管理的方法进一步扩大，很多学者开始系统研究风险管理的方法，开始寻求风险管理方法的多样化，并取得了丰硕的成果。尤其是美国开始系统开展风险管理研究，在美国保险管理学会（ASIM）的推动下，风险管理教育在美国风行起来。1962年，美国管理协会出版了一本有关风险管理的专著《风险管理的兴起》。1963年和1964年，梅尔（Robert I. Mehr）和赫奇斯（Bob A. Hedges）、威廉姆斯（Williams C. Arthur Jr.）和赫汉斯（Richard M. Heins）分别出版了《企业风险管理》和《风险管理与保险》。这两本著作的出版引起了欧美各国的广泛重视，标志着风险管理研究系统化、专业化的开始，风险管理由此成为企业管理领域的一门独立学科。

2. 风险管理发展阶段（20世纪70年代至90年代）

20世纪70年代后，风险管理在欧洲、亚洲、拉丁美洲等一些国家和地区获得了广泛的传播，被公认为企业管理领域内的一项重要内容，控制企业环境中的风险和不确定性已成为企业管理的核心问题。同时，风险管理逐步规范化、标准化和程序化，管理方法不断丰富，管理领域不断扩大。在西方发达国家，诸多企业中设有风险管理机构，专门负责风险的分析和处理工作。风险管理工作要涉及人力资源管理、财务管理、市场营销、生产作业管理等企业运作的各个方面，以最大限度地降低和管理企业运作的各个环节可能出现的风险。风险管理已成为企业中专业性、技术性较强的经济管理部门，风险管理人员通过他们的工作识别风险，为企业最高领导层提供决策依据。

1970年，联邦德国引入美国风险管理理论，并形成了自己独特的理论体系。在欧洲，1973年成立的日内瓦协会是推动欧洲风险管理最主要的组织。由日内瓦协会主办的《风险和保险管理》，于1976年8月创刊。在亚洲地区，日本的风险管理工作开展较早，主要是在20世纪70年代末80年代初由学术界推动的。而之后，中国台湾地区和香港地区的部分学者也先后对风险管理进行了理论研究和应用。20世纪80年代后期，中国大陆也开始重视风险管理的研究，并在实践中加以运用。

20世纪80年代后，企业的经营环境中以价格风险、利率风险、汇率风险等为代表的财务风险开始给企业带来巨大的威胁，使得企业开始寻求规避财务风险的工具。但企业在这方面的努力仅限于一些孤立的实践活动，并没有形成相对完整的理论和方法体系。到20世纪末，随着大型企业，特别是那些大型跨国公司面临的风险环境日趋多样和复杂，开始出现了将企业的所有风险，包括纯粹风险和财务风险综合起来进行管理的需要。这种需要使得在历史上不同时期出现，并沿着两条不同轨迹发展起来的传统风险管理和金融／财务风险管理终于在进入新世纪的时候走到了一起，出现了一个崭新的概念——整体化风险管理。整体化风险管理也就是我们所指的全面风险管理。

3. 全面风险管理阶段（21世纪初至今）

2001年美国"9·11"事件、2001年美国安然公司倒闭、2002年世通公司财务欺诈案等事件发生后,风险管理开始得到各国政府全方位的普遍重视。人们在风险管理实践中逐渐认识到,企业不能仅仅从某项业务、某个部门的角度考虑风险,必须根据风险组合的观点,从贯穿整个企业的角度看风险,即必须实行全面风险管理。

于是,各国纷纷投入人力、物力和财力,强调政、研、企多方合作,开展风险管理的理论研究和实际运作。2002年7月,美国国会通过《萨班斯法案》(Sarbanes-Oxley Act),要求所有在美国上市的公司必须建立和完善内控体系。《萨班斯法案》被称为是美国自1934年以来最重要的公司法案,在其影响下,世界各国也纷纷出台类似的方案,加强公司治理和内部控制规范,严肃信息披露要求,加强企业全面风险管理。接着,在内部控制领域具有权威影响的美国COSO在1992年发布的《内部控制整体框架》基础上,吸收各方面风险管理研究成果,于2004年9月颁布了报告《全面风险管理——整合框架》(Enterprise Risk Management-Integrated Framework)。报告从内部控制的角度出发,研究了全面风险管理的过程以及实施的要点,是全美风险管理理念在运用上的重大突破,并随之成为世界各国和众多企业广为接受的标准规范。

全面风险管理阶段改变了传统的头痛医头、脚痛医脚的事后分散风险管理模式,该阶段风险管理的特征是战略性、前瞻性和整体系统控制,并考虑了环境因素。它不但注重风险的事后管理,更注重事前和事中管理。更为重要的是,它通过构建系统的风险管理框架,将企业面临的各种风险有机地结合起来,明确各风险之间的关系和互相影响,形成了即时的、立体的风险管理模式。

(二)中国企业风险管理的发展历程

20世纪70年代初期,风险管理的理念开始传入中国台湾。中国大陆对风险管理的研究则始于20世纪80年代后期。一些企业引进了风险管理和安全系统工程管理的理论,运用风险管理的经验识别、衡量和估计风险,取得了较好的效果。企业的风险管理实践推动了风险管理理论的研究,为适应经济发展的要求,我国高等院校普遍开设了风险管理的课程。目前,风险管理理论和实务在我国还仅仅处于初步发展的阶段,有关风险管理方面的论文和教材也比较少。随着科学技术发展带来的负效应逐步加大,随着政府对风险管理的重视,随着企业发展的深化,随着个人风险管理意识的增强,风险管理的理论和实务必将在我国获得较大的发展。

风险古来有之,但对风险实施管理不足百年的历史,对企业风险提出全面的管理还是近年来的事情。虽然导致巴林银行倒闭的"李森事件"震惊了世界,但真正引起国人瞩目的则是与之异曲同工的"中航油事件"。2004年12月,中航油发布了一个令人震惊的消息:中航油(新加坡)上市公司因石油衍生产品交易,总计亏损5.5亿美元。净资产不过1.45亿美元的中航油(新加坡)因之严重资不抵债,已向新加坡最高法院申请破产保护。

"中航油事件"引发了有关方面对全面风险管理的高度重视。国务院国资委组成了由企业改革局为主、有关中介机构参加的专项课题组,对我国国有企业20年改革发展历史的经验进行系统总结,借鉴发达国家风险管理标准,对我国中央国有企业全面风险管理进行研究。2006年6月6日,国务院国资委以"国资发改革[2006]108号文件"发布了《中央企业全面风险管理指引》,要求企业开展风险管理工作,逐步建立健全全面风险管理体系。

由此,国内监管当局开始制定指导性文件要求企业对风险进行管理。例如，上海证券交易所《上海证券交易所上市公司内部控制指引》、深圳证券交易所《深圳证券交易所上市公司内部控制指引》、中国证券监督管理委员会《证券公司风险控制指标管理办法》、中国保监会《保险公司风险管理指引（试行）》、中国银行业监督管理委员会《商业银行操作风险管理指引》等。各监管部门均出于自身的要求颁布了约束其监管对象的风险管理指引，对企业风险分散监管的格局形成，标志着我国企业风险管理的监管体系架构已具雏形。

2008年6月28日，财政部、证监会、审计署、银监会、保监会联合发布的《企业内部控制基本规范》，标志着中国企业内部控制规范体系建设取得重大突破。基本规范要求自2009年7月1日起先在上市公司范围内施行，鼓励非上市的其他大中型企业执行。至此，开启了对中国企业风险实施全面监管的序幕，也标志着中国企业风险管理与内部控制体系开始融合，标志着我国企业风险集中监管体制的形成。

不得不正视，中国大部分企业（投资银行、商业银行与中央国有企业除外）的内部决策和管理机构里，通常没有专门的风险管理委员会和相应的机构，对全面风险管理有清晰理解的却不多，已经实施全面风险管理的企业则更少。提升企业风险防范意识，加强风险管理能力，成立专业风险管理部门将是中国企业面临的一个紧迫任务。

## 第六节 危机管理的起源和发展

（一）国外企业危机管理的发展历程
1. 国外企业危机管理萌芽阶段（20世纪60—70年代）

危机管理理论(Theory of Crisis Management)是在战后两极格局体制下，国际冲突与危机频发和各国国内政治、经济、民族、宗教矛盾激化引起的社会危机不断的社会环境与国际背景中逐步创立的。人们研究危机的最终目的，就是通过对危机的分析，获取研究对象的相关资源，归纳出解决危机的方法。因此，当时许多学者最重要的学术着眼点是一个国家或世界的社会政治稳定。

危机管理理论起源于20世纪60年代的古巴导弹危机等一系列事件。即所谓的世界冷战氛围中的政治、军事冲突事件。1962年古巴导弹危机是危机管理研究的转折点。从此以后，危机不仅普遍受到世人的重视，而且还进一步推动了政府、研究机构和学术界的携手合作。随着危机研究的逐步深入，"危机管理"一词便进入了管理学的新兴研究领域，并已逐渐扩展到自然灾害、技术系统事故、社会经济系统危机预防等领域，取得良好的应用成效。因此，20世纪60—80年代，西方危机管理研究领域从政治领域向经济、社会领域扩展，从自然灾害领域向公共危机管理领域扩展，危机管理成为一门学科，形成了企业危机管理和公共危机管理两个既独立发展又相互融合的学科分支。

2. 国外企业危机管理发展阶段（20世纪80年代以后）

20世纪80年代末，美国学者在研究企业危机现象时，提出将管理失误作为危机起源来研究其过程机理。他们认为企业管理的失误来自两个方面：一是外部环境突变造成的冲突；二是内部决策不当所导致的问题。

至此，现代企业危机管理的雏形已经形成。但企业危机管理还有待于建立和完善。

（二）中国企业危机管理的发展历程

1. 危机管理的古典理论

危机管理思想在中国源远流长。中国有着十分悠久的历史，在漫长的社会经济发展进程中，积累了与各种自然灾害和社会危机抗争的经验，并不断加以提炼形成了具有中国特色的危机管理的古典理论。首先，"存而不忘亡，安而不忘危，治而不忘乱，思所以危则安矣，思所以乱则治矣，思所以亡则存矣。""居安思危，思则有备。"则是中国古代危机管理预防思想的经典概括。其次，"祸兮福之所倚，福兮祸之所伏"是中国古代对危机两面性的辩证思考。再次，"亡羊补牢，犹未为晚"是中国古代危机善后总结的思想。如此类似的思想不胜枚举。由此可见，危机管理思维是中国古代人思维的特点之一，危机思维方式深刻地体现在博大精深的中国古代文化中。

2. 现代中国危机管理理论研究的现状与发展趋势

从20世纪开始，中国开始了现代政治学的研究，这其中包含政治危机研究。真正开展现代危机管理理论研究却是在美国"9·11"事件和2003年的SARS危机之后。特别是伴随中国政府"非典"危机的防治，危机管理在中国理论界和企业界已经引起高度关注，危机管理研究和应用已成为管理学的热点，中国危机管理理论进入研究氛围热烈的新的发展阶段。

事实上，2003年的"非典"，以及2004年、2005年的"禽流感"和2008年的金融风暴，使得中国许多行业和很多企业遭受了较大的损失，给中国企业上了生动的一课，进而有力地推动了企业界对危机管理理论的重视。尽管中国企业在危机过程中付出了巨大的代价，但中国企业的企业危机管理意识和管理水平与西方发达国家相比仍然具有一定的差距。事实上，东西方的起步基本相同，中国理论界应该、也完全有能力在危机管理体系方面做出应有的贡献。因此，我们认为中国危机管理理论应该在充分借鉴西方现有理论的基础上，吸取中国古代危机管理的精华，根据中国国情，侧重危机管理立法、危机管理机构、危机预警机制、危机信息沟通、企业、政府与社会的合作协调等方面,结合政治、政府改革、经济、社会发展和企业的实际进行综合的研究。

## 第七节 关于内部控制发展的思考

(一)现有内部控制的缺陷

回顾内部控制发展的不同历史阶段,我们可以发现内部控制的发展及变化受注册会计师立场的影响较大。但在我国,内部控制主要侧重于站在外部审计或者外部监管的角度,而不是管理者的角度;主要是为了纠错防弊,确保信息真实,而不是满足管理需要;以财务报告为主线,而不是以实现战略目标为主线。受审计师立场影响的内部控制,往往以最小化审计风险为出发点,由于风险最小化不符合商业的目标,它可能会导致企业为达到"风险最小化"的目标而错失商业机会。另外,为实现风险最小化而设计的烦琐、复杂、精确的控制程序,可能会降低企业决策和行动速度。这可能会导致企业对市场反应迟钝、不能及时适应复杂多变的环境从而导致商业失败。

(二)内部控制的未来发展

正是由于内部控制具有上述缺陷,其未来的发展方向应该是超越长期以来的会计审计视角,从管理的视角构建内部控制体系。专家李心合认为应该将内部控制视为一种管理方法,内部控制的框架和要素应该涵盖企业管理的全过程,并提出现行的内部控制应该从财务报告导向转变为企业创造价值导向。专家董卉娜进一步提出,随着企业经营环境的日趋复杂,可以将核心能力理论、学习型组织理论、知识管理理论、流程再造理论等与企业管理相关理论运用

## 第一章 组织内部控制的起源与发展

到内部控制理论中。专家池国华则认为内部控制的本质是战略定位与战略实施控制，它是确保企业实施战略从而确保组织目标实现的一种机制，因此应该超越外部监管和外部审计的视角，从管理的视角构建内部控制系统模式。此外，在实务界，1999年英国发布了《Tumbull 报告》，该报告强调内部控制要与日益复杂和不断变化的企业内外部环境保持相关性，有效控制风险，促进企业战略目标的实现。《Tumbull 报告》在 COSO 报告基础上提出了更具有可操作性的内部控制实施架构。2006年英国发布了《Flint 报告》，进一步指出内部控制不能与公司其他基础制度分离单独存在，而应嵌入到企业业务流程的各个环节和程序中。

# 第二章 组织内部控制及其构成要素

## 第一节 内部控制要素的内容

内部控制要素是指内部控制制度的构成要素,我国的审计准则认定,内部控制要素包括控制环境、风险评估、控制活动、信息与沟通和监督。这五个要素作为内部控制系统主要组成部分,有其广泛和深刻的含义,具体如下:

1. 控制环境

控制环境是内部控制整体框架的基础,支撑着整个内部控制框架,是整个控制框架的引擎,起着塑造组织控制文化、影响人员控制意识、奠定组织风格和组织结构等关键作用。对内部控制发挥此作用的环境要素包括人员操守、道德价值、能力素质,以及管理层的管理哲学、经营理念等。具体包括:

(1) 诚信的原则和道德价值观。无论是企业最高管理层还是其他成员都应当做到严格一致地保持诚信行为和道德标准。

(2) 评定员工的能力。管理部门须制定正式或非正式的职务说明书,逐项分析并规定各工作岗位所具备的知识和技能。

(3) 董事会和审计委员会。包括成员的经验;相对于管理层的独立性;外部董事的比例;其成员参与管理的程度;所采取措施的适宜性、对管理层提出问题的深度和广度；与内部、外部审计人员的关系实质。

（4）管理哲学和经营风格。主要考虑对待和承担经营风险的方式；依靠文件化的政策、业绩指标以及报告体系等与关键经理人员沟通；对财务报告的态度和所采取的措施；对信息处理以及会计功能、人员所持的态度；对现有可选择的会计准则和会计数值估计所持有的谨慎或冒进态度。

（5）组织结构。企业的组织结构是指为公司活动提供计划、执行、控制和监督职能的整体框架。

（6）责任的分配与授权。强调对于组织内的全部活动要合理有效地分配职责和权限，并为执行任务和承担职责的组织成员特别是关键岗位的人员，提供和配备所需的资源并确保其经验和知识与职责权限相匹配，员工行为、职责担负形式和认可方式与达成组织目标的联系。

（7）人力资源政策及实务。内部控制是由人来进行并受人的因素影响，保证组织所有成员具有一定水准的诚信、道德观和能力的人力资源方针与实践，是内部控制有效的关键因素之一。

2. 风险评估

面对不断变化的环境，任何组织都面临各种各样的风险，必须对所面临的风险进行有效了解和估定，建立可操作的发现、判别、分析、管理、控制风险的机制，即风险评估机制。建立风险评估机制的一个重要前提是，从整体上和各单个层面上制定与不同作业层次相关联的目标，构成目标体系。风险评估就是分析和辨认实现所定目标可能发生的风险，风险评估机制实质上也是评估实现目标体系的各种不利因素的机制。风险评估的因素包括：

（1）目标。企业的整体目标，通常是由企业的理念及其所追求的价值所决定的，而与之相配合的是企业下一级各部门的具体目标。

(2) 风险。辨识和分析风险的过程是一种持续及反复的过程，也是有效内部控制的关键组成要素。管理阶层需注意各部门阶层的风险，并采取必要的管理措施。企业的风险一般是由外部因素和内部因素所产生的。

(3) 环境变化后的管理。经济、产业及管理的环境都是会改变的，企业的活动应随之改变。因此，风险评估中最基本的部分，就是如何辨认已发生的改变，并采取必要的行动。

3. 控制活动

控制活动是帮助管理层确保管理方针得以贯彻的政策和程序。控制活动的目标是经过风险评估后确定的用以管理和控制风险所必须采取的各项行动能够得到有效落实。控制活动由组织各部门依据不同目标要求实施，并贯穿组织过程始终，具体包括核准、授权、验证、对账以及对经营活动的审查、对资产的保护和不相容职务的分离等。控制活动在企业内的各个阶层和职能之间都会出现，主要包括以下内容：高层经理人员对企业绩效进行分析、直接部门管理与对信息处理的控制、实体控制、绩效指标的比较与分工。

4. 信息与沟通

企业在其经营过程中，需按某种形式辨识、取得确切的信息，并进行沟通，以使员工能够履行其责任。信息系统不仅处理企业内部所产生的信息，同时也处理与外部的事项、活动及环境等有关的信息。企业所有员工必须从最高管理层清楚地获取承担控制责任的信息，而且必须有向上级部门沟通重要信息的方法，并与外界顾客、供应商、政府主管机关和股东等做有效的沟通。

(1) 信息系统。信息系统处理企业内部信息和外部信息。内部信息资料包括采购资料、销售交易资料、内部营业活动资料和内部生产过程资料；外部信息资料包括显示本企业产品的需求发生改变时，某种特定市场或行业的经济资料；用于企业生产商品的资料；显示顾客偏好的市场情报；竞争对手产品开发活动的信息；立法机关与行政机关所发布的信息。

（2）沟通。企业信息系统向员工提供有效信息，通过沟通使员工能够知悉其营业、财务报告及遵循法律的责任。企业沟通包括内部沟通和外部沟通。

5. 监督

内部控制的过程必须施加以恰当的监督，必须不时地对内部控制运行质量进行评价。监督可分为持续性监督、独立性评估，一般需要二者结合。持续性监督通常在经营过程中进行或体现为经营过程的延续，包括日常管理、例行监督和常规性事后监督等；独立性评估的范围和频率取决于风险评估或持续性监督程序的有效性。监督应保持独立性，监督发现的内部控制缺陷应直接向最高层报告。

## 第二节 内部控制的构成要素和基本方式

### 一、内部控制的构成要素

内部控制的构成要素主要包括三个方面：一是控制环境，二是会计系统，三是控制程序。

控制环境是指对建立或实施某项政策发生影响的各种因素，主要反映单位管理者和其他人员对控制的态度、认识和行动。具体包括：管理者的思想和经营作风，单位组织结构，管理者的职能及对这些职能的制约，确定职权和责任的方法，管理者监控和检查工作时所用的控制方法，人事工作方针及实施措施，影响本单位业务的各种外部关系等。

会计系统是指单位为了汇总、分析、分类、记录、报告单位的业务活动，并保持对相关资产与负债的受托责任而建立的方法和程序。有效的会计系统应当能做到：确认并记录所有真实的经济业务；及时并充分详细地描述经济业务，以便在财务会计报告中对经济业务做出适当的分类；计量经济业务的价值，以便在财务会计报告中记录其适当的货币价值；确定经济业务发生的期间，以便将经济业务记录在适当的会计期间；在财务会计报告中适当地表达经济业务和披露相关事项。

控制程序是指管理者所制定的方针和程序，用以保证达到一定的目的。它包括下列内容：经济业务和经济活动批准权；明确有关人员的职责分工，并有效防止舞弊；凭证和账单的设置和使用，应保证业务和活动得到正确的记载；财产及其记录的接触使用要有保护措施；对已登记的业务及其计价要进行复核等。

## 二、内部控制的基本方式

内部控制的基本方式主要有：

（1）组织规划控制。组织规划控制即对单位组织机构设置，职务分工的合理性和有效性进行的控制。主要包括两方面：一是不相容职务的分离。如会计工作中的会计与出纳即属于不相容职务，需要分离。应当加以分离的职务通常有：授权进行某项经济业务的职务与执行该项业务的职务分离，执行某项经济业务的职务与审核该项业务的职务分离，执行某项经济业务的职务与记录该项业务的职务分离，保管某项财产的职务与记录该项财产的职务分离。不相容职务分离是基于这样的假设，即两个人无意识地犯同一个错误的可能性很小，而一个人舞弊的可能性要大于两个人。如果突破这个假设，不相容职务的分离就不能起到控制作用。二是组织机构的相互控制。一个单位根据经济活动的需要而分设不同的部门和机构，其组织机构的设置和职责分工应体现相互控制的要求，具体要求是：各组织机构的职责权限必须得到授权，并保证在授权范围内的职权不受外界干预；每类经济业务在运行中必须经过不同的部门并保证在有关部门间进行相互检查；在对每项经济业务的检查中，检查者不应从属于被检查者，以保证被检查出的问题得以迅速解决。

（2）授权批准控制。授权批准控制即指对单位内部部门或职员处理经济业务的权限控制。单位内部某个部门或某个职员在处理经济业务时，必须经过授权批准才能进行，否则就不能进行。授权批准控制可以保证单位既定方针的执行和限制滥用职权。授权批准有一般授权和特定授权两种形式。一般授权是对办理一般经济业务时权力等级和批准条件的规定，通常在单位的规章制度中予以明确；特定授权是对特定经济业务处理的权力等级和批准条件的规定，比如，当某项经济业务的数额超过某部门的批准权限时，只有经过特定授权批准才能处理。授权批准控制的基本要求是：第一，要明确一般授权与特定授权的界限和责任；第二，要明确每类经济业务的授权批准程序；第三，要建立必要的检查制度，以保证经授权后所处理的经济业务的工作质量。

（3）预算控制。预算控制即对单位各项经济业务编制详细的预算或计划，并通过授权，由有关部门对预算或计划的执行情况进行控制。预算控制的基本要求是：第一，所编制预算必须体现单位的经营管理目标，并明确责权。第二，预算在执行中，应当允许经过授权批准对预算进行调整，以使预算更加切合实际。第三，应当及时或定期反馈预算执行情况。

（4）实物控制。实物控制即对单位实物安全所采取的控制措施。实物控制的措施主要有：第一，限制接近，以严格控制对实物资产及与实物资产有关的文件的接触，如限制接近现金、存货等，以保护资产的安全。第二，定期进行财产清查，保证财产实有量与有关记录一致。

此外，内部控制还有文件记录控制、业绩控制、职工素质控制和内部审计控制等方式。

《会计法》关于单位内部会计监督制度的规定，实际上体现了内部控制制度的主要内容。包括：职责明确、相互制约、严格程序、如实记录、定期检查等。

## 第三节 基于企业内部管理需要的内部控制构成要素和控制方法

### 一、基于企业内部管理需要的内部控制构成要素划分

（一）企业内部控制体系

要对内部控制构成要素进行合理划分，必须跳出财务报告可靠性这个圈子，因为审计人员对内部控制构成要素的划分永远是按审计人员的目标确定划分标准，而不是按企业管理人员的目标，更不是按企业内部管理的目标确定划分标准。

所谓控制，是指行为主体为保证在变化的条件下实现其目标，按照事先拟定的计划和标准，通过采用各种方法对影响其目标完成的可控因素进行检查、监督、引导和纠正，以保证计划目标实现的管理活动。这一概念将控制的构成要素分为控制主体、控制目标、控制客体和控制手段。而内部控制就是组织内部的主体为保证在变化的条件下实

现其目标,按照事先拟定的计划和标准,通过采用各种方法对影响其目标完成的可控因素进行检查、监督、引导和纠正,以保证计划目标实现的管理活动。区分内部控制与外部控制的标准是控制主体,只要控制主体属于组织内部,则这种控制就是内部控制。

其中,内部控制主体为股东、经营者、管理者和普通员工。按照这四个内部控制主体,企业内部控制体系可以划分为四个层次:

(1)以股东为控制主体的内部控制。
(2)以经营者为控制主体的内部控制。
(3)以管理者为控制主体的内部控制。
(4)以员工为控制主体的内部控制。

(二)企业内部控制目标

企业内部管理目标包括最大限度地使用资源、保护资源安全、如实报告资源营运状况。内部控制是企业内部管理体系的组成部分,因此,内部控制目标从属于企业内部管理目标,主要集中于保护资源安全和如实报告资源营运状况两方面。具体来说,内部控制目标包括:

(1)**安全性目标**:堵塞漏洞、消除隐患,防止并及时发现、纠正错误及舞弊行为,防止非法交易,保护企业资产的安全、完整。

(2)**真实性目标**:规范信息行为,保证信息的真实、完整。

(3)**符合性目标**:确保国家有关法律法规、股东意愿和企业制度的贯彻执行。

内部控制客体就是内部控制的对象。一般来说,内部控制客体由内部控制目标决定,包括资源和交易两方面。资源是有价值的,不对其进行控制就会发生损失或被非法占有,所以,要对资源的安全性和资源信息的真实性进行控制。交易是资源的使用，对交易进行控制的目的主要是保护资源的安全性、保证交易的合规合法性、保证交易信息的真实性。

**二、基于企业内部管理需要的内部控制方法**

内部控制方法由控制目标决定，并受控制客体的制约。根据内部控制的安全性目标、真实性目标和符合性目标，内部控制方法主要包括组织控制、流程控制、信息控制、激励控制、人事控制、物理控制等。

（一）组织控制

组织控制就是在组织设计中考虑内部控制的需要，利用组织设计来实现内部控制目标。一般来说，组织设计中考虑内部控制的要求，主要体现在以下几个方面：

（1）设立专门的监督机构。在功能作业设计中，设立专门的监督功能作业。必要时，以监督功能作业设计为基础，建立专门的监督机构或专门的监督岗位。例如，在公司治理结构设计中设立专门的监事会，在董事会中设立独立董事岗位，在管理机构中建立专门的内部审计机构，都是这一指导思想的体现。

（2）不相容功能作业相分离。在进行功能作业配置时，要遵循不相容功能作业相分离原则，即不相容功能不能配置到同一部门，不相容作业不能配置到同一岗位。例如，采购和付款职能不能由同一部门执行，出纳不能编制银行存款余额对照表，都是不相容功能作业相分离原则的体现。

（二）流程控制

流程控制就是利用业务流程来实现内部控制目标。需要明确的是，业务流程是业务操作的程序和方法，不是专门为内部控制而设计的，但在设计业务流程时，应考虑内部控制的要求，使业务流程中含有内部控制节点。一般来说，流程控制主要体现在以下几方面：

（1）流程设计。流程设计是对功能作业完成程序和方法所做的策划。在进行流程设计时，要考虑交易运作过程中存在的风险，通过设计一定程序来防范这些风险。

（2）记录环节。功能和作业完成过程中会有许多记录环节，记录环节设计首先要满足管理信息的需要，但在设计记录内容、格式及记录的流转程序时，同时也要考虑内部控制的要求，将内部控制要素加入记录内容和流转程序中。例如，报销业务必须要有经办人员签字，就是这一指导思想的体现。

（3）控制标准。功能和作业完成过程中必须遵循一定的内部管理规定，这些规定就是控制标准。例如，费用开支限额就是一项控制标准。控制标准设计要满足企业内部管理的需要，并考虑内部控制的要求，将内部控制要素体现在控制标准中。例如，对于货币资金支付，不同层级不同批准权限的规定，就是这种指导思想的体现。

（三）信息控制

信息控制就是利用信息报告的形式实现内部控制目标。信息报告主要是为了满足企业管理的需要，但在设计信息报告的内容、时间和方式时，应考虑内部控制的要求，将内部控制要素融入信息体系设计之中。一般来说，信息控制主要体现在以下三个方面：

（1）会计控制。利用会计信息来实现内部控制目标，发挥会计信息的控制功能。例如，企业领导可以随时进入会计系统，查询货币资金支付明细，就是这一内部控制思想的体现。

（2）统计控制。就是利用统计信息来实现内部控制目标。统计信息报告能够反映业务进展情况，如果业务运作有问题，统计信息上一定会有所反映。通过统计报告，能发挥一定的威慑作用。例如，销售统计台账就是这一内部控制思想的体现。

（3）内部沟通控制。通过设计一些专门的沟通渠道来发挥内部控制作用，如举报和申诉。

（四）激励控制

激励控制就是利用激励机制实现内部控制目标。一般来说，大多数人利用非法手段谋取个人利益前，会有一个思想上的自我平衡过程。当他认为自己付出多而得到少时，采用非法手段谋取个人利益的可能性就会增加。如果企业能够正确评价员工的工作努力程度，合理确定报酬结构，则会大大减少采取非法手段谋取个人利益的现象。一般来说，激励控制主要表现在两方面：一是建立科学的业绩评价体系，准确反映各层级员工的付出，使员工感到自己的努力得到了承认。二是以业绩为基础，制定合理的报酬结构，使员工对收入有一种公平感。

（五）人事控制

人事控制就是采用一些专门针对人的方法实现内部控制目标。当组织控制、流程控制、信息控制、激励控制的成本太高或难以发挥作用时，可以考虑采用人事控制。人事控制与企业的管理体系无关，是专门针对内部控制的要求建立的。一般来说，对于特殊岗位的人员选择，应考虑选择那些作弊可能性小的人员，以防患于未然。例如，挑选营销人员时，要注意他们在生活方式上是否存在不良习惯，以免将不良习惯带入工作中。对于风险特别大的岗位，可以采取特别的风险防范措施。例如，要求第三人担保、向保险公司投保、岗位轮换、强制休假等。对于经营层内部人事控制风险，可采取向股东负责的CFO制和会计委派制。

（六）物理控制

物理控制就是利用物理措施来实现内部控制目标，是专门的内部控制方法，与企业内部管理关联不大。物理控制措施主要包括：

（1）修建物理防护设施。如针对内部控制的需要，修建专门的仓库、围墙，配置保险柜，都是物理防护措施。

（2）应用信息技术。在业务流程中使用信息技术，预防和杜绝非法交易的发生，如采用条形码技术防伪。

## 第四节 内部控制理论的实践与借鉴

随着我国社会主义市场经济的不断深入和完善，在新旧体制的碰撞中，在日趋激烈的市场竞争中，时常会冒出一些不稳定因素，尤其是在经济领域里，不规范的行为屡有发生。究其原因，最本质的是企业的内部控制出了问题。而要解决这一问题，就要深入触动微观机制的最本质问题，强化企业的内部控制。近年来，我国十分重视对内部控制的研究和推广工作，有关部门还发布了一系列规范和指导意见，促进了单位内部控制制度的建立和完善。2001年，财政部从规范企业行为、提高会计信息质量的需要出发，制定了我国第一部全国统一的内部控制规范，并要求从2001年6月颁布之日起试行。在此背景下，我国审计师协会也制定了内部审计基本准则和相关具体准则，以其规范内部审计业务，推动内部控制的发展。在学习借鉴国外经验的基础上，应注意做好以下工作：

1. 加强认识，充分理解内部控制的内涵

内部控制不是单一的制度、机械的规定，而是一个发现问题、解决问题的动态过程。这个过程循环往复，又各具独特内容。因此在实施过程中必须明确以下几点。第一，树立责任意识。内部控制不单单是管理人员、会计、审计的责任,而是单位全体员工的责任。只有确立这种思想,才能使内部控制在每个岗位和每个工作人员的心中发挥作用。第二,内部控制目标要细化。针对单位具体情况,制定工作流程,进而制定每个岗位的控制标准。第三,树立风险意识。第四,强调以人为本,调动全体员工的积极性。第五,明确界定管理和控制的关系。内部控制是管理的有力工具,但不能取代管理。第六,建立内部控制制度要掌握有效、审慎、全面、及时和相对独立原则。第七,微观控制要与宏观管理相结合。

2. 加强教育,认真掌握内部控制方法

市场经济的发展需要内部控制,内部控制为市场经济的发展提供有效的服务。而要使内部控制成为市场经济行之有效的有力工具,就必须加强内部控制知识的普及,学习借鉴国外的先进经验,结合我国的具体实际加以转化吸收,取人所长,补我所短。在充分吸收内部控制理论精华的同时,认真掌握内部控制的方法,切实在经济活动中加以运用,才能使内部控制理论的学习借鉴不流于形式,真正成为在社会主义市场经济中发挥作用的服务手段。需要掌握的内部控制方法主要有以下几种:

(1)内部牵制法。内部牵制是通过职责分工和工作程序的适当安排,以事物分管为核心的自检系统。其作用是使各项业务活动自主有效地置于相关作业人员的查验核实之中。其内容包括:①体制牵制。通过组织规划与结构设计,把各项业务活动按作业环节划分,然后交由不同部门、不同人员分工负责,实现不相容职务的适当分离,以防错弊的发生。如单位会计、出纳、仓库保管、验收等岗位人员的分别设置,各自明确的职责与权限等。②簿记牵制。即在账簿组织方面,利用复式记账原理和账簿之间的稽核关系等,相互制约、监督和牵制。③实物牵制。指两个或

## 第二章 组织内部控制及其构成要素

两个以上的人员共同掌握的实物工具，必须共同操作才能完成的牵制程序。如现金保险柜、金库的钥匙等。④机械牵制。运用程序制约，即设定业务标准和业务处理程序控制部门、岗位或人员。如会计凭证的处理程序和传递路线，一方面把单、账、表整个记录系统连接起来，使其能及时、完整、准确地反映各项经济业务活动的全过程；另一方面也把相关职能部门连成一个相互制约、相互监督有机整体，从而达到相互制约目的。

（2）一般控制法。是指根据本单位业务的性质和特点，针对容易发生错弊的业务环节所实施的控制程序、方法和措施。目前我国多数单位通常是针对人、财、物等要素，来设计内部管理控制和内部会计控制的。应当指出，一般控制中，内部审计控制要作为一项内容单独设计，内容应包括管理审计控制和会计审计控制。

（3）业务循环控制法。一般来说，任何经济单位的业务活动都具有货币资金、筹资与投资、采购与付款、销售与收款等若干循环。对这些业务循环，按其顺序实行方法和程序上的控制，就是业务循环控制法。

3. 加强监督，做好内部控制的宏观管理

要确保内部控制制度的切实执行，并收到良好的效果，就必须对内部控制过程加以恰当的监督。这种监督不应是单位自主的监督，而应是国家有关部门行之有效的宏观管理。如证监会对上市公司的审核、对个别企业虚假财务报告的稽查，以及对会计师事务所不负责任的审计报告的处置等，都需要有相应的宏观上的配套法规予以监督和管理，以保证市场竞争在公开、透明、有序的规则下进行。否则蚁溃大堤的情况就会发生。这不仅会对市场经济的发展不利，也会给努力做好内部控制的企业带来消极的影响。

目前，我国国有企业改造工作已取得初步成效，加强企业内部控制显得尤为必要。国企管理要与国际接轨,企业需要增强自身的竞争力,吸收先进技术和经验,强化自己,才能在国际市场获得利益。因此,注重企业控制环境的建设,提高管理者的素质和管理水平,增强竞争中抗风险意识,规范经济运作行为,采用行之有效的内部控制机制,是最好的途径。通过内部控制机制的有效运作,可以进行全面的风险评估,正确认识自身的优势与劣势、长处与短处,经过辨别、管理和控制,就能扬长避短,在市场经济大潮中,稳立船头,搏击风浪。

# 第三章 内部控制与现代审计

## 第一节 现代审计的起源和发展

### 一、现代审计的起源

现代审计是审计发展的一个阶段。它始于20世纪初叶，随着人类社会告别近代时期，进入现代世界，审计也步入了一个新的发展阶段，即现代审计阶段。

现代审计历史，犹如一条奔腾不息的江河，有上游、中游、下游。当今世界大约190个实行审计制度的国家和地区（最高审计机关国际组织成员共184个）中，那些起航较早的审计国家的航船可能已行驶至下游，而起航晚的审计国家的航船还在上游，大多数审计国家的航船都在中游。中国的审计航船行驶至上游段还是中游段？这倒可以讨论，但无论是上游段还是中游段，它总是在现代审计这条历史长河之中，故此，现阶段的中国审计自然可称谓是现代审计。

迄今还没有见到一部人类社会的审计发展历史分期的权威性专著（包括译著），然而，有证据表明，现代审计早期概念肇缔于近代审计的发展阶段。在这个历史时期，西方的商业革命和产业革命，深刻地影响了世界历史进程，也深刻地影响了审计发展进程。现代意义的独立审计最早在英国民间审计中萌芽，17世纪末叶，苏格兰颁布了第一部禁止政府官员出任城镇审计人员的法律条文，从而在西方世界出现了审计人员独立性的现代概念。18 世纪上半叶至 19 世纪初叶，随着工商业的发展，职业审计人在商业舞台上扮演了重要角色。英国国会颁布的"公司法"确立了企业监事审计的独立地位。1854 年，爱丁堡会计师协会被授予第一张英国皇家执照，从此，独立审计人职业成为举世公认的专门职业。

在政府审计中，法国发源最早，1778 年，法国学者普合达安基在《审计制度》一书中叙述道，法国政府审计具有财务司法审判职能，从而开了司法审计模式之先河。1789 年大革命前的法国，审计人员由首相提请国皇任命，并规定了审计职业终身制。

## 二、现代审计的早期发展

这是 20 世纪开局后的事情。在从近代向现代过渡的历史进程中，20 世纪前半叶无疑是变化的重要时期。19 世纪末，资本主义经济高速发展，到 20 世纪初，世界经济进入了一个新阶段，自由资本主义发展到垄断资本主义阶段。作为社会经济发展进程中一个整体组成部分的审计，开始走进现代发展阶段。这个阶段的特点有如下事实而变得显著：

（1）1882 年，英国第一部审计教科书——《迪克西审计学》问世，标志着审计工作开始走向理性化。

（2）1886 年，英国颁布的《国库和审计条例》规定：政府财务账目应经直接代表国会的、超然于行政之外的审计人员审核。从而保障了审计机构的独立地位。

（3）1898 年，英国《公司·企业法》规定，所有实行股份制银行，均得接受年度审计。1900 年，对有限责任公司实行强制性年度审计。同时，对审计检查和第一份标准审计报告模式作了详细规定。

（4）1917 年，俄国十月革命成功，改变了世界历史进程，也改变了审计历史进程，相继出现了以行政模式为特征的社会主义审计制度，国家在生产、交换、分配和消费领域，实行了全面监督，包括审计监督。这是现代审计早期发展史上的重要事件。

（5）20世纪初叶，现代意义的独立审计形态开始在新兴工业国美国萌芽（20世纪前沿袭英国之统系），具有典型意义的事件如下：

1. 在民间审计中，美国会计师协会的审计方式由详细审计向测试审计演进；同时，发表了第一个权威性审计公告——《公证会计人员对财务报表的审查》，从此，资产负债表审计盛极一时，并逐渐为世界各国所采纳。

2. 美国于1921年颁布《预算和会计条例》后对财政监督分工：预算局主管行政预算执行监督，审计总署主管立法预算执行监督。

3. 20世纪30年代上半叶，美国通过了《联邦证券法》和《证券交易法》，规定凡股票上市企业，必须向证券委员会（SED）和股东提供经过审计的财务报表，以确认财务报表的公允性。

4. 20世纪30年末，美国发表了第一个审计程序说明，同时，制定了审计标准的现代进程。

综观上述，20世纪上半叶可视为现代审计的早期发展阶段。这个阶段的审计，是以查找会计错误和舞弊行为、保证会计记录正确和财务安全为基本目的。对企业，查清其实际财务状况和盈利能力，是审计主要目的，审计对象从以资产负债表为中心逐渐转到以损益表为中心的全部财务报表。

（三）现代审计新阶段

从20世纪40年代中叶始，现代审计发展到现代财务审计和效益审计阶段。

在这个发展阶段，审计形态呈现多元化趋势，其中，现代财务审计和效益审计为两个基本审计形态，两者相比较，从一定意义讲，作为主旋律的效益审计的意义更为持久、更带有根本性。现代财务审计是为了更有效地发展社会经济、净化社会经济环境。

除上述两个基本审计形态外，还出现了诸如管理审计、经营审计和社会审计（即社会问题审计）等派生审计形态，其中唱主角者是经营审计，社会审计日益受到关注。

在这个发展阶段，无论财务审计领域还是效益审计领域没有一个不在变化。诸如：

（1）会计制度的变革对审计实务产生重大影响。比如，英国自20世纪90年代末始，实施资源会计制度，即按权责发生制来编制商业化的账目并且附加目标和效益信息，查明资产和负债并加以计价，采用合适的会计做法和业务措施，被认为是中央政府会计的一项重大发展。英国审计署面对这一挑战，在全面参与资源会计制度的建立和推广同时，提出对会计系统审计和控制要求的相关建议，从而使政府审计适应变化了的新会计制度。

（2）审计客体已不仅仅限于经济领域。我们以政府审计为例来说明这一变化情况。在一些先行现代审计国家，其政府审计通常通过财务审计，弄清政府支出账目的合规性和合理性，及处理财务风险和责任问题；通过效益审计，检查使用公有资金的计划、项目和活动的经济性、效率和效果；要指出其造成错误和弊端的根源及其结果，提出解决的办法。

在90年代末的一年中，英国审计署在向议会作出有关合规性、合理性和财务控制的报告同时，给被审计单位发送了500封管理意见书，向他们提出了改进会计和财务控制系统的建议。他们还通过财务审计和效益审计，服务于促进经济持续发展和保护自然资源（如能源和水资源的使用）；反舞弊、资源会计制度建设、效益计量和私人融资举措等，是近几年英国政府审计的重要内容。在一些先行审计国家的政府审计还包括社会问题，诸如：污染、噪声、职工健康福利、妇女儿童保护、生态平衡的维护等。这些范围涉及政府和企业的两个方面的社会责任。比如，美国审计总署每天要公布两三份审计报告，对诸如酸雨、载重汽车工业放松了管制、接受供养者的社会保险福利、化学战争和公平保险法影响妇女保险费用估计的比较等专题，进行了研究和分析。对这些社会问题的审计（称社会审计）的重要性正被人们所关注。

（3）审计方法由系统导向审计法取代账表导向审计法。这种审计方法的出现与审计目标改变分不开，由于审计主要目标已不再是强调发现记账差错，而是验证财务报表是否真实、公允地反映被审单位的财务状况和经营成果。这种方法强调对内部控制系统的评价。如果评价结果证明内控系统值得依赖，那么，在实质性检查阶段只抽取少量样本便可以得出审计结论。如果评价结果认为内部控制系统不可靠，那么，就应根据内部控制的具体情况扩大审计范围。

在系统导向审计方法发展过程中，风险导向审计方法代表了现代审计方法的最新趋势。它强调审计战略，要求制订适合被审单位状况的审计计划，要求不仅应进行与会计事项有关的个别风险分析。而且应进行涉及各种环境因素的综合风险分析，它迫使现代审计从系统导向转向业务导向，这对当代审计的发展产生了重大影响。

（4）电算化使审计技术手段实现了从手工操作向电子计算机审计的转变。这不仅有助于审计工作者提高效率和质量，而且对审计理论和实务的未来都产生重大影响，可以预见,未来的审计将成为数据库的审计,审计工作者主要精力将集中于编制、保存和确保数据库程序方面。

上述变化,都是与战后世界经济的高速发展、民主政治和社会进步相适应的,审计越来越显示出活力及重要作用。从上述变化,我们可以得出这样的结论:20世纪40年代以来的审计是真正意义上的现代审计。

## 第二节 现代审计与中国

### 一、现代审计对中国的影响

中国原本是世界上审计历史最悠久的国家之一。它曾创造了灿烂的审计文化。明清时随国家逐渐落到西方先进国家后面。鸦片战争后,伴随着帝国主义势力入侵而出现的某些具有近代资产阶级性质的新制,包括对审计制度的革新,但终因国家社会经济落后,政权腐败和堕落力量顽强而流于空谈。

20世纪初叶,欧风东渐,西方先行者的现代审计理念和实务经验走进中国,现代意义的民间独立审计开始出现。1918年,中国诞生了第一个民间审计职业事务所。到了20世纪30年代中叶,初步形成了一支大约1300人的会计、审计职业人队伍。1930年1月,第一部中华民国会计师条例公布实施,第一次以立法形式确认了会计师职业的法律地位。

在解放前的中国,由于工商业处于幼稚阶段,会计审计学术不发展,沿袭旧式簿记法者居多。故此,工商企业审计一般为详细审计。审计理论研究也多以详细审计为主要内容。这个时期,中国会计审计学者努力探索西方先行者的现代审计理论与实务经验,并将其引入中国。诸如:

1907年东京出版的中国留日学生谢霖与孟森合作编撰的《银行簿记学》,是中国学者最早介绍西方会计学著作之一,对中国审计理论的形成和发展产生了巨大影响。1933年初,中国著名会计师徐永祚主办的《会计杂志》成为最早将西方会计审计文化介绍到中国的桥梁。著名会计审计学者潘序伦与顾泂合作的《审计学》是中国20世纪30年代具有代表性的审计学术著作。

这个时期,国家审计制度随着西方国家政体组织形式引入,并进行了一些改良,无论哪一届政权,都有独立审计机构(隶属关系不断变化)、独立审计人员及法律条文,审计实务方面,以岁入岁出财务审计为基本审计形态,在审计处理方面,有些甚至优于西方先行者。然而,由于政权腐败,审计监督制度不能真正实施。

20世纪30年代初至40年代末,中国共产党领导下的革命根据地和解放区都曾实行过审计监督制度,它是加强苏维埃工农民主政府自我管理和自我约束机制的初步尝试。根据当时的《审计条例》规定,政府审计实行岁入岁出总预算和总决算审计,这是审计监督的实质性内容。它不仅保证了财政统一,而且是进行经济管理的必要手段,因为只有通过审核财政总预算和总决算,才能防止全局性浮支浪费现象发生,从而使财政收支适合于当时革命战争需要。这是中国审计近代史上一个重要事件。

**二、中国现代审计的发展**

新中国的诞生,标志着中国近代史的结束。审计因没有独立建制而寓予监察和经济专业监督之中。

1983年,中华人民共和国审计署成立,标志着经过3100年风风雨雨的中国审计作为审计制度的独立形态,开始走进现代历史新时代。那么,我国现代审计制度具有哪些特点呢?最重要也是最根本的是,它反映了中国计划经

济体制的终极和市场经济体制的开端,具有两个经济体制交替的特点。但这毕竟太笼统了。具体说来,至少有以下几个方面:

(1)《中华人民共和国宪法》(以下称宪法)关于审计监督法律地位的确认,其制度和根本任务的规定,是与"国家在社会主义公有制基础上实行计划经济"(见《宪法》第15条)的经济管理体制相适应的。

(2)审计权隶属于行政权之下的行政型模式。它以管理职能和监督职能一体化为理论依据,是政府自我约束机制。

(3)国家审计机构实行双轨管理体制,即国家最高审计机关在国务院总理领导下,主管全国的审计工作,省、自治区、直辖市、设区的市、自治州、县、自治县、不设区的市、市辖区的人民政府的审计机关,分别在省长、自治区主席、市长、州长、县长、区长和上一级审计机关领导下,负责本行政区域内的审计工作。

(4)审计监督主体具有相对的独立性。除授权机关外其他任何机构和部门及个人无权干涉审计监督主体的工作。

(5)《中华人民共和国审计法》明确规定了审计人员的法律责任和法律保障。

(6)审计体系包涵政府审计、内部审计和社会审计。政府审计为宏观经济、财政收支、国有资金实施审计监督的主体,内部审计为微观经济监督活动主体,并接受国家审计机关的业务指导和监督,社会审计为公证审计和审计咨询的主体并接受审计机关的监督。

(7)审计的基本形态。在我国审计形态中,占主导地位的是财务审计,它具有"混血儿"特点,即既不是完整意义上的传统财务审计,也不是完全意义上的现代财务审计。理由是:

第一，现代意义的理念已被引入。审计署成立不久的1987年，西方先进国家的审计新理念即开始引入我国。一系列专门著述的出版，对探索现代审计道路，起到催化剂作用。

第二，会计制度变革对审计主体产生了突出影响。与国际会计制度接轨的新会计准则已被应用，尤其上市公司所使用的会计资料和财务报表已相当接近国际现代会计制度。《审计法》相关内容基本反映了这一变化情况。

除了财务审计形态外，还有效益审计形态。效益审计走进中国20年，尽管理论研究和实践活动时断时续，然而，它毕竟在进行着并留下了它特有的轨迹。《2003-2007年审计工作规划》标志着效益审计正式登上中国现代审计舞台。

综上可见，当今的中国审计制度带有一种过渡性特点，即从传统财务审计向现代财务审计和效益审计过渡。

## 附：中国审计现代化

审计现代化是审计发展的战略目标。它表达了一种整体性要求，即审计发展与社会经济发展为一个整体，它是社会经济发展进程中一个组成部分，不能脱离这个进程。

1. 我国审计面临的机遇和挑战

21世纪，中国审计将处于机遇与挑战并存的局面，其发展将进入效益审计为主流的新时代。

所谓机遇，就是国内外比较有利的条件；所谓挑战，就是不利条件。从有利条件看，至少有以下四条：

首先，世界审计发展日新月异，我国可以发挥后发优势，迎头赶上，甚至实现超越。

其次，我国经济体制正处于转换过程中，审计客体（包括政府、企业投资者、经营者）对审计工作需求旺盛，广大民众也迫切希望尽快建立起社会主义市场经济秩序，这无疑会给审计带来发展机遇。

再次，我国在推进政治体制改革和民主化进程方面，做出了承诺和努力。

最后，审计职业界经过近30年实践，已基本具备了承受持续发展的能力。

当然，我国审计工作也面临不少困难，有很多不利条件，主要是：

(1) 在由生产力水平所决定的社会经济不发达条件下，发展市场经济且处在两种体制转换过程中，由此所导致的经济活动中违纪违规、经济犯罪等现象处于高发阶段，它一方面增加了对审计监督需求，另一方面使审计工作面临种种挑战。

(2) 国民经济整体素质不高，经济效益差，且又熟视无睹。我们要用效益审计这个药方治疗这种顽疾，不是一件容易的事，肯定是困难多多。

(3) 从监督工作全局来看，一个与发展社会主义市场经济相适应的监督机制尚未形成，一套行之有效的监督制度和措施自然也未形成。尤其值得注意的是，现行的行政管理体制中，在利益驱动下（包括经济利益与政治利益），部门职能自我扩张与其不作为、越位、缺位同时并存，致使部门的行政行为偏离公共利益。另外，权力结构不合理，往往把具有制衡作用的职能和权力集中于一个人或一个机构，谁是一把手，这个部门或单位就是谁的。这种环境，对监督主体（包据审计监督）自然不利，与其他监管主体很难形成一种合力。

(4) 审计主体自身存在着不利于发展的缺陷。

首先是立法和执法问题。我们依法监督的宪法和审计法已不能适应当前和今后相当长时期审计发展的需要；另外，审计职业人忠于宪法和审计法的意识淡薄，在审计工作中存在着执法随意性。

其次，管理体制的缺陷。现行管理体制存在明显弊病：审计主体与审计客体是两个不平行的行为主体，地位也不平等，故此，审计主体的独立性较差。这种情况在地方审计主体中比较突出，审计工作在诸多方面受到党政机关的节制，在审计客体领导审计主体，而审计主体依附于审计客体的状况下，造成了审计职能弱化，监督流于形式。这是长久以来，审计机关面临的主要困惑。

再次，审计职业者整体素质不高，诸如：文化素质较差，知识结构不合理、对专业的诚信和尊重不够等，另外，回报率较低，不具有竞争力，不利于队伍稳定。

最后，谁监督审计主体？总靠自我约束机制恐怕不行，这个问题不解决好，也是影响审计监督效能提升的不利因素。

综上可见，我国审计面临着机遇与挑战并存局面，实现审计现代化，是个艰辛的过程。因此，我们应一方面看到有利条件，抓住机遇，加快发展。另一方面要清醒地看到不利条件，积极谨慎地做好各方面工作。这样，我国审计工作现代化就能比较顺利地进行。

当然，机遇与挑战并不是截然对立的。机遇中也有挑战，挑战中也蕴含着机遇。比如，我国审计技术手段比较落后，可以创造条件，用较短时间普及先进电子计算机技术。这种后发优势就是机遇。

权衡利弊、趋利避害、发挥优势，化消极因素为积极因素，是我们在纷繁复杂的挑战面前取得成功的法宝。

2. 审计现代化的战略步骤

审计现代化的战略步骤可分三步走：首先，从现在起到 2015 年，用两个五年规划的时间，建设起与中国社会主义市场经济体制和运行机制相适应的审计制度。通过财务审计使政府收支合法、控制风险、规范责任，促使国民经济活动中的违纪违规、经济犯罪率有所下降，进而使经济秩序有所好转；通过效益审计使国民经济发展中长期存在的低效益且轻效益问题，得到扭转，从而在提升国民经济整体素质方面显示出审计功能。

其次，从 2015 年至 2030 年，用三个五年规划的时间，实现中国审计的可持续发展，使其制度更为完善，审计工作真正达到规范、节约、高效。在保证公共资财安全廉明、提升国民经济整体效益和社会生态环境效应等保护自然资源方面发挥更大效能。

最后，从 2030 年至 2050 年，审计制度严格完善，审计工作完成从传统财务审计向现代财务审计和效益审计的过渡。这样，效益审计将成为主旋律，现代财务审计仍是基本审计形态，从而基本实现审计现代化。

当然，由于我们国家大，各地审计工作发展不平衡，因而，不可能机械地按一个模式发展，也不可能同步发展。那些审计工作环境比较好的经济发达地区的审计机关，应抓住机遇，加快发展，努力争取率先基本实现审计工作现代化。

3. 实现审计现代化的保证条件

（1）国际环境。

国际环境包括国际的政治、经济、军事及审计环境。若和平发展继续成为主旋律，无论对中国整个国家还是对一个部门的审计发展，无疑都是有利的，从这个意义上讲，和平越发展，审计的国际环境越宽松。国际审计越发展，对中国审计的催化剂作用越大。

(2) 中国社会生产力水平和经济可持续发展状况。

审计制度属于上层建筑范畴。根据马克思主义关于经济基础决定上层建筑原理,审计现代化实现快慢,从根据上取决于中国社会生产力水平和经济可持续发展状况。经济越发展,审计的经济环境越宽松,对审计的需求就越旺盛。

(3) 政治体制改革状况。政治体制改革快而彻底,中国的民主政治进步就快,民主政治越发展,审计的政治环境越宽松。

(4) 法律地位和独立性。宪法应赋予审计更高的法律地位,使它只对宪法和法律负责,同时宪法应根据管理权和监督权相分离的制衡原则,赋予审计垂直的单一的管理体制,从而使其保持较强独立性。审计法律地位越高,独立性越强,其权威性越高,其监督的力度就越大。

(5) 社会进步程度。这是个综合指标,从民众开化程度这个视角来说明它对审计发展的影响。民众现代化的新理念、文化、精神文明程度越高,审计的社会环境越宽松,社会对审计的认可度就越高。

(6) 审计职业界自身状况。

从根本上说,应在审计战线建设一种理性审计文化,变"权力即知识" 为"知识即权力",营造一个包括对宪法和法律及专业的诚信和尊重、对人的尊重和个人的尊严等文明的人文氛围。从而实现审计人的全面发展。审计人发展越全面,整体素质越高,审计效能越高,社会对审计认可度越高。

近30年实践表明,中国审计一直航行在现代审计航线上。只要它一直航行在航线上,没有站、没有慢,也就是没有触礁,没有内讧,没有战争,中国审计现代化的进步,定会超过我们的预期。

## 第三节 内部控制与现代审计的关系

### 一、内部控制是现代审计的审核对象

内部控制是现代审计的审核对象，内部控制审核则是现代审计方法的基础，也是现代审计的重要发展。

（1）内部控制作为现代管理制度的重要组成部分，是现代企业管理的重要手段，是衡量现代企业管理的重要标志。同时，内部控制也是注册会计师用以确定审计程序的重要依据。因此，内部控制的健全与否，决定着企业的经营目标是否实现，决定着经营风险的大小。与此同时，强化企业的内部控制的制度和程序，可以保证企业资产的安全与完整，防止错误与舞弊的发生，减少财务报表层次以及各交易、账户余额和列报认定层次的重大错报风险，提高审计的重要性水平。

（2）内部控制既是被审计单位对其经济活动进行组织、制约、考核和调节的重要工具，也是注册会计师用以确定审计程序的重要依据。现代审计和内部控制之间存在着一种相互依赖、相互促进的内在联系。在注册会计师审计发展的过程中，对内部控制的重视与信赖，加速了现代审计方法的变革，缩小了审计范围，节约了审计时间和审计费用，完善了审计的职能。在确定内部控制与审计的关系时，我们应当明确：注册会计师在执行会计报表审计业务时，不论被审计单位规模的大小，都应当对相关的内部控制进行充分的了解。注册会计师应根据其对被审计单位内部控制的了解，确定是否进行符合性测试以及将要执行的符合性测试的性质、时间和范围。对被审计单位内部控制的了

解和符合性测试,并非会计报表审计工作的全部内容。内部控制良好的单位,注册会计师可能评估其控制风险较低,从而减少实质性测试程序,但绝不能完全取消实质性测试程序。

(3)注册会计师必须了解企业的内部控制,减少财务报表层次以及各类交易、账户余额和列报认定层次的重大错报风险。了解企业的内部控制,为注册会计师在各关键环节作出职业判断提供重要基础,如确定重要性水平,考虑会计政策的选择运用是否恰当,确定实施分析程序时所使用的预期值等。在审计过程中,如果健全性评价认为被审计单位的内部控制系统是完善的,就可对其进行符合性测试和评价;否则即执行全面的实质性测试。如果符合性评价认为该单位的内部控制系统的执行是有效的,就可汇总以上评价的结果,据以确定实质性测试的范围、重点和方法,然后进行有限的实质性测试;否则即执行全面的实质性测试。

审计人员在实践中发现,企业资产的安全与否,会计资料的正确与否,同企业的会计制度和内部控制制度(系统)有着密切关系。当企业内部控制制度(系统)较为健全、有效时,则资产、会计资料出现错弊的可能性就大大减少,审计工作也因此容易进行,审计风险也较小。这是一个极有意义的启示。于是审计人员首先开始将注意力转移到会计制度和内部控制制度(系统)的可信性方面。从而导致审计工作开始逐步从审核内部控制制度着手,然后根据评价的结果,确定审计查账的要点、规模和方法。这样,大大提高了审计工作的效率和质量。同时,抽样技术本身也就有条件得以改进,采用了统计抽样法或判断抽样和统计抽样相结合的抽查法,从而提高了抽样审计的科学性。在审计的实践中,终于形成了具有现代意义的全新的审计方法——以内部控制制度（系统）为基础的审计方式，简称"制度基础法"。

以内部控制测试为基础的现代审计与传统的审计方法——直接检验法相比，以内部控制测试为基础的现代审计方法具有如下几方面特点：

（1）审计基础不同。会计资料是一定的会计制度和内部控制制度所产生的结果。直接检验法只强调直接审查制度所产生的结果，而不深入到制度本身进行审查，也就是根据制度所产生的凭证、账簿、报表进行直接的检查和验证，以对财务收支的合规合法性和记录、计算正确性作出判断。而制度基础法则注重调查内部控制制度是否存在，研究它是否具备足够的控制环节，评估其是否充分发挥作用，用以说明赖以产生的会计资料是否可信。

（2）审计程序不同。直接检验法在查账步骤上比较单纯。而制度基础法则需通过制度健全性调查、制度符合性测试、制度有效性评价后，再进行实质性的查账工作。

（3）抽样技术采用不同。直接检验法如果要采取抽样技术，也只能以经验判断进行抽样。而制度基础法则以健全有效的内部控制为依据，从而有条件采用统计抽样或判断抽样与统计抽样相结合的方法。

（4）审查重点内涵不同。直接检验法主要采用判断抽样，即重点抽查。而制度基础法在采用统计抽样的情况下，其审计重点与前者不同，其重点是内部控制系统内各个控制环节，尤其是关键控制点。审查的目的在于发现控制制度中的薄弱环节，以便在这些薄弱环节上扩大审查范围，看其是否造成了重大错误和对财务报表的歪曲。

现代审计方法的出现，使审计工作从单纯的日常经济业务的审查发展到对内部控制制度的评价，这无疑是审计的查账技术发展史上一个具有深刻意义的突破，既克服了直接检验法因详细审查或大量抽查而耗费大量人力和时间的缺点，做到节约审计资源，提高功效，还能发现业务处理程序上的错误和控制系统上不合理现象，促使企业不断完善内部控制制度，从薄弱控制环节入手，比较科学地明确方向和重点，既保证审计的工作质量，又减少审计风险。但是，实行制度基础审计方式是有条件的。首先，要求被审计单位具有良好的内部控制制度；其次，要求审计人员具有较高的业务素质，掌握内部控制情况的了解和测试技术。

二、内部控制审核是现代审计的基础

制度基础审计对内部制度的评价目标是"确定其可信赖的程度，确定受审计程序限定的测试程度"，它是实施抽样审计的前提条件。如果被审计单位的内部控制系统设置严密，运行良好，审计人员就可以在缩小抽样范围的情况下，对审查对象进行综合的评价；反之，如果内部控制系统不健全或运行状况不佳，审计人员就要适当扩大审计抽样的范围和增加样本的容量。内控审核在企业审计中的基础性作用，主要表现在以下几个方面：

（一）确定审计范围

在企业财务收支审计工作中，审计人员依据对被审计单位内部控制的评价结果确定审计范围，主要应掌握两点：一是应把失去控制和控制薄弱的业务系统或控制环节列入审计范围。二是将特定时间内未得到良好控制的业务系统和控制环节列入必审的范围。因为，从业务发生的时间看，内部控制的各项措施只有在整个业务期间都能得到妥善执行，才是合理有效运转，倘若某项控制措施在某一特定期间未能得到妥善执行，那么，该期间某项经济业务发生错弊的可能性就较大，因此应理所当然地列入审计范围。

（二）确定审计重点

对于列入审计范围的业务活动，由于失控程度和各项业务的重要性不同，审计人员应给予不同的关注。通常情况下，凡列入审计范围的失控点和控制弱点以及与此有关的业务及资料都应列入审计重点。具体讲，凡与下列情况有关的经济业务都应列入审计重点进行审查：一是控制点和关键控制点设置得不够周全；二是控制点或关键控制点中某些控制措施未被执行；三是控制点或关键控制点中某些应有控制措施比较薄弱；四是控制点和关键控制点中的某些控制措施执行不力，功效性不强。

（三）确定审计方法

审计范围和审计重点确定后，审计人员就可以根据审计方案的要求和必审项目及业务环节的实际情况，确定采用适当的审计技术及方法。对于列入审计重点和范围的项目，一般应采用详细审计方法，或者在采用抽样审计方法时，选择较大规模的样本；如果内部控制比较健全，未被列入重点审计的范围，就可以采用抽样审计的方法。例如在确认存货成本的真实性上，应采用ABC分类法。在实施审计中，应将A类存货作为重点进行详细审计，而对B类和C类存货分别采用抽查审计方法。

三、实行内部控制评价和测试是现代审计的一个重要发展

（一）实行现代意义的内部控制的作用

1. 保证会计记录和其他业务资料的正确与完整——正确性完整性控制

正确无误和完整无缺的会计记录和其他业务资料是正确了解过去、严密控制现在、科学预测未来，进行决策的依据。这无论对微观经济还是宏观经济都是十分重要的。保证会计数据的正确性是内部控制最初的、也是首要的作用。这是由于在经济业务处理过程中采取了程序控制，手

续控制和凭证编号、复核、核对等措施,使经济业务和会计处理在相互联系、相互制约下进行,做到内部相互监督,从而防止错误发生,即使发生了错误也易于自动检验和自动纠正,保证了会计记录的正确和完整。

2. 保护财产的安全与完整——实物安全性控制

建立内部控制,采取严格的控制措施,特别是不相容职务的分离,使授权人与执行人,执行人与记账人,保管、出纳与会计人员,记总账与记明细账得以分开,形成一种内部相互牵制的关系,同时实行限制接近财产和财产盘点核对等手续制度,从而使财产的收、付、存、用得到严密的控制,做到有效地制止浪费,防止各种贪污舞弊行为,确保财产物资的安全与完整。

3. 维护国家财经法纪的贯彻执行——合法性控制

遵守国家财经法令、财经纪律和各项规章制度是单位领导及其所属各职能部门的职责,内部控制规定了处理各种业务必须编制的各种凭证和传递程序,将单位内部各职能部门执行国家财经法纪和规章制度情况,反映给领导,通过授权批准手续使单位领导得以控制和指挥本单位的一切业务活动必须遵纪守法,防止和纠正各种违法和违规行为,端正经营方向,维护社会主义市场经济秩序。

4. 促进企业提高经营效率——效率性控制

内部控制所规定的相互联系、相互协调、相互制约的关系,使每一部门具有要求其他部门必须有效地执行任务的主动性,如生产部门追踪仓库及时发料,而仓库则追踪按期进货,要求采购部门迅速活动,从而促使各部门经营效率的提高。

5. 确保既定的经营方针和目标的贯彻实现——有效性控制

现代企业都有特定时期的经营目标及相应的经营方针,

并在经营管理过程中会不断进行管理决策。为了有效地实现其预期经营目标,保证既定的方针、决策得以贯彻执行,就必须对企业有关质量、成本、资金、利润等计划指标采取一系列控制措施,建立经营目标责任制,保证各部门能够协调一致地完成任务,使企业管理当局能及时取得各种经营活动的信息,发现偏差也能及时调整,以求最终实现预期的经营目标。

(二) 内部控制的局限性

在实际工作中,即使内部控制十分健全,往往也不可能起着绝对保证的作用,这是由于内部控制本身存在一定的局限性。审计人员在应用审查和评价结果时,应对此有充分认识。这些局限性包括:

(1) 串通舞弊。不相容职责的恰当分离,可以为避免单独一人从事和隐瞒不合规行为提供合理保证。但是,两个或更多的人合伙即可避开此类控制。

(2) 管理越权。控制程序是不能发现和防止那些负责监督控制的管理者不正当使用权力或滥用职权的。如果企业主要管理者故意弄虚作假,跳过管理程序,这类行为是无法通过企业内部控制制度防止的。

(3) 系统暂时失败。内部控制的效果与行使控制的人员素质和工作质量有关,人员安排失当,良好的内部控制制度也起不到应有作用。

(4) 控制结构的修订滞后。经济在发展,管理也在不断改进,今日有效的控制制度,也许明天会失效。所以,内部控制制度不是一劳永逸的,需要不断完善和更新,否则,将会对未能预料的业务失去控制的能力。

(三) 审计对内部控制的作用

1. 有利于建立完善的内部控制系统

审计人员对内部控制系统的检查和评价,其对象和目的就在于内部控制的完善性上。这里所指的完善性,就是指内部控制系统是否健全,是否严密。被审计单位内部控制系统是否健全、是否严密是由审计人员对企事业单位内部控制系统经过充分的调查后所形成的一个概念。在形成这个概念的过程中,审计人员需要做大量的收集、整理、分析和评价工作,因此,通过审计人员对内部控制的调查,就能够明确被审计单位内部控制系统是否完善,如不完善,则可以提出改进建议或措施,有利于改进内部控制系统。

2. 有利于建立有效的内部控制系统

内部控制系统的有效性指内部控制系统在实际工作中能够充分发挥其控制作用。内部控制系统是否有效,不在于被审计单位自己的标榜,而在于审计人员通过对内部控制系统的了解、调查、测试后,由审计人员作出结论,如果被审计单位的内部控制系统无效,则可通过审计报告予以提出,被审计单位就可根据审计报告中的建议和措施,把无效的内部控制系统通过纠正,变为有效的内部控制系统。

3. 有利于建立可行的内部控制系统

被审计单位的内部控制系统,除了完善、有效外,还必须可行。可行主要指:一是对于成本而言,即被审计单位所建立的内部控制系统需要投入的成本,必须小于建立该项内部控制系统后所获得的经济效益。二是指内部控制系统在实际工作中能否正常运行。内部控制是否可行,也不能由被审计单位自己来评价,应由具有客观立场的审计人员对其内部控制系统是否可行进行评价。因此,通过审计人员对内部控制系统的检查与评价,就能为被审计单位指明其内部控制系统是否可行。如不可行被审计单位应结合本单位的实际情况,重新建立或修订内部控制系统,以便其达到可行。

# 第四章 内部审计的发展与特征

## 第一节 内部审计的起源与发展趋势

审计是社会经济发展到一定历史阶段的产物,是在财产所有权与经营管理权分离后所形成的受托经济责任关系下,基于经济监督的客观需要而产生、发展和不断完善的一种社会约束机制。而内部审计作为审计的一个分类,有其自身的产生和发展历程。纵观整个人类社会发展历史,内部审计可追溯到古老的奴隶社会。它经历了古代内部审计、中世纪内部审计、近代内部审计、现代内部审计几个阶段。无论中外,内部审计的历史与政府审计一样源远流长。

### 一、西方国家内部审计的产生和发展

在古希腊、古罗马时代,伴随着国家审计的起源,维护少数特权阶层——奴隶主利益的内部审计也同步萌芽。例如,古罗马贵族的代理人为了向主人报告其财产的增减变动状况以及报告自己履行责任情况,登记一种"主人账户",主人委托亲信去视察,就是内部审计最初的动因。到了中世纪,为了维护寺院长老、庄园主等阶层的经济利益,西方国家内部审计有了更坚实的基础。例如,中世纪 英国的庄园内部审计,意大利佛罗伦萨梅迪奇银行内部审计以及诸如寺院审计、城市审计、行会审计等形式的内部审计不断涌现。19世纪末20世纪初,资本主义进入垄断阶段,垄断企业开始成为资本主义经济的重要特征。工商企业和

其他各种组织的活动范围变得越来越庞大、越来越复杂。这些变化的到来，致使对控制和经营效率的管理更加困难，管理人员再也不能亲自观察责任范围内的所有活动，甚至不再有充分的机会去接触直接或间接向他们报告的人。于是，管理部门便将"责任"进一步推向内部审计人员，让他们去检查和报告正在发生的事情，并对其原因进行深入调查。如流行于美国的铁路运输系统的内部审计活动、德国克虏伯公司内部审计、日本明治时代的住友公司内部审计、澳大利亚维多利亚州电力委员会内部审计等。但当时的内部审计主要是为了查错防弊，内容仅局限于财务会计领域。

进入20世纪40年代以后，资本主义企业的内部结构和外部环境进一步复杂化，尤其是随着跨国公司的迅速崛起，不仅管理层次的分解比以往任何时候都更加迅速，而且，企业与企业的竞争日益激烈，企业管理者对于降低成本、提高经济效益的要求更加迫切。内部审计的内涵和外延在不断延伸，现代内部审计不仅对事后的财务会计领域进行审查，更重要的是对企业内部控制系统进行评价，帮助企业领导层进行决策和改善经营管理。一些大企业的内部审计师希望通过和同行的交流来提高自己的执业水平。起初这种交流是非正式的、有限的。1941年，由瑟斯顿(JohnB. Thurston)、米尔恩(RobertB.Milne)和布瑞克(VictorZ. Brink)等40多位内部审计人员发起，于11月11日正式宣布在纽约成立内部审计师协会，12月9日协会在纽约召开第一届年会，瑟斯顿担任第一任会长，协会成立后又在密执安、芝加哥、加拿大的多伦多和蒙特利尔设立了分会。

1974年，协会在英国伦敦召开年会，标志着内部审计师协会已发展成为国际性组织。目前，协会会员遍及100多个国家，共设160多个分会和11个国家分会(包括中国国家分会)。协会出版《内部审计师》月刊和《今日内部审计师协会》期刊,1973年协会正式进行注册,获得注册的人称为注册内部审计师(CIA)。

二、中国内部审计的产生和发展

中国奴隶制社会经历了夏、商和西周三代,有关夏、商两代的文献记载传世不多,故当时审计状况无从掌握。周朝审计有内部审计和外部审计之分。内部审计由司会主持,该职官以六典、八法、八则等为依据,采用日成、月要、岁会等形式勾考财务收支及其会计。这是我国内部审计的萌芽。在漫长的封建时代,从春秋战国到秦汉时期,继而到隋唐宋时代、元明清时代,内部审计起起落落,发展颇不平衡。比如秦朝设有少府(帝王的私府),掌管皇室的财计工作,行使内部稽查权;宋朝初期,度支、户部、盐铁三司内设置都磨勘司掌管内部审计工作,都是内部审计广受重视的明证,而元朝、明朝、清朝内部审计工作日渐衰落。 民国初期我国内部审计以欧美审计理论和实践为借鉴, 逐步进行了改革和完善,开始进入到现代审计的演进时期。 第二次国内革命战争时期,在1934年公布的《苏维埃共和国中央苏维埃组织法》中,规定设立中央审计委员会,省、 直辖市分设审计委员会。中华人民共和国成立后的30多年里,未设独立的审计机构,审计工作由监察部门代替,专职审计处于停顿状态,内部审计也随之偃旗息鼓。十一届三中全会后,全国的工作重心转移到经济建设上来,恢复审计工作势在必行,直到1983年国家审计署成立后,相继发布了一系列与内部审计相关的文件,我国现代内部审计工作才重新焕发出青春。1987年4月, "中国内部审计学会"成立,2002年5月23日中国内部审计学会正式更名为中国内部审计协会。协会依据《中华人民共和国审计法》《中国内部审计协会章程》履行职责开展工作。中国内部审计协会于 1987 年加入国际内部审计协会,成为 CIA 的国家分会。中国内部审计协会的职能是管理、服务、宣传、交流,即对内部审计实行行业自律管理,为内部审计机构和内部审计人员提供业务服务和开展业务培训。

## 第二节 内部审计特征

### 一、服务的内向性

内部审计的目的在于促进本部门、本单位经营管理和经济效益的提高,因而内部审计既是本单位的审计监督者,也是根据单位管理要求提供专门咨询的服务者。服务的内向性是内部审计的基本特征。内部审计一般在本单位主要负责人领导下进行工作,只向本单位领导负责。

### 二、工作的相对独立性

内部审计同外部审计一样,都必须具有独立性,在审计过程中必须根据国家法律法规及有关财务会计制度,独立地检查、评价本部门、本单位及所属各部门、各单位的财务收支及与此相关的经营管理活动,维护国家利益。由于内部审计机构是部门、单位内设的机构,内部审计人员是本单位的职工,这就使内部审计的独立性受到很大的制约。特别是遇到国家利益与部门、单位利益冲突的情况下,内部审计机构的独立决策可能会受到本单位利益的限制。

### 三、审计程序的相对简化性

内部审计的程序主要包括审计计划、审计实施、审计报告和跟踪审计四个阶段。由于内部审计机构对本部门、本单位的情况比较熟悉,在具体实施审计过程中,各个阶段的工作都大为简化。一是规划阶段中的许多工作,往往可以结合日常工作进行，从而使规划工作量得以减少，时间也大为缩短。审计项目计划通常由内部审计机构根据上级部门和本部门、单位的具体情况拟定，并报本部门、单位领导批准后实施。二是内部审计的实施过程，针对性比较强，许多资料和调查都依赖内部审计人员的平时积累。三是内部审计机构提出审计报告后，通常由所在部门和单位出具审计意见书或作出审计决定。四是被审计单位对审计意见书和审计决定如有异议，可以向内部审计机构所在部门、单位负责人提出。

### 四、审查范围的广泛性

内部审计主要是为单位经营管理服务的，这就决定了内部审计的范围必然要涉及到单位经济活动的方方面面。内部审计既可进行内部财务审计和内部经济效益审计，又可进行事后审计和事前审计；既可进行防护性审计，又可进行建设性审计。一般应做到，本部门、本单位的领导要求审查什么，内部审计人员就应审查什么。

### 五、对内部控制进行审计

内部审计是内部控制的重要组成部分，内部控制又是内部审计的主要内容。通过对本部门、本单位的内部控制制度及经营管理情况的检查，总结经验，找出差距，为本部门、本单位改进经营管理、完善内部控制制度服务，是内部审计的基本职能，体现了内部审计"对内部控制进行审计"的特征。

### 六、审计实施的及时性

内部审计机构是本部门、本单位的一个部门，内部审计人员是本部门、本单位的职工，因而可根据需要随时对本部门、本单位的问题进行审查。一是可以根据需要，简化审计程序，在本部门、本单位负责人的领导下，及时开展审计；二是可以通过日常了解，及时发现管理中存在的问题或问题的苗头，并且可以迅速与有关职能部门沟通或向本部门、本单位最高管理者反映，以便采取措施，纠正已经出现和可能出现的问题。

## 第三节 内部控制和内部审计的关系

内部控制与内部审计之间存在着一种相互依赖、相互促进的内在联系。内部控制本质上是组织为了达到一定目标所采取的一系列行动和过程，主要目的包括：信息的可靠性和完整性；政策、计划、程序、法规的遵循性；资产的安全性，资源使用的经济性和有效性；为经营和计划所确定的目的和目标完成情况。而内部审计的主要目的是评价组织控制，它既对内部控制的健全性和有效性进行评价，以确保揭露组织潜在的风险和运行的经济达到组织的目标，其本身又是内部控制的重要组成部分。一个经济实体所提供的会计信息和其他经济信息的真实、完整与否，与该实体是否存在具有规范的内部控制制度有效执行，有着相当程度的因果关系。内部控制的存在与否，对内部审计方式的选择有着至关重要的意义。

由于内部控制是为了推进经济实体的有效运营，而内部审计则在于协助管理层调查、评估内部控制制度，适时提供改进建议，以求内部控制制度得以持续实施。在通常情况下，内部控制系统由经济实体经营管理部门指定并在实施执行中评价和改进，通过内部审计部门评价内部控制系统的健全性和有效性。由于内部审计是在有限的时间与合理的成本条件下进行的，同时，审计主体对审计结论负有相应的责任。因此，审计工作必须讲究效率与结果，保证内部控制的合理性和运行的有效性。

　　适当的组织目标和合理的评价标准是管理和内部审计工作走向规范的标志。没有合理的评价标准，就等于没有实质意义的管理，缺少有效的内部控制，内部审计工作展开也就无法真正发挥其作用，以风险评估为基础的风险导向审计属于开放式的模型。审计人员在开始一项审计项目时，必须首先评估组织面临的经营、管理、财务，风险，考虑组织目标是否适当和是否有相应的控制，这不仅体现在具体项目及与部门的相互沟通方面，而且还反映在宏观上审计目标的不断演变。由此可见，内部审计人员根据风险评估的思路开展对内部控制的评价，以组织目标为起点和核心，能够更加有效地发挥建设性作用，完成由监督控制到风险评估，为组织做好服务。

# 第五章 内部审计的实施

## 第一节 内部审计的程序与计划

### 一、内部审计程序

内部审计的审计过程与外部审计的审计过程不完全相同。由于内部审计侧重于企业的经营管理活动的检查和评价，目的在于督促和帮助被审计单位堵塞管理漏洞，完善控制，防范风险，提高经营活动的效率、效果和经济性；而且企业管理当局非常关心审计之后的变化，关心被审计单位对审计中发现的问题所采取的纠正行动及其结果，因此，内部审计有必要重视后续审计工作，将其成为一个单独的阶段。

内部审计工作应该包括四个阶段：审计计划、审计实施、审计报告、跟踪审计。

1. 审计计划阶段

①初步编制内审计划；②初步调查与风险评估；③计划及选定内部审计方法。

2. 审计实施阶段：①按程序进行内部审计；②内部审计小组总结初步结果。

3. 审计报告阶段：①编制内部审计报告草稿并与所在管理层交流意见；②向控股公司负责人及其授权人呈交审计报告；③审计信息数据管理。

4. 跟踪审计阶段

## 二、审计选择策略

1. 影响选择的因素:没有一种因素可以单独作为选择被审计者的理想策略,通常需要运用重要性原则与风险导向原则,并考虑多种因素:①应服从公司总体发展战略;②变化的即是不稳定的,所以我们关注;③企业所暴露的问题,即可能亏损的地方;④审计资源;⑤以前的审计情况和时间;⑥审计计划的周密。

2. 识别潜在被审计对象。

选择被审计对象的基本方法有三种:一是系统选择法,即由审计部门通过系统地分析风险,编制年度审计工作计划表,在表上列出当年拟实施的审计项目;二是示警事项法,也是计划外的审计事项,即管理层或是内审人员通过判断,从工作实际出发,发现急需关注和处理的问题,从而替代系统选择,实施计划外的异常事项的审计。比如,公司突然接到了一张金额巨大的账单,要求迅速归还货款,但公司竟然没有入账。这就是一个严重的问题,必须进行审计。三是应管理当局的要求,外部获取信息需要进行内部审计。

选择被审计对象可以按四个步骤:第一步,挑选出五种对被审计者来说最重要的风险因素;第二步,给每个被审计的这五种风险因素逐一评分;第三步,加总"风险分值";第四步,按风险值排序,确定被审计对象。

3. 审计师在考虑审计的先后次序时要考虑七个因素:①上一次审计的日期和结果;②涉及的金额;③潜在的损失和风险;④管理层的要求;⑤经营环境、经营方针、业务和内部控制的重大变化;⑥获取经营效益的机会;⑦审计人员的变动及能力。

## 三、确定被审计对象

根据风险总分值的排序结果,考虑其他因素(如管理部门的意见、董事会要求、审计组织的时间等），最后确定被审计对象。例如，管理人员最近注意到某部门开支增加，利润降低，要求内部审计部门进行经营审计。管理人员希望该项工作尽快完成，并要求内审部门尽快投入一切可能的资源。但内审部门认为时间上有冲突，因为审计部门正忙于审计委员会下达的一个重要的合法性审计任务。在决定应先进行哪一项审计任务时，审计师应进行风险评估工作来判断审计的先后顺序。在决定是否将现有的审计资源从正在进行的合法性审计转移到管理人员所要求的经营审计时，要考虑以下哪一方面情况最不重要，例如：①一年前外部审计师对该部门进行过财务审计；②与合法性审计有关的潜在错弊；③该部门的去年费用增加；④与合法性审计有关的潜在的重大违规罚款可能性。其重要不重要的标准在于它们本身对这一转移可能产生的正面和负面影响的程度。

### 四、决定内部审计的目标与范围

审计范围包括两方面：①审计什么；②为了审计它，审计师要做些什么。前者可以称为审计兴趣范围，后者可称为审计活动范围。它们阐明了审计师审查和评价什么。内部审计的范围应包括审查和评价企业组织的内部控制系统的恰当程度和有效性、企业的风险与应对措施，以及在完成所指派的职责时的执行效果。

### 五、取得与审计活动有关的资料

与审计活动有关的资料包括：①审计的目标和目的；②可能对经营和报告产生重要影响的政策、计划、程序、法律、规定和合同；③机构信息；④被审计活动的预算信息、经营结果、财务数据；⑤审计业务开始前的工作底稿；⑥其他审计业务的结果，包括已完成的或正在进行的外部审计师的工作；⑦用以确定潜在重要审计业务问题的通信文档；⑧适合审计活动的权威性和技术性文字。

### 六、计划内部审计所需的时间、人员

组建审计组没有固定的模式和标准，但是必须保证审计组成员的综合素质和能力能够最大限度地完成审计任务，满足审计质量管理的要求。在确定审计组的成员时，应考虑以下几个方面：①年度审计计划对人力资源、时间预算和费用预算的要求；②被审计活动的性质和业务量的大小；③上一次审计对被审计单位内部控制状况的评价；④企业管理当局对该审计项目的一些特殊要求；⑤被审计单位的组织机构、人事、方针等内部控制环境方面发生的重大变化；⑥上一次审计的结果，尤其是对审计中发现的问题所采取的纠正行动及其效果；⑦某些特殊领域需要外部专家提供的服务和帮助。

### 七、召开计划会议

计划会议是在审计人员办公室里进行的项目审计的初始会议。审计组的全体成员，包括聘用的外部专家都应该参加。计划会议的主要目的在于让审计组的成员知晓有关本次审计工作的一些相关事宜，明确计划阶段应完成哪些方面的准备工作，以保证整个审计工作在有效率和效果的方式下进行。在计划会议上，部门经理和项目负责人应说明与完成本次审计任务相关的所有重要事项，包括：①介绍被审计单位或活动的基本情况、上一次或过去审计的结果，以及企业管理当局的一些特殊要求等；②本次审计的总目标、范围和步骤；③完成现场审计工作所需要的时间预算；④内部审计人员的责任分工；⑤需要外部专家提供帮助的内容和方式；⑥需要被审计单位给予的帮助，包括委派专门的联络员，提供审

计所需要的资料，安排会议等；⑦与外部审计人员协调工作的内容和方式；⑧最大限度利用计算机进行审计的步骤和应该获取的重要信息等。

### 八、执行分析程序

实施分析性审计程序能够对各种财务和经营报表的数据进行分析比较，包括：实际和预算的比较，多期数据的趋势分析，账户间关系分析，财务和生产经营比率与前期比率、行业比率的分析比较，等等。分析程序不但有助于审计人员用定量的方法了解被审者的经营情况，而且有助于审计人员计划适当的审计程序。因为这种比较和分析所发现的异常情况，能引起审计人员的关注，从而有针对性地采取更详细的审计程序来审查。另外，这种程序的作用并不仅仅在于引起审计人员的注意，它还能提供明确的证据来证明经营和财务数据是否合理，证实风险高的和需要多花精力的审计领域。

### 九、初步风险评估

风险审计理念核心就是最大可能地发现高风险审计领域并将主要精力投入到高风险审计领域。内审人员应当合理运用专业判断,考虑下列事项,评估重大差异或缺陷风险：①管理层的品德和能力；②管理层遭受的异常压力；③重要岗位人员的变动情况；④经营活动的复杂性；⑤影响被审计单位的环境因素⑥容易受损失或被挪用的资产；⑦经营活动中运用估计和判断的程度；⑧内部控制设计及执行情况的预估；⑨其他。

## 第二节 制订内部审计工作方案

**一、编制审计方案**

编制书面的审计方案并取得批准,是计划阶段的最后一项工作。在完成上述准备工作之后,内部审计人员根据所掌握的基本情况和风险评估的结果,就可以确定具体的审计目标和重点审计领域,编制项目审计方案。一般而言,一份结构合理、内容完整的审计方案应该包括审计项目的名称、被审计活动的目的、控制状况、风险、审计工作底稿参阅、背景信息等方面的内容。在具体的审计实务中,不同组织的内部审计部门对审计方案的编制方法、内容结构的要求不尽相同,完全相同格式的方案是不存在的。但是,诸如审计目标、审计范围和审计步骤之类的内容是任何一份审计方案不可缺少的组成部分,也是审计方案的核心内容。它不仅反映了审计准备工作的成果,而且是内部审计人员对所了解掌握的各种情况进行初步分析、判断和评价的智慧结晶,反映了审计人员的审计思想。

1. 确定审计目标

在编制正式的审计方案时,必须为既定审计范围内的每一部分拟订具体的审计目标。具体审计目标应该根据准备工作的结果,侧重于对组织目标实现和健康发展具有重要影响的、或已经揭示存在实际的或潜在问题的重要活动事项。例如,管理部门要求职员经济有效地使用资源,这是与资源使用相关业务活动的目的,而与之相应的审计目标则是确定资源是否得到了经济有效地使用。如果内部审计人员要对"根据供货者的情况购货"这部分工作进行审计,

## 第五章 内部审计的实施

那么审计目标应该是确定是否为选择供货者制定了标准，以及这些标准是否适当；确定有关部门是否定期向采购部门提供了有关供货者情况的准确信息；当供货者不符合既定的选择标准时，是否采取了适当的行动。类似的，要制定采购业务活动的审计目标，还必须对采购的来源和使用订货单购货两个方面拟订审计目标。

2. 确定审计步骤

具体的审计步骤，包括应采用的审计方法，以说明如何收集证据、评价证据，完成现场审计工作。要有效地完成现场审计工作，保证所收集的信息能够充分、准确地支持审计结论，达到审计目标，在审计步骤中阐明各种指令所运用的名词必须有准确的含义。为此，内部审计部门有必要对审计方案中使用的各种指令性名词采用统一的定义，并为审计人员所理解和熟知，以保证方案制订和执行方案的人员之间建立可靠的联系，使执行方案的审计人员能够按照方案制订者的意图完成审计步骤。因此，诸如"审计"这类意义过于一般化的词不适合作为指令性名词在审计方案中运用。为了统一认识、统一行动，内部审计部门应该对"分析、核对、验证、测试"等经常运用的词统一定义，这样有助于减少意义的模糊，为正确理解和完成审计步骤所规定的真实工作内容，获取准确可靠的信息提供合理的保证。

3. 修订时间预算和分配审计人员

在完成现场调查工作之后，审计的方向和重点较明确了，这时就能较准确地估计现场审计、完成审计报告的时间。由此，就可以对原计划中的时间预算作适当的调整，并可根据完成规定的审计范围内每一部分工作所需要的知识和技能来具体安排审计人员。

二、实施审计工作

在实施审计工作这一过程中，内审人员要深入审计方案中规定的审计领域，采用适当的审计技术和方法，对现场调查中确定的缺陷或问题进行深入细致的分析研究，获取充分可靠的审计证据，揭示审计发现的原因和结果，作出审计结论和意见，并提出有价值的审计建议或改进措施。从某种意义上讲，审计的实施阶段是一个检查和评价信息的过程，即收集、分析和解释与既定审计目标相关的信息，并将其写入审计工作底稿，形成文件化记录，以证实审计发现、结论和建议。 主要工作包括：提出问题，分析问题，提出解决方案，收集资料，解决方案（审计建议）。

## 第三节 开展内部总结

一、提出问题

提出问题最常见的困难就是定义问题，问题解决的前提是提出正确的问题。问题界定可以按以下思路：确定实际的情形——设想理想的情况——比较分析存在差异的。

二、分析问题（鱼骨图法、因果分析法）

鱼骨图（因果图、链条图）是因果关系研究的有效技术，是全面质量管理流程改进技术。

因果分析法。作为一种审计技术和方法，因果分析适用于整个审计过程。在审计的实施阶段，因果分析意味着对已经确认的审计发现进行深入细致的调查研究，以揭示审计发现的原因和导致的不良后果。通常，原因和结果是相对的，而不是绝对的，换言之，同一种原因可能导致不同的结果，而同一种结果可能由不同的或多种原因所致。因此，要准确地查明并记录审计发现的原因和结果不是一件容易的事，这就要求内部审计人员具有较强的分析判断能力，能在明辨是非的同时，分清事物的主次。因果分析还意味着确定用以评价的标准与实际状况的差异。

在进行因果分析时，内部审计人员通常应考虑以下几个方面：

（1）原因和结果应是紧密相关的。这意味着对原因的理解和认识能够足以说明和解释所产生的结果。例如，对应收账款账龄分析报告的认识，有助于说明和解释信用部门和会计部门处理应收账款业务上存在的问题。

（2）在可能的情况下，尽可能将控制缺陷导致的不良状况数量化，用数据来说明这种缺陷所造成的危害程度。例如，如果审计测试发现，被审计单位在保证已实现的销售业务及时入账方面缺乏必要的控制措施，那么内部审计人员就应该尽可能收集在审计期限内所有已实现销售而未入账的准确数据，并计算出总数，以说明这种控制缺陷对某一特定期间财务报表真实性的影响程度。

（3）如果因果分析表明存在一系列的问题，则可能暗示该领域或相关领域的内部控制失败。这时，内部审计人员就应该追踪检查，收集充分的证据，以证实这些领域内部控制失败的原因及其危害程度。

（4）考虑原因来源于何处，有助于正确评估审计发现的性质和重要性，提出解决问题的建议和措施。比如，原因是来自企业内部还是外部，是来自企业管理当局还是来自被审计单位本身，等等。

### 三、提出并选择解决方案

构造解决方案需要极强的创造力。可以是内部审计师直接的过程，如调查，抽样；也可以是间接的，如聘用顾问来完成，或阅读研究论文选择解决方案。不搞绝对，相对最优，效果与效率之间取得最佳平衡。效果即目标的实现程度；效率即投入／产出。

**四、收集资料**

依据事先准备有关问题及方案要求,细列被审计公司需提供的资料及问题清单。收集资料应该注意:一是收集恰当的资料;二是有明确的资料证明结论;三是有编制人签字及编制日期;四是使用符号、标志等必须要有清楚的注释说明。

在审计过程中,如有任何问题可请示主管,但审计者本人也应尽力追踪,设法解决。例:对限制进入的工作场地的控制情况进行审计时,有两名员工向内部审计人员反映某工序所用的化学用品引起头痛和其他症状。

**五、评价解决方案**

解决方案要考虑人的因素。要被执行者接受应给予执行者适当授权,要对执行者进行跟踪测评。问题仍然存在,则采取对策尝试其他方案,重新定义问题和解决方案。

**六、总结审计发现、结论和建议**

在审计的实施阶段,审计项目负责人应该定期或不定期地召开审计小组的内部会议。在会议上,审计人员应该将其负责领域的工作进展情况作阶段性的总结汇报。汇报应该有书面记录,着重说明阶段性的审计发现、结论和建议。项目负责人可以检查和评估各领域的工作进展情况,判断审计发现的性质和重要性,裁决审计证据,并对下一步工作的重点和方向提供指导意见;必要时,应该对尚待查明的重大问题或存在严重控制缺陷的领域提供具体的业务指导和部署。在审计实施阶段的工作全部完成之后,每一位审计人员都应该对其负责的工作进行书面的总结,阐明审计发现、结论和建议。

1. 审计发现

审计发现是与事实相关的说明,是基于所期望的和实际之间的差异而形成的。比较次要的审计发现或建议可通过非正式形式报告，但重要的审计发现或建议则应以书面形式反映在最终报告上。审计发现可以是肯定的，也可以是否定的。否定的审计发现被称为"例外"，并引起审计人员的重视，以便在执行审计过程中加以纠正。例外表示公认风险的范围。

2. 审计建议

审计建议指内部审计部门以审计发现和审计结论为依据，呼吁采取措施纠正存在的问题或改进操作。建议可以是概括性的，也可以是很具体的。建议类型包括：①现有系统无须改变；②现有内控制度需要修正；③当增加控制措施的做法不可能或不可行时，建议增加保险方面的支出；④影响风险的某项报酬率要调整。

3. 审计发现和审计建议应具有的特征：①标准：在进行评价／核证时应用的标准、措施或期望值；②情况：内部审计师在检查过程中发现的事实依据；③原因：预期和实际情况之间存在差异的原因；④效果：在确定风险程度时，内部审计师应该考虑审计发现和审计建议可能对机构经营和财务报表产生的影响；⑤可以包括没有在其他地方反映的审计客户成绩、相关问题和辅助信息。

### 七、完成审计工作底稿的编制工作

编制审计工作底稿就是将审计工作的执行情况记录成文。事实上，从确定审计项目开始，直到完成审计报告和后续审计的全过程，都涉及审计工作底稿的编制工作。精心编制审计工作底稿是审计人员执行审计工作的标志，也是内部审计质量管理的要求。在审计的实施阶段，编制审计工作底稿就是要收集、整理、解释那些与审计目标相关的各种信息，并形成书面记录。富有经验的审计人员应该根据审计掌握的情况及时编制审计工作底稿，记录所发现的问题及其前因后果,而不是等到审计工作完成之后才着手编制。

### 八、与被审计单位讨论审计结果

通常,审计发现、结论和建议都是针对存在的问题、控制缺陷或不规范活动而言的,其矛盾往往直接指向被审计单位的管理人员和业务人员,这可能给审计人员带来不少麻烦。为防止或缓和这种不良现象的出现,在现场审计过程中,审计人员适时地将发现的问题与被审计单位进行讨论,征求他们的意见和看法是非常必要的。这不但可以进一步确认揭示的问题和提出审计结论、建议的正确性,同时也是对被审计单位的一种尊重,有助于培养双方良好的合作关系。与被审计单位讨论审计结果有两种方式,一是面对面地口头交换意见;二是通过编制和答复书面的审计备忘录。通常,一份审计备忘录讨论一个问题,它应该阐明审计发现、审计意见和建议,并要求指定的人员在规定的时间内给予正式的书面答复。这是一种普遍采用且效果较好的讨论方式,它迫使审计双方认真考虑审计的结果,以免事后双方产生不必要的争议。

## 第四节 审计报告阶段和跟踪审计阶段

### 一、审计报告阶段
(一)审计报告的要求

审计工作的最终结果表现为审计报告,报告阶段在整个审计过程中占有非常重要的地位。不管审计方案多么充分严密、现场审计怎样的深入细致,也不管审计的结论和建议是何等的正确和可行,如果报告阶段的工作不能督促被审计单位纠正存在的问题,完善控制,防止潜在的风险

## 第五章 内部审计的实施

损失,那么,审计工作就不能达到全部的审计目的,而可能成为一项没有价值的活动。因此,内部审计准则要求:内部审计人员必须报告他们的审计结果。在审计检查工作完成后,应及时提交书面报告,并解释有关问题。中期报告可以是书面或口头的,而且可以正式地或非正式地报送。在发出最终审计报告前,内部审计师必须征求适当的管理层对审计结论和建议的意见。

(二)审计报告阶段的主要工作

在这个阶段,内部审计人员应该完成下列方面的工作:①最后审阅审计工作底稿;②讨论审计结果并形成要点式审计报告;③起草审计报告;④完成并分发审计报告。

(1)报告的内容。①审计的目标、范围和适当的审计结论、建议和行动计划;②自上次审计以来或建立良好控制措施以后审计客户取得的成绩;③审计客户关于审计结论或建议的观点。④内部审计师和审计客户对于审计结果存在的意见分歧。内部审计师应努力征得审计客户同意其审计结果和为改进经营而建议采取的行动计划。⑤审计客户的书面意见可以作为附录收进报告,也可以直接在报告主干部分加以表述或以信函的形式加以表述。

(2)审计报告的质量要求准确、客观、清楚、简明、富有建设性、完整、及时。

(3)披露违反《内部审计准则》的行为。当违反准则的行为影响具体的审计活动时,内部审计师应在审计报告中披露没有得到完全遵守的条款、未遵守的原因以及对审计活动的影响。

(4)传达审计结果。首席审计执行官应将审计结果传达给那些能够保证对审计结果进行应有考虑的人员。有些可能不适合向所有报告接收人披露的信息可以在单独的报告中披露。首席审计执行官还负责向客户传达咨询业务的最终结果。

(5) 审计信息数据管理。核对工作底稿完成清单,工作底稿装订、归档,定期进行工作质量考核并形成书面总结。

### 二、跟踪审计阶段

（一）基本要求

在内部审计实务中,作为完整审计过程的一个阶段,后续跟踪意味对报告中反映的问题进行跟踪检查,直到被审计单位采取了纠正行动,使内部审计人员感到满意为止。《内部审计准则》指出,内部审计人员应该进行后续查询,以确定对已报告的审计发现是否采取了恰当的纠正措施：确定纠正的措施是否已经实施并正在取得预期的效果,或者是确定企业管理当局（或董事会、审计委员会）是否对已报告的发现已经承担了不采取纠正的风险。通常,后续跟踪的时间和方式由内部审计部主任决定,其时间、费用和人力的预算应该纳入年度审计计划的预算之中。

（二）后续审计

后续审计涉及后续审计的时间、后续审计的内容、后续审计的方式,这些都要具体明确。

综上,对于各类行业,其面临的风险有共性,也有差异,这是全球四大会计师事务所统计的数据,统计的结果排在前三位的风险因素是完全一致的,因此我们也要对该风险因素加以重视。

## 第五节 内部审计工作的范围、存在的主要问题及改进对策

由于我国内部审计工作起步较晚,发展较慢,目前尚未出台内部审计实务准则,在许多方面都套用政府审计规

范。加之市场经济不发达，体制不完善等因素，导致我国的内部审计工作相对落后，审计工作范围较窄，基本停留在事后监督方面，而且主要从事经济责任及政策法规遵循情况等传统审计业务，管理审计、绩效审计领域还没有真正开展，从而影响了审计职能的有效发挥。

一、目前我国内部审计工作范围情况

从国际内部审计来看，内部审计通常分为经营审计、绩效审计、遵循性审计、质量审计、财务控制审计、财务报表审计等。

从国内内部审计实务看，内部审计主要包括年度经济责任审计、离任经济责任审计、专项审计等，最主要的形式便是例行的年度经济责任审计及离任经济责任审计。而且从审计形式上看，主要是审查会计报表及会计资料，涉及其他环节的较少，类似于会计报表审计，着重审查经济责任的履行情况，或称遵循情况，缺乏应有的深度，大多数情况是例行公事，受审计环境及某些因素的影响，谁也不愿意深查、深究，甚至于某些主管部门对查出的问题知而不举，查而不究，更有甚者，许多主管部门或主要领导说情、阻挠下属部门查处违纪问题，严重地影响了审计工作的效果，阻碍了审计事业的发展。

许多问题，光从账面或表面上看是看不出什么毛病的，比如对于企业收入的审计，光看账面数字，不进行系统地对比分析，几乎没有什么实际意义，而实际上许多内部审计人员还真的是这么干的，笔者接触过不少审计人员，对于某些单位的收入连应收多少都不知道，却认定了收入的正确性，审计境况可想而知。

二、国际、国内内部审计的工作范围比较分析

国际内部审计部门的工作范围十分广泛，凡涉及企业

管理和绩效、效率、效果的单位和部门，都属于其工作范畴，甚至连电梯的安装及运行、门卫的工作情况都包括在内。

国际《内部审计实务标准》第300条"工作范围"中对此做出了界定：内部审计的范围必须包括对该组织内部控制系统的适用性和有效性，及其完成所指定职责时对其实施效果进行的检查和评价。具体由以下几个方面组成：

（1）资料的真实性和完整性——内部审计师必须审查财务和经营资料是否属实、可靠和完整，以及审查用于鉴定、衡量、分类和报告这些资料的方法。

国内内部审计常常是开门见山，不注重资料的真实性及完整性审核，忽视审计程序及方法的运用，审计的效率与效果较差。

（2）遵守政策、计划、程度、法律和法规——内部审计必须审查一个组织已建立的内部控制系统和制度，以确保遵循那些对经营业务和报告有重要影响的有关政策、计划、程序、法律和规定，并且通过审查确定该组织是否遵守了有关规定和要求。

我国的企业受计划经济的影响，往往不重视内部控制制度的建设，我们的内部审计部门也常常忽视对企业内部控制制度的研究评价，直接进入实质性审查阶段，审计效率较低，审计风险较大。

（3）资产的保护措施——内部审计师必须审查保护资产方法是否适当；查证、核实这些资产的实存情况。

我们的内部审计部门很少有人关注资产保护方法问题，对资产的实存情况的审查也不够重视，很少实施存货的监督盘点工作，从而导致审计效果不佳，会计信息失真、国有资产流失等问题无不与此有关。

（4）经济和有效地利用资源——内部审计师必须评价使用资源的经济性和有效性。

我国的内部审计在这方面几乎是空白,应该尽快予以规范。

(5)完成所制定的经营或计划目标。内部审计师必须审查经营或计划的结果,以确认其是否与制定任务和目标一致,以及经营任务是否按计划完成。

由于我国比较注重企业经济效益情况的考核,我们的内部审计部门对这一领域有所侧重,但还不很规范,一般限于主管部门制定目标和计划的考核,忽视企业内部目标和计划的分析与考核;注重于对经营绩效结果的认定,缺乏对企业经营成果实现过程的监督控制,使得企业有了操纵利润、侵占资产、规避管理的有效空间。

从以上对比分析可以看出,国际内部审计实务标准中对内部审计范围的界定是十分广泛的,涉及企业经营管理的各个方面;而我国内部审计的业务范围相对较窄,而且大多停留在表面层次,缺乏应有的深度。

**三、解决问题的几点对策**

(一)尽快建立内部审计实务准则

内部审计实务标准或准则是指导内部审计工作的基本规范,只有尽快出台内部审计实务准则或标准,规范审计业务,才能从根本上解决审计范围较窄、执业行为不规范的现象,使审计工作程序化和法制化,以提高工作效率,充分发挥审计监督职能。目前,我国内部审计已经加入国际内部审计协会,并且在中国内部审计协会第四次代表大会上通过了《中国内部审计协会章程》,标志着我国内部审计工作已走上了正规化的道路,为内部审计事业的健康发展奠定了坚实的基础。

(二)加强内部审计队伍建设,提高内部审计人员素质

企业要发展,事业要兴旺,人才是关键。我国内部审

计事业发展相对滞后,除其他客观因素外,与内部审计队伍整体素质不高、内部审计人员执业水平较低不无关系。

首先,提高内部审计人员的业务素质。随着市场经济的发展,内部审计的业务范围将不断扩大,逐步与国际内部审计接轨,业务活动将涉及企业管理和经营活动的方方面面。因此,要求内部审计人员不仅要精通审计业务知识、财会知识,还在熟练掌握企业管理、制度建设、风险控制、工程技术、计算机技术、网络技术等多方面知识技能。当务之急应通过以下几个方面解决人员素质问题:

(1)组织深造与岗位培训相结合。人员素质的提高需要长期的努力,不是短期内能够见效的。当前,应结合我国内部审计的实际情况,采取"请进来"与"送出去"相结合的办法,即广泛采取聘请专家学者对在职人员进行教育培训,提高内部审计人员的理论知识水平,改善内部人员的知识结构,以适应入世的挑战;选择一些政治素质好、理论水平高、年轻有为之士到国外或高校深造,并充实到各级领导岗位,使其发挥学术带头人的作用,促进内部审计事业的发展。

(2)引进竞争机制,借鉴国外经验,实行准入制度。采取考试与考核相结合的办法,要求内部审计执业人员。首先应具备审计师以上资格,并逐步过渡到要求具备国际注册内部审计师资格,经过考查合格后方可上岗。其次,注重道德建设,确保审计质量。

《资治通鉴》第一卷司马光先生有一段著名的评语"夫聪察强毅之谓才,正直中和之谓德。才者,德之资也;德者,才之帅也。……是故才德全尽谓之圣人,才德兼亡谓之愚人,德胜才谓之君子,才胜德谓之小人。凡取人之术,苟不得圣人、君子而与之,与其得小人,不若得愚人。何则?君子挟才以为善,小人挟才以为恶……"这段话精辟地论术了德、才，以及二者的关系，虽有些偏激，却不乏精辟之见，现在仍有借鉴意义。

当前，物欲横流，各种思潮泛滥，我们能否抵制各种诱惑，廉洁自律，勤政为民，显得尤为重要。"打铁还需自身硬"，为此，党中央适时提出了"两手抓，两手都要硬"、"以德治国"的治国方略，对指导内部审计工作必将起到积极的作用。

（三）重视审计环境建设，提高审计机构地位

由于我国公有经济占主导地位，市场经济尚不十分发达，因此，内部审计未能得到充分的重视，致使审计环境不佳。随着市场经济的发展和经济全球一体化的进程加快，特别是我国加入WTO以后，企业间的竞争将愈加激烈，强化企业管理，提高企业的竞争能力，便显得尤其重要了。在此方面，内部审计的作用将愈加突出。为此，重视审计环境建设，提升内部审计机构及人员的地位，将是有效途径。从我国内部审计目前所处的管理层次看，主要是受企业行政部门长官或副职领导，随着企业股份制改造的进程，以及现代企业制度的建立，股份经济必将占据主导地位，借鉴国际上的经验，设立内部审计委员会，负责内部审计工作，大幅度提升内部审计人员地位及待遇，加大审计人员的违约成本，这样必将大大提高内部审计的独立性，为拓宽内部审计工作范围，发挥内部审计职能，创造有利的条件。

# 第六章 现代企业内部审计

## 第一节 内部审计在公司治理结构中的地位

### 一、内部审计是公司治理结构的一个重要方面

现代公司制企业的运行造成了职业的管理者阶层和管理者市场,出现了所有权与经营管理权的彻底分离。按照贝利和米恩斯的"控制权与所有权分离"的命题以及"管理者主导企业"假说,由于公司制企业中所有权的广泛分离,企业的控制权转移到管理者手中,职业管理者取代所有者控制了企业的经营管理权,而企业的中小所有者已被贬到仅是资金提供者的地位。所有者成了委托人,管理者成了代理人,这样企业便出现了委托代理关系。从经济学的理性假设出发,委托人和代理人具有不同的目标函数,于是产生了"代理人"问题——代理人具有道德风险、逆向选择和搭便车等行为。公司治理所要解决的问题是通过契约关系的制度安排来确保委托人的权益不受侵害。

内部控制作为由管理当局为履行诸管理目标而建立的一系列规则、政策和组织实施程序,与公司治理及公司管理是密不可分的。良好的内部控制框架是公司法人主体正确处理各利益相关者关系、实现公司治理目标的重要保证。内部控制框架在公司制度安排中担任内部管理监控的角色,毫无疑问,一个合理的内部控制制度是公司治理结构中的重要组成部分。

按照 COSO 报告的定义,"内部控制是一个过程,它受董事会、公司管理当局和其他员工影响,它的目的在于对下列目标的实现提供合理的保证:①经营的有效性和效率性;②财务报告的可信度;③对现行法律和规章制度的遵守。"从这个定义我们可以看出,内部控制也要调整以适应目标的实现。

正如内部审计师协会所定义的那样,内部审计是"一个组织内部所建立的独立的评价功能,它检查并评价组织的活动,且以之作为对组织提供的一项劳务。""内部审计的目标是帮助组织的成员更好地恪尽其职守。为了这个目的,内部审计为他们提供了与所检查的活动有关的分析、评价、建议、咨询及信息。审计的目标包括了以合理的成本促进有效地控制。"为了实现其职责,内部审计的范围必须包括:"检查和评价组织系统中内部控制有效性充足与否,完成所指派任务的成果质量如何。"(《内部审计的职责说明》——内部审计师协会)在完成其职责的过程中,内部审计必须检查内部控制制度,以确保在涉及企业目标的完成时,它能对董事会和管理当局提供"合理保证"。

因此内部审计实际上是内部控制制度的重要组成部分。因而,保证管理当局高度重视内部审计人员的存在及其职责,是公司治理结构的一个重要方面。总之,我们必须牢记内部控制实际上是管理过程中计划执行和监督的一部分,它与这些功能相辅相成。正如 COSO 报告中所指出的那样,"内部控制制度为了基础的经营目标而存在,它与企业的经营活动融为一体"。有效的内部控制制度对组织的成功至关重要,而内部审计则是内部控制制度不可或缺的重要组成部分。

二、内部审计机构设置与科学定位

从公司治理的角度看,内部审计机构的职责不应仅仅局限于审核企业会计账目,应扩展为稽查、评价内部控制制度是否完善,审查企业内部各组织机构执行指定职能的效率和效果,并向企业最高管理部门提出建议和报告。在内部控制框架构建中,内部审计的作用在于监督企业经营业务符合内部控制框架的要求,评价内部控制的有效性,提供完善内部控制和纠正错弊的建议。

目前,企业中关于内部审计机构的设置情况不一,有些上市公司借鉴西方国家上市公司的做法,同时设立了审计委员会和审计部,而大部分企业只设立了审计部。有研究者认为,内部审计机构的设置应因人而异。对于规模大、经济业务复杂的企业,应同时设置审计委员会和审计部,其他企业则应根据成本效益原则选择同时设置审计委员会和审计部或仅设置审计部。

对于同时设置审计委员会和审计部的企业,应当注意的是审计委员会是董事会的一个下属分支,一般由外部非执行董事组成,这保证了其具有较强的独立性;它对董事会负责,业务上受监事会的指导,这又保证了其具有较高的权威性。对于仅设立审计部的企业,应当注意的是审计部应当对董事会负责并在业务上受监事会指导。之所以选择这种制度安排,是因为在公司治理的制约机制中,董事会是决策机构,这一机构肩负着保证公司管理行为的合法性和可信性职责。从公司治理实践看,审计部(审计委员会)对董事会负责这一制度安排,能有效减轻董事会职权弱化、内部人控制现象严重的局面。另外,在业务上接受监事会指导能够在一定程度上产生对董事会的制衡。

## 第二节 企业内部审计制度的作用

内部审计的作用是内部审计职能的外在表现。内部审计在企业管理中的作用，是内部审计部门行使审计职能、完成审计任务，在实现审计目标过程中（或之后）产生的客观效果。

1. 制约作用

内部审计通过对企业经济活动及其经营管理制度的监督检查，对照国家的法律法规和企业的规章制度，按照审计工作规范，揭示企业的违法乱纪行为，维护企业的经济秩序。主要有以下四个方面：

（1）制止违规违纪现象，保护国家财产和企业利益。

通过检查、监督被审计单位执行国家财经纪律情况，制止违规行为，有利于企业健康发展。

例如，山东齐鲁增塑剂股份有限公司审计科自成立以来，开展财务收支审计，查出不合规问题 15 项，金额达 305 万元，均按照国家法律作了整改或上缴财政。有效地防止了违法违纪行为的产生，维护了财经纪律，教育了财务人员，为今后细化管理奠定了基础。

（2）披露经济活动资料中存在的错误和舞弊行为，保证会计信息资料真实、正确、及时、合理合法地反映事实，纠正经济活动中的不正之风。事实上不少单位的会计信息资料不仅存在错误，而且存在着具有造假性质的"账外账"和"两本账"及私设小金库现象，因此，有必要强化内部审计监督，查错防弊，提高会计和审计人员的业务素质。

（3）配合纪检监察部门，打击各种经济犯罪活动。

内部审计部门通过开展财务收支审计、财经法纪审计、领导干部离任审计，发现问题，查明损失浪费、贪污腐化行为，及时向纪检监察部门提供证据和信息，采取措施，充分发挥审计的"经济警察"的特殊作用。

2. 防护作用

内部审计工作在执行监督职能中，对深化改革，降本增效起到了保证、保障、维护作用。

（1）为建立健全高效的内部控制制度提供有力保证。为了适应 WTO 环境下的新形势，应对激烈的市场竞争，内部审计人员有必要开展事前、事中、事后审计，内控系统的健全性和有效性审计，风险审计及计算机审计，揭示并建议改正内部控制制度存在的薄弱环节和失控点，提高企业管理水平。

（2）保障国有资产的安全、完整。内部审计人员应重视生产经营情况，对企业资产状况做到心中有数，随时随地开展内部审计督查，提出有效措施，经济有效的使用资产，确保国有资产保值增值，防止国有资产流失。

（3）降本增效，维护财经纪律。有效地开展经济效益审计是当前企业内部审计工作的重点和关键。降低成本，增加效益，维护财经纪律是经济效益审计的出发点。

3. 鉴证作用

（1）开展联营审计，维护企业合法权益。联合经营是在生产社会化和市场经济不断发展的情况下，企业为了取得实效，一个企业和一个或数个企业为发展生产和产品交换而进行的经济联系。

（2）开展任期内经济责任审计和领导干部离任审计，强化内部监督机制。

实行领导班子在任定期审计，有助于监督企业领导依法办事，遏制腐败，促进企业廉政建设，为上级主管部门和政府考察提拔干部提供依据。

## 第三节 现代企业内部审计工作的主要内容

内部审计既是内部控制的一个组成部分，又是内部控制的一种特殊形式。以现代企业风险管理为导向，开展内部控制审计，正成为内部审计工作发展的主要方向。

现代企业内部控制体系属于现代企业的内部管理系统之一，包括为保障现代企业正常经营所采取的一系列必要的管理措施。内部控制贯穿于现代企业经营的各个方面，只要存在现代企业的经营管理，只要现代企业的经营管理存在着风险，便需要有相应的内部控制。一个运转良好的内部控制体系能够保证企业经营方针和计划的贯彻与执行；维护现代企业资产的安全与完整；保证所有的交易和事项的真实性、合法性；确保会计报表的编制符合财经法规、财务准则和制度的相关要求；同时能防止、披露和纠正错误与舞弊现象的发生。内部控制是现代企业风险管理的重要内容。

企业内部控制是企业有效组织经营，进行管理及各项经济业务有序开展的必要保证。企业内部审计通过对企业内部控制进行测试，可以评价企业内部控制制度的健全性、遵循性和有效性，能针对内部控制中的薄弱环节及时提出相应改进建议，促使企业以合理的成本促进有效控制，达到改善企业内部经营状况的目的。内部审计在当前企业转机建制过程中，应抓住时机，认真总结经验，研究和探讨审计工作的新方法、新思路，拓宽视野，尽快消除旧的思维方式和工作模式，跳出常规的财务收支审计局限，向经济效益审计、经济责任审计、管理审计领域进一步延伸。

由此，现代企业内部审计工作主要涵盖以下内容：

（1）财务收支审计。主要是评价和监督企业是否做到资产完整、财务信息真实及经济活动收支的合规性、合理性及合法性，对会计记录和报表分析提供资料真实性和公允性证明。

（2）经济责任审计。主要是评价企业内部机构、人员在一定时期内从事的经济活动，以确定其经营业绩、明确经济责任，这里包括领导干部任期经济责任审计和年度经济责任审计。

（3）经济效益审计。审计重点是在保证社会效益的前提下以实现经济效益的程序和途径为内容，对企业的经营效果、投资效果、资金使用效果做出判断和评价，其中基建工程预决算审计应为重中之重。

（4）内部控制制度审核。主要是对企业内部控制系统的完整性、适用性及有效性进行评价。

（5）开展明晰产权的审计。审计明晰其产权归属，避免造成国有资产、集体资产流失或其他有损企业利益的行为。

（6）其他审计。结合企业自身行业特点，开展对经营、管理等方面的审计工作。

## 第四节 健全企业风险管理机制的必要性

企业自注册成立的第一天起，就面临着各种各样的风险。比如：国家宏观经济政策调控风险、经营环境风险、组织性失误风险和领导层决策失误风险等。忽视这些风险，现代企业就难以应对突如其来的各种风险因素的冲击，不堪承财务损失和经营困境。亚洲金融风暴是一个非常发人深省的例子。期间，不少发展迅速但长期忽视风险管理的企业的潜在问题集中浮现出来。由于这些企业的决策层事前低估了经营非核心业务的风险、业务扩张所需资金的风险、借贷带来高负债的风险以及国际投机资本市场等多种风险，因而引发巨大的灾难，最终导致许多企业被迫宣告破产或被并购。由于当今现代企业面对着许多隐藏在不同层次的各种风险，使利润的增长变得不稳定，而同时现代企业又要面对投资者不断提高的各种要求，因而迫切需要采取各种方法控制风险，避免损失。

所谓风险管理，就是指现代企业为实现所定目标，对可能发生的各种风险进行一系列防范、控制的管理活动，是一种涉及多层次、多方面的现代企业管理职能。风险管理同时也是一个过程，是由现代企业的董事会、管理层以及利益相关人员共同实施的，应用于制定现代企业战略及各个层面的活动，旨在识别和防范可能影响现代企业的各种潜在危机，并按照现代企业的风险理念健全完善风险管理机制，为现代企业目标的实现提供合理的保证。一般认为它有八个组成要素：企业经营环境、企业目标设定、危机预警识别、风险评估水平、风险应对策略、危机控制活动、信息与沟通、监控能力。现代企业风险管理的手段不应是在企业内部另外增加一个成本高昂的官僚管理机构，它应该能够帮助企业建立并强化应对困难的组织能力，这也是现代企业能够在当今不断变化的全球经济中生存所必须拥有的一种关键能力，就是现代企业必须构建一种切实有效的内部控制框架体系。

## 第五节 现代企业风险管理导向下的内部控制审计工作

### 一、我国企业内部审计制度的背景

对现有的企业职能进行改革和完善并非易事,企业的内部审计系统也不例外。从传统意义上讲,内部审计的职责仅限于在管理及规章制度方面的监督。因此,许多内部审计团队在风险管理方面经验严重不足,同时无法在改革工作程序、推广优秀经验方面向企业提出有价值的建议。

企业中新技术和电子商务的应用以及对"多快好省"目标的迫切追求把内部审计推到了风险管理和运作程序改革的最前沿。因此,越来越多的企业都要求其内部审计部门突破传统的管理和规章制度范畴,承担更加广泛的职能。

对许多内部审计人员来说,这一变化过程既艰巨又充满了各种不稳定因素。成功实现这一转变的关键可以概括成一点:结合。即内部审计的资源与技能只有与多数股东的预期和企业经营战略相结合,才能为企业创造价值。

同样重要的是,内部审计的改进成效必须量化。许多企业给监督部门投入了大量资金,结果却无法对回报进行评估。因此,必须要建立一套以企业发展目标为标准的全面业绩评估系统。

### 二、加速我国企业内部审计职能转化

在转化内部审计职能方面,企业确实有所进步,但步伐缓慢。通常看来,内部审计工作并不属于关键职能岗位,亦非职业生涯中重要的晋升之阶。但是,一名称职的内部审计人员必须是个多面手,在必要时充当经营咨询专家、

心理学家、后备支援人员和工程技术人员等多种角色。因此，内审人员只有具备多种专业技能才能取得成功。同时，多重职能也给监督者带来了许多便利条件。他们可以自由参与企业内各种经营管理。

内部审计是现代企业内部一种独立客观的监督和评价活动，是现代企业风险管理的重要组成部分。它通过审查与评价现代企业本身及所属单位财务收支，经济活动的真实性、合法性及有效性，促进现代企业加强业务管理，实现经济目标。

目前，我国大部分大中型现代企业都设置了内部审计部门，但存在着一些突出的问题。比如：内部审计部门不能向股东大会、董事会或监事会独立提交审计报告；内部审计工作范围局限于核实财会方面的交易，较少触及现代企业业务流程方面的风险管理和监测，从而未能就现代企业风险管理担起监督作用；内审部门的隶属关系、角色、职责不明确，缺乏独立性；内部审计人员的水平和内审方法有待提高，缺乏一套系统化和科学化的内审程序，等等。

**三、现代企业风险管理导向下的内部控制审计工作**

在现代企业风险管理进程中，内部控制审计工作是以影响和控制现代企业经营目标实现的各种内部控制制度为依据来确定审计项目，以现代企业进行的所有降低和防范风险的活动为测试重点，评价内部控制体系减低和防范风险的充分性和有效性，并为完善和健全内部控制体系提出恰当的建议的一种方法。国外许多现代企业成功的内部审计实践证明，以提高企业风险管理水平为目的而实施的以内部控制为导向的内部审计，为内部审计人员参与风险管理提供了基础，促进了内部审计与现代企业风险管理要素的结合，并已经为现代企业管理当局所接受。

（1）开展内部控制的自我检测。内部控制自我检测是一种新兴的审计技术,最早是由加拿大公司开始运用的内部控制系统,几年来他们总结了一套系统的技术和方法,大大推动了该公司内部控制的发展和完善。目前这种方法在欧美一些发达国家开展得较多。内部控制自我检测的方法就是内部审计人员与被审计单位管理人员组成一个小组,管理人员在内部审计人员的帮助下,对本部门内部控制的恰当性和有效性进行评估,然后根据评估提出审计报告,由管理者实施。对现代企业而言,内部控制自我检测提供了一个风险管理的工具,保证了内部审计人员和管理人员共同对风险进行控制。可以综合地控制现代企业的各方面,包括相关的社会效益,使现代企业对内部控制有一个更全面的了解。不仅要考虑发现的问题如何改进,促进各部门更有效地履行责任,还要使控制措施便于理解,使企业董事会更了解管理的情况以及风险。同时,也降低了审计成本,使内部审计达到更好的效果。

(2)对现代企业内部控制进行穿行测试审计。此项审计指利用模拟业务将被审计单位的有关数据和业务嵌入被审计单位的内部控制体系当中,进行业务的模拟运行,来获得测试结果,将测试结果与被审计单位的会计信息对比来获得审计证据。此种方法可以对内部控制体系本身的质量和功能进行审计,体系的好坏直接影响企业的抗风险能力,因此体系自身的审计亦是复杂的市场经济环境下必不可少的内容。在设计时可采用平行虚拟业务测试、非正常业务测试、平行运行测试等方法。

(3)评价内部控制对现代企业风险的监控能力。内部审计评价内部控制体系对现代企业风险管理的监控能力,是指内部审计部门评估企业内部控制体系的内容和运行以及一段时期的监控质量的一个过程。现代企业的内部控制体系可以通过两种方式对风险管理进行监控——全面监控和个别监控。全面监控和个别监控都是用来保证提高现代企业的风险管理水平的。监控还包括对现代企业风险管理的记录。对现代企业风险管理进行记录的程度根据现代企业的规模、经营的复杂性和其他因素的影响而有所不同。适当的记录通常会使风险管理的监控更为有效果和有效率。当现代企业管理者打算向外部利害方提供关于现代企业风险管理效率的报告时,他们应考虑现代企业内部控制体系的记录模式并保持有关的记录所具有的威慑力。

(4) 评估现代企业内部控制体系对风险的反应能力。对风险的反应可以分为规避风险、减少风险、抵御风险和遭受风险四类。规避风险是指采取措施退出会给现代企业带来风险的活动。减少风险是指减少风险发生的可能性、减少风险的影响或两者同时减少。抵御风险是指通过转嫁风险或与他人共担风险,降低风险发生的可能性或降低风险对现代企业的影响。遭受风险则是在风险来临时未能采取任何行动而被动承受可能发生的风险及其影响。内部审计人员可以在对上述四种风险来临或可能来临时,企业的反应和应对能力上,评估和评价现代企业业已建立的内部控制体系防范和应对现代企业风险的效力,即从现代企业总体的角度或组合风险的角度重新考量内部控制体系的功效。

## 第六节 企业内部审计工作流程

规范内部审计具体业务的操作流程是完善企业集团内部审计工作、确保审计人员顺利完成审计任务的重要保证,根据集团《内部审计制度》及《内部审计实务标准》的相关规定,内部审计业务的具体操作流程规范如下,审计人员应在审计工作中按规定遵照执行。

根据内部审计工作的实质要求,审计工作可分为十个步骤。

### 步骤一:审计立项与授权

**一、审计立项**

审计立项是指确定具体的内部审计项目,即被审计的对象。审计对象包括集团下属的各子公司,集团内部的各职能部门、各项经营活动或项目、系统等。

审计对象的选择一般由以下三种方式决定:

1. 集团审计部通过对集团的经营活动进行系统的分析风险来制定年度内部审计工作计划表,经批准后逐项实施。
2. 由集团总裁或董事会下达的计划外专项审计任务。
3. 由被审计者提出审计要求,经批准实施审计业务。

**二、审计批准与授权**

对于已立项的审计项目,审计部应在审计实施前以正式报告的形式报集团总裁审核、批准与授权。

### 步骤二:审计准备

在确定审计事项后,审计人员开始审计准备工作,制订审计计划。审计准备工作包括以下内容:

**一、初步确定具体审计目标和审计范围。**

1. 内部审计的总目标是审查和评价集团各项经营管理活动,协助集团组织的成员有效地履行他们的职责。针对已确定的具体审计任务,审计人员应制定具体的审计目标,以有助于拟定审计方案和审计工作结束后的审计评价。
2. 内部审计的范围一般包括以下几个方面:

1) 组织内部控制系统的恰当性、有效性。

2）财务会计信息、资料的准确性、完整性、可靠性。
3）经营活动的效率和效果。
4）资产的安全、完整情况。
5）对法律、法规及政策、计划的遵守、执行情况。

审计人员应根据具体的审计任务确定具体的审计范围，以确保审计目标的实现。

## 二、研究背景资料

在制订审计计划时应收集、研究审计对象的背景资料。

当审计对象为集团子公司、职能部门时，背景资料主要包括其组织结构、经营管理情况、管理人员相关资料、定期的财务报告、有关的政策法规和预算资料等。

当审计对象为某一项目、系统时，背景资料主要指其立项、预算资料、合同及相关责任人资料等。

如果在以前年度实施过内部审计，则应调阅以前的审计文件，关注以前的审计发现及审计对象对审计建议的态度。

## 三、成立审计小组和确定审计时间

不同的审计项目要求审计人员具备不同的知识和技能，根据实际业务的需要，审计部门应安排适当的审计人员，指定审计项目负责人，并对审计工作进行具体的安排。

成立审计小组的同时，应初步确定审计时间，包括审计开始的时间、外勤工作时间、审计结束及审计报告的提出时间。

## 四、准备初步审计方案

审计方案是说明审计目标、范围和具体进行的程序。完成审计工作后，审计方案是审计工作的记录。审计方案在计划审计工作时由审计负责人初步制订，并在审计工作实际进行中根据需要进行修改和调整。

在被审计单位背景资料不全或实施突击性检查等情况下,审计人员也可以在审计过程中制订和完善审计方案。

五、计划审计报告的提交方式、时间和对象

六、发出审计通知书

在审计前,审计人员应通知被审计单位进行审计的时间、审计目标和范围,并要求被审计单位及时准备相关的文件、报表和其他资料,告知需要配合的相关事项。

在经授权实施突击审计的情况下,审计部门可不预先通知被审计单位。

以上为审计工作的准备阶段,完成准备工作后,审计工作即进入外勤工作阶段,主要包括步骤三、四、五、六。

## 步骤三：初步调查

一、审计座谈会

审计开始前,审计人员应与被审计单位负责人、财务负责人及其他相关人员召开审计座谈会。了解基本情况、说明审计的目标和范围以及审计中需要提供的各种资料和需要协助的范围等。

二、实地考察

审计人员应实地观察被审计单位的经营地点、设备、职员及业务情况,对被审计单位的业务活动获得感性认识。

三、研究文件资料

对被审计单位提供的和实地考察过程中得到的文件资料进行整理归档,并进行查阅、研究。

四、编写初步调查说明书

初步调查完成后,审计人员应编写简要的初步调查说明书，概括被审计单位的基本情况及初步调查的实施情况。

## 步骤四：分析性程序及符合性测试

### 一、分析性程序（比较、比率和趋势分析）

审计人员应根据财务报表和有关业务数据计算相关比率、趋势变动，用定量的方法更好地理解被审计单位的经营状况。主要的分析、比较包括：

实际与预算的比较；

年度内各月份数据的比较及趋势分析；

年度间数据的比较及趋势分析；

账户间关系分析；

财务和经营比率与前期、同类经营机构的分析比较。

审计人员通过比较和分析各项指标所发现的异常情况，应引起充分关注，从而有针对性地采取更详细的审计程序来审查重点领域。

### 二、描述和分析内部控制设计的恰当性

审计人员应采用绘制流程图、文字说明等方式描述被审计单位现有的内部控制制度。

审计人员应在认真研究、分析被审计单位现有内部控制系统的相关制度、规定等文件的情况下，对内部控制系统设计的恰当性进行评价。

### 三、初步分析和评价内部控制执行的有效性

（1）审计人员可采用内部控制调查表或询问相关人员等方式获得内部控制执行情况的相关信息。

（2）审计人员可采用对经营活动进行"穿行测试"或小样本测试的方式，初步评价内部控制系统的执行情况。"穿行测试"是审计人员针对关键控制点，选取一定的交易和

经营活动进行程序测试或文件测试（根据组织的记录来追踪选定测试项目的整个过程）。小样本测试是选择较少的样本量对选定项目进行测试、复核，以测试真实性，了解经营活动的实际处理是否与预期一致。

（3）研究信息系统的控制制度，进行信息系统的相关测试。

信息系统的内部控制涉及被审计活动的信息收集、处理、传递和保管各个环节。尤其是集团各下属单位的信息系统控制的有效性、恰当性直接影响其资金、资产安全及财务信息等的准确性、完整性。审计人员应对被审计单位信息系统的内控制度进行全面熟悉与分析，并根据实际情况进行相关的测试。

（4）分析重大风险领域，确定重点审计的范围及方法。

通过对内部控制系统进行描述和测试后，审计人员应对被审计单位的内部控制情况进行分析并做出初步评价，评估风险，确定控制薄弱环节以及审计的重点及方法。

## 步骤五：实质性测试及详细审查

（1）实质性测试及详细审查是在对内部控制的初步评价基础上，运用适当的审计技术详细审查、评价被审计单位的经营活动。

（2）审计人员应收集充分的、可靠的、相关的和有用的审计证据（包括文件、函证、笔录、复算、询问等），进行审核、分析与研究，形成审计判断。一般应包括以下内容。

1）加总相关明细账户余额与总账余额，比较核对二者是否一致。

2）运用统计抽样，从凭证到账户，抽查会计记录。

3）巡视库房，抽查清点库存商品、器材等账面存货，确定存货的保管情况以及存货资产的存在性、完整性及计价的准确性。

4）清查固定资产，确定资产的管理、使用情况以及增减值情况。

5）盘点现金，核对银行存款余额，确定货币资金的安全性及账实核对情况。

6）函证主要往来账户余额，选取无法函证或未取得回函的重要账户实行替代程序，确定往来结算的准确性。

7）审核收费系统的收入日报表、现金收入日报表，交叉核对并与系统核对一致。

8）审核各类经济合同，对重要合同签订的招、投标及执行情况进行审查与评价。

9）审查工程的预、决算资料，复算工程量，确定工程支出的合理性、准确性。

10）检查采购计划、采购合同与发票、入库单、付款支票是否一致。

11）采用分析性复核程序，审查成本计算的准确性、折旧计提的正确性等。

12）检查涉税项目，确定被审计单位是否遵守国家税收法律、法规及其他规定，是否按时、足额缴纳税款。

13）审核费用的发生情况、审批手续，确定其真实性、合法性、合理性。

14）其他审计程序。


## 步骤六：审计发现和审计建议

内部审计人员通过执行初步调查、符合性测试和详细审查，收集适当的、有用的及相关的审计证据，并通过分

析与评价形成审计发现,并提出适当的审计建议:

一、审计发现

审计发现应包括事实、标准及期望、原因及结果。

事实是指在审计过程中审计人员发现的实际情况、相关问题。

标准及期望是指评价这些问题所依据的相关政策、规范、考核目标、预算指标等。

原因是审计人员分析的实际情况与相关标准产生差异的原因。

结果是指实际情况与相关标准产生差异造成的影响及相关风险。

审计人员应用书面文字、相关图表等方式详细阐述相关的审计发现,审计人员成文的审计发现应有相关的审计证据来支持。

二、审计建议

审计人员应根据具体的内部控制情况及相关的审计发现提出具体的、适当的审计建议,以利于被审计单位完善内部控制、降低经营风险。

## 步骤七:审计报告

一、审计复核与监督

审计项目负责人应对审计人员的审计工作底稿及收集的相关证明资料进行详细的复核,并对审计人员实施的相关审计程序进行适当的监督和管理。

二、整理审计工作底稿及相关资料,编写意见交换稿

(1) 外勤工作中,审计人员应对编制的审计工作底稿及收集的相关文件、报表、记录等证据资料及时整理、归类。

## 第六章 现代企业内部审计

审计人员应根据统一的标准对审计工作底稿及证据资料编制索引号,以便查阅。

(2) 召开退出会议前,审计项目负责人应编写详细的意见交换稿,也可以编制审计报告初稿代替。意见交换稿应简要说明项目的审计目标、审计范围、实施的审计程序,并对具体的审计发现和初步的审计建议进行详细阐述。

### 三、与被审计单位的沟通

与被审计单位的沟通包括重大问题的沟通及退出会议上的意见交换。

(1) 重大问题主要是指,在审计过程中发现的正在进行的重大违规或对集团利益造成严重损害的问题。在这种情况下,需要被审计单位马上采取相关的措施。审计人员应根据具体情况分析所发现问题的实质及影响,确定沟通的对象,并报集团总裁批准。

(2) 召开退出会议,就相关审计发现与审计建议与被审计单位交换意见。

外勤工作结束前,审计人员应与被审计单位负责人及相关责任人召开退出会议,就意见交换稿上的相关问题听取被审计单位的解释与意见,并详细记录。双方应在意见交换书上签名确认。对有关问题的不同意见,可由被审计单位进行书面陈述并交与审计人员和审计人员的审计发现与建议一起归档,以便查阅、分析。

### 四、编制正式的审计报告

外勤工作结束后,审计项目负责人应及时编制正式的审计报告。正式的审计报告是在意见交换稿的基础上根据与被审计单位沟通的结果,正式编制完成。审计报告应用简捷、扼要的文字阐述审计目标、审计范围、审计人员执行的审计程序以及审计结论,并适当地表明审计人员的意

· 111 ·

见。被审计单位对审计结论和建议的看法，也可根据需要包括在审计报告中。

**五、审核并报送审计报告**

审计部门负责人应对审计报告及相关的审计资料进行详细审核，确认后正式报送给集团总裁及审计委员会，并对审计结果进行简要的口头汇报。审计部门也应将经批准的审计报告送与被审计单位并确认其已收到。

### 步骤八：后续审计

在出具了正式的审计报告后，审计部门应关注被审计单位对审计结果及集团总裁对相关事项处理决定的态度。在认为合适的一段时间以后，由审计人员对被审计单位实施后续审计，确定审计中发现的问题是否得到了恰当的解决。对于暂时无法解决的问题是否告知并得到了集团总裁或董事会的批准。审计人员应对相关的风险进行评价，并将后续审计的结果及相关的风险评价报告集团总裁及审计委员会。

### 步骤九：审计评价

审计评价是指审计部负责人对具体审计项目的执行情况、审计方法、审计程序及审计目标的完成情况进行的总结、评价。

审计评价由审计人员的自我评价、审计项目负责人的项目评价及审计部负责人的总结评价三个层次构成。每一个审计项目完成之后，审计部负责人都应督促审计人员、审计项目负责人及时做出书面总结、评价，审计部负责人也应根据实际情况签署相关的意见和建议。

### 步骤十：审计档案

完成以上九个步骤后，审计人员应对审计资料进行整理、装订、编号，形成内部审计档案，并由审计部负责保管。

## 第七节 现代企业内部控制和内部审计存在的问题及改进措施

（一）企业内部控制存在的问题及改进措施

（1）企业内部控制体系建设滞后，员工对内部控制的重要性认识不够。

由于内部控制体系建设工作开展较晚，很多员工认为与己无关，对体系建设消极对待，形成了体系建设滞后的局面。对此，首先应通过参加体系培训班等方式提高企业高管人员对内部控制的重视，其次将内部控制体系建设的内容采取交流宣讲会等形式传递给内部各管理层和全体员工，以点带面，推动内部控制体系建设在企业全面开展。

（2）不相容职务分离在企业集团本部得到较好执行，在其下属单位则存在偏差。

随着市场经济的发展，跨地区、跨行业的企业集团发展迅速，同时也带来了管理的效率和效益问题。企业集团本部由于分工明确，能较好遵循不相容职务相分离原则，但在其下属单位因节约成本在组织机构设置时未考虑不相容职务分离，或下属单位执行不到位，违反了内部控制的要求。企业集团在组织机构设置时需从企业整体利益出发，对关键岗位的不相容职务分离坚决执行，对管理人员定期轮岗；同时也可在聘请事务所审计时听取事务所的相关建议。

（3）内部控制制度固态化，未能随着企业环境的变化而变化。

有的企业虽已建立相对完善的内部控制制度，但由于企业所处的市场环境不断发生变化，影响企业的经营方式、经营重点、经营领域等发生变化。若内部控制制度不随之发生变化，则不适用的内部控制制度只能是一纸空文，不能发挥其应有的作用。因此企业应定期对内部控制制度进行完善变更，以更符合企业的需要。

（二）企业内部审计存在的问题及改进措施

（1）内部审计机构独立性差，内部审计人员能力有待提高。

现代企业一般都按要求设置了内部审计机构，配备了内部审计人员。但内部审计机构与其他职能部门属于平行关系，无法保持其独立性。内部审计机构应当接受企业董事会或最高管理层的指导和监督，内部审计机构的负责人应直接向董事会或最高管理层负责，以确保其独立性。现行内部审计人员多由原财务人员转变而来，擅长的是会计知识，缺乏的是审计技能的配备，因此影响了审计的质量。内部审计人员应加强后续教育，提高其职业素质和专业胜任能力，确保审计质量。

（2）内部审计有关的法律法规较少，且已有的法律法规侧重于审计实务的操作规范及内审人员的约束性条款，对内部审计人员保护的相关条款较笼统，可操作性不强。

我国现行的法律规范包括《中华人民共和国审计法》《中华人民共和国审计法实施条例》《审计署关于内部审计工作的规定》以及有关的地方法规、部门规章及内审准则等。这些法律法规一般都侧重于规范内审实务操作、内审人员的职业道德规范等，对于内审人员的保护

## 第六章 现代企业内部审计

性条款仅仅提到"审计人员依法执行职务,受法律保护,任何单位和个人不得设置障碍和打击报复",对内审人员的保护做到了"有法可依",但违法时不知如何究,因此建议细化对内审人员的保护性法律条款,完善内部审计的法律环境。

(3) 内部审计机构在完成审计项目、出具审计报告后较少运用外部评价,不利于内部审计质量的控制。

内部审计机构根据审计计划运用审计程序实施审计过程,形成审计建议和结论后,给被审单位出具审计报告,这是当前企业内部审计的一般流程。企业出于成本效益原则或其他原因,在出具审计报告后较少运用内部审计质量的外部评价,不利于审计质量的提高。企业可委托注册会计师、专业咨询公司或其他组织的内部审计师每3~5年开展一次内部审计质量的外部评价,内部审计机构根据外部评价结论采取措施,改善管理,提高内部审计质量,降低内部审计风险。

# 第七章 注册会计师审计的起源与发展

## 第一节 西方注册会计师审计的起源与发展

西方注册会计师审计起源于意大利合伙企业制度，形成于英国股份制企业制度，发展和完善于美国发达的资本市场，是伴随着商品经济的发展而产生和发展起来的。

（一）注册会计师审计的起源

注册会计师审计起源于16世纪的意大利。当时地中海沿岸的商业城市已经比较繁荣，而威尼斯是地中海沿岸国家航海贸易最为发达的地区，是东西方贸易的枢纽，商业经营规模不断扩大。由于单个的业主难以向企业投入巨额资金，为适应筹集所需大量资金的需要，合伙制企业便应运而生。合伙经营方式不仅提出了会计主体的概念，促进了复式簿记在意大利的产生和发展，也产生了对注册会计师审计的最初需求。尽管当时合伙制企业的合伙人都是出资者，但是有的合伙人参与企业的经营管理，有的合伙人则不参与，所有权与经营权开始分离。这样，那些参与经营管理的合伙人有责任向不参与经营管理的合伙人证明合伙契约得到了认真履行，利润的计算与分配是正确、合理的，以保障全体合伙人的权利，进而保证合伙企业有足够的资金来源，使企业得以持续经营下去。在客观上产生了一个

### 第七章 注册会计师审计的起源与发展

与任何一方均无利害关系的第三者能对合伙企业进行监督、检查的需求,人们开始聘请会计专家来担任查账和公证的工作。这样,在16世纪意大利的商业城市中便出现了一批具有良好的会计知识、专门从事查账和公证工作的专业人员,他们所进行的查账与公证,可以说是注册会计师审计的起源。随着此类专业人员人数的增多,他们于1581年在威尼斯创立了威尼斯会计协会。其后,米兰等城市的职业会计师也成立了类似的组织。

（二）注册会计师审计的形成

注册会计师审计虽然起源于意大利,但它对后来注册会计师审计事业的发展影响并不大。英国在创立和传播注册会计师审计职业的过程中发挥了重要作用。

18世纪下半叶,英国的资本主义经济得到了迅速发展,生产的社会化程度大大提高,企业的所有权与经营权进一步分离。企业主希望有外部的会计师来检查他们所雇用的管理人员是否存在贪污、盗窃和其他舞弊行为,于是英国出现了第一批以查账为职业的独立会计师。他们受企业主委托,对企业会计账目进行逐笔检查,目的是查错防弊,检查结果也只向企业主报告。因为是否聘请独立会计师进行查账由企业主自行决定,所以此时的独立审计尚为任意审计。

股份有限公司的兴起,使公司的所有权与经营权进一步分离,绝大多数股东已完全脱离经营管理,他们出于自身的利益,非常关心公司的经营成果,以便做出是否继续持有公司股票的决定。证券市场上潜在的投资人同样十分关心公司的经营情况,以便决定是否购买公司的股票。同时,由于金融资本对产业资本的逐步渗透,增加了债权人的风险,他们也非常重视公司的生产经营情况,以便做出是否继续贷款或者是否索偿债务的决定。而公司财务状况和经营成果，只能通过公司提供的财务报表来反映。因此，在客观上产生了由独立会计师对公司财务报表进行审计，以保证财务报表真实可靠的需求。值得一提的是，注册会计师审计产生的"催产剂"是1721年英国的"南海公司事件"。

当时的"南海公司"以虚假的会计信息诱骗投资人上当，其股票价格一时扶摇直上。但好景不长，"南海公司"最终未能逃脱破产倒闭的厄运，使股东和债权人损失惨重。英国议会聘请会计师查尔斯·斯耐尔（Charles Snell）对"南海公司"进行审计。斯耐尔以"会计师"名义出具了"查账报告书"，从而宣告了独立会计师——注册会计师的诞生。

为了监督经营者的经营管理，防止其徇私舞弊，保护投资者、债权人的利益，避免"南海公司事件"重演，英国政府于1844年颁布了《公司法》，1845年，其又对《公司法》进行了修订，规定股份公司的账目必须经董事以外的人员审计。由此出现了一些民间会计组织，例如纽约的会计学成立时称为会计师和簿记师协会，为会计人员提供教育等服务。此后，英国政府对一批精通会计业务、熟悉查账知识的独立会计师进行了资格确认。1853年，苏格兰爱丁堡创立了第一个注册会计师的专业团体——爱丁堡会计师协会。该协会的成立，标志着注册会计师职业的诞生。

当时英国巨额资本开始流入美国，促进了美国经济的发展。为了保护广大投资者和债权人的利益。英国的注册会计师远涉重洋到美国开展审计业务；同时美国本身也很快形成了自己的注册会计师队伍。1887年，美国公共会计师协会（The American Association of Public Accountants）成立，1916年，该协会改组为美国注册会计师协会，后来成为世界上最大的注册会计师职业团体。注册会计师审计逐步渗透到社会经济领域的不同层面。更为重要的是，在20世纪初期，由于金融资本对产业资本更为

## 第七章 注册会计师审计的起源与发展

广泛地渗透，企业同银行利益关系更加紧密，银行逐渐把企业资产负债表作为了解企业信用的主要依据，于是在美国产生了帮助贷款人及其他债权人了解企业信用的资产负债表审计，即美国式注册会计师审计，审计方法也逐步从单纯的详细审计过渡到初期的抽样审计。在这一时期，美国注册会计师审计的主要特点是：审计对象由会计账目扩大到资产负债表；审计的主要目的是通过对资产负债表数据的检查，判断企业信用状况；审计方法从详细审计初步转向抽样审计；审计报告使用人除企业股东外，扩大到了债权人。

从1929年到1933年，资本主义世界经历了历史上最严重的经济危机，大批企业倒闭，投资者和债权人蒙受了巨大的经济损失。这在客观上促使企业利益相关者从只关心企业财务状况转变到更加关心企业盈利水平，产生了对企业利润表进行审计的客观要求。美国1933年《证券法》规定，在证券交易所上市的企业的财务报表必须接受注册会计师审计，向社会公众公布注册会计师出具的审计报告。因此，审计报告使用人也扩大到整个社会公众。在这一时期，注册会计师审计的主要特点是：审计对象转为以资产负债表和利润表为中心的全部财务报表及相关财务资料；审计的主要目的是对财务报表发表审计意见，以确定财务报表的可信性，查错防弊转为次要目的；审计的范围已扩大到测试相关的内部控制，并以控制测试为基础进行抽样审计；审计报告使用人扩大到股东、债权人、证券交易机构、税务、金融机构及潜在投资者；审计准则开始拟订，审计工作向标准化、规范化过渡；注册会计师资格考试制度广泛推行，注册会计师专业素质普遍提高。

第二次世界大战以后，经济发达国家通过各种渠道推动本国的企业向海外拓展，跨国公司得到空前发展。国际资本的流动带动了注册会计师审计的跨国界发展，形成了一批国际会计师事务所。随着会计师事务所规模的扩大，形成了"八大"国际会计师事务所，20世纪80年代末合并为"六大"，之后又合并为"五大"。2001年，美国出现了安然公司会计造假丑闻。安然公司在清盘时，不得不对其编造的财务报表进行修正，将近三年来的利润额削减20%，约5.86亿美元。安然公司作为美国的能源巨头，在追求利润高速增长的狂热中利用会计准则的不完善，进行表外融资的游戏，并通过关联交易操纵利润。出具审计报告的安达信会计师事务所，因涉嫌舞弊和销毁证据受到美国司法部门的调查，之后宣布关闭。世界各地的安达信成员所也纷纷与其他国际会计师事务所合并。

因此，时至今日，尚有"四大"国际会计师事务所。即普华永道(Pr/cewater-houseCoopers)、安永(Ernst&Young)、毕马威(KPMG)、德勤(Deloitte Toaehe Tohmatsu)。与此同时，审计技术也在不断发展：抽样审计方法得到普遍运用，风险导向审计方法得到推广，计算机辅助审计技术得到广泛采用。

（三）注册会计师审计的发展启示

（1）注册会计师审计的产生和发展有其客观依据；

（2）注册会计师审计是商品经济发展到一定阶段的产物，其产生的直接原因是财产所有权与经营权的分离；

（3）注册会计师审计随着商品经济的发展而发展；

（4）注册会计师审计具有客观、独立、公正的特征——这种特征一方面保证了注册会计师审计具有鉴证职能，另一方面也使其在社会上享有较高的权威性。

第七章 注册会计师审计的起源与发展

## 第二节 我国注册会计师审计的起源与发展

我国注册会计师审计的起源与发展

1918年，北洋政府农商部颁布了我国第一部注册会计师法规——《会计师暂行章程》，并于同年批准谢霖先生为我国的第一位注册会计师，其所创办的中国第一家会计师事务所——"正则会计师事务所"也获批准成立。1980年12月14日财政部颁布了《中华人民共和国中外合资经营企业所得税法实施细则》，规定外资企业会计报表要由注册会计师进行审计，这为恢复我国注册会计师制度提供了法律依据。1980年12月23日，财政部发布《关于成立会计顾问处的暂行规定》，标志着我国注册会计师行业开始复苏。1981年1月1日，"上海会计师事务所"宣告成立，成为新中国第一家由财政部批准独立承办注册会计师业务的会计师事务所。我国注册会计师制度恢复后，注册会计师的服务对象主要是三资企业。

我国的注册会计师制度自1980年恢复重建以来，已走过33个春秋，注册会计师也被誉为"不拿国家工资的经济警察"，成为我国社会经济监督体系中一个重要的组成部分。

1986年注册会计师有500人，会计师事务所有80家，主要业务是对外商投资企业进行审计并提供会计咨询服务。

1986年7月《中华人民共和国注册会计师条例》的颁布，第一次确立了注册会计师的法律地位，到1988年，注册会计师发展到3000人，会计师事务所250家，业务领域仍以外商投资企业为主。

1988年11月15日，中国注册会计师协会成立，到

1993年注册会计师超过1万人,会计师事务所700余家。

1991年举行第一届注册会计师全国统一考试。

1994年1月1日,《中华人民共和国注册会计师法》实施,注册会计师行业在法制化轨道上进一步走向成熟。

1996年10月加入了亚洲及太平洋地区会计师联合会,1997年5月加入国际会计师联合会,同时成为国际会计准则委员会的成员。

1997年至1999年举办三届证券期货相关业务资格考试,共有10687人报名,7705人参加考试,1038人考试合格。

1998年发布了第三批独立审计准则共11个项目,至此,初步建立起了我国独立审计准则框架。

1999年7月,中国注册会计师协会根据工作需要,将《注册会计师通讯》更名为《中国注册会计师》,正式出版发行。

## 第三节 注册会计师审计的基本概念

一、注册会计师审计的基本概念

1. 审计的概念

审计是由独立的专门机构或人员接受委托或根据授权,对国家行政、事业单位和企业单位及其他经济组织的会计报表与其他资料及其所反映的经济活动,进行审查并发表意见。

2. 审计的类别

审计按主体的不同可分为政府审计(也称国家审计)、内部审计和注册会计师审计(也称独立审计、民间审计)。审计按目的、内容的不同可分为会计报表审计、合规性审计和经营审计。审计按与被审计单位的关系不同,可分为内部审计和外部审计。

### 3. 审计的目的

审计的目的是指审计所要达到的目标和要求,是审计工作的指南。审计目的的确定,主要受审计对象的制约,同时也与审计的本质属性与职能及委托人的具体要求密切相关。审计的一般目的是注册会计师对被审计单位的会计报表进行审计并发表审计意见。注册会计师的审计意见通常包括以下三方面内容。

(1) 合法性,即被审计单位会计报表编制是否遵循了企业会计准则及国家其他有关财务会计法规的规定;(注册会计师审计意见中的"合法性"要和审计报告的"合法性"分开,后者是指审计报告的合法性由注册会计师负责,即审计报告的编制是否符合《中华人民共和国注册会计师法》和《独立审计准则》的规定。)

(2) 公允性,即被审计单位会计报表在所有重大方面是否公允地反映了被审计的财务状况、经营成果和现金流量。

(3) 一贯性,即被审计单位会计处理方法的运用是否符合一贯性原则的要求:①企业财务会计处理方法应当前后各期一致;②当法律或会计准则等行政法规、规章要求变更会计处理方法的时候,或这种变更能够提供有关企业财务状况、经营成果和现金流量等更可靠、更相关的会计信息时,企业应当予以变更,但应在会计报表附注中进行披露。企业如果没有遵循上述原则,注册会计师应根据其重要性,考虑在审计报告中予以反映。

### 4. 审计的特殊目的

审计的特殊目的是指注册会计师对被审计单位按照特殊编制基础(如收付实现制基础)编制的会计报表或其他会计信息进行审计,并发表审计意见。这些特殊目的审计意见一般也包括合法性、公允性和一贯性三个方面内容,只不过审计意见所表述的对象有所差异而已。特殊目的的审计业务通常包括：

（1）对按照特殊编制基础编制的会计报表进行审计；

（2）对会计报表的组成部分进行审计，包括对会计报表特定项目、特定账户或特定账户的特定内容进行审计；

（3）对法规、合同所涉及的财务会计规定的遵循情况进行审计；

（4）对简要会计报表进行审计等。

5. 审计对象

审计对象是指审计的客体，一般是指被审计单位的经济活动。具体而言，它包括以下两个方面的内容：

（1）被审计单位的财务收支及其有关的经营管理活动（审计对象的本质）；

（2）被审计单位的各种作为提供财务收支及其有关经营管理活动信息载体的会计资料及其相关资料。

## 二、注册会计师审计与其他审计类型的关系

（1）审计按不同主体划分为政府审计、内部审计和注册会计师审计，并相应地形成了三类审计组织机构，共同构成审计监督体系。三者既相互联系，又各自独立、各司其职，泾渭分明地在不同的领域实施审计。它们各有特点，相互不可替代，因此不存在主导和从属关系。

（2）在我国，会计师事务所是注册会计师的工作机构，且不附属于任何机构，自收自支、独立核算、自负盈亏、依法纳税。注册会计师必须加入会计师事务所才能接受委托办理业务。

（3）注册会计师审计与政府审计的区别。从审计方式看，注册会计师审计是受托审计，政府审计是强制审计。政府审计的对象是一切营利及非营利单位，包括各级政府及其部门的财政收支情况及公共资金的收支、运用情况，

具有审计监督的性质。注册会计师审计根据其审计证据发表独立、客观、公正的审计意见，以合理保证审计报告使用人确定已审计的被审计单位会计报表的可靠程度。国家机关审计人员根据审计结果发表审计处理意见，如被审计单位拒不采纳，政府审计部门可以依法强制执行。从审计实施的手段看，注册会计师审计是由中介组织——会计师事务所进行的，是有偿审计，其审计的独立性双向独立，既独立于第三关系人（审计委托人），又独立于第二关系人（被审计单位）。政府审计属于无偿审计，是具有行政监督的政府行为。政府审计机构隶属国务院和各级人民政府领导，因此在独立性上体现为单向独立，即仅独立于审计第二关系人（被审计单位）。从法律和审计准则看，注册会计师遵循《注册会计师法》和中国注册会计师协会制定的独立审计准则。政府审计遵循《中华人民共和国审计法》和审计署制定的国家审计准则。

（4）注册会计师审计与内部审计的区别。内部审计的独立性是双向独立，受本部门、本单位直接领导，仅强调与所审的其他职能部门相对独立。在审计方式上受托进行，根据本部门、本单位经营管理的需要自行安排施行。审计内容和目的是，主要围绕会计报表进行，是对会计报表发表审计意见，主要是检查各项内部控制的执行情况等，提出各项改进措施。注册会计师审计职责和作用是，需要对投资者、债权人及社会公众负责，对外出具的审计报告具有鉴证作用。内部审计则只对本部门、本单位负责，只能作为本部门、本单位改进管理的参考，对外不起鉴证作用，并对外界保密。

（5）利用内部审计的工作。注册会计师在对一个单位进行审计时，都要对其内部审计的情况进行了解，并考虑是否利用其工作成果。这是由于：

1）内部审计是单位内部控制的一个重要组成部分。外

**内部控制与现代审计初探**

部审计人员在对被审计单位进行审计时,要对内控制度进行测评,就必须了解其内部审计的设置和工作情况。

2) 内部审计在审计内容、审计依据、审计方法等方面都和外部审计有一致之处。

3) 利用内部审计工作成果可以提高工作效率,节约审计费用。

# 第八章 内部控制对注册会计师审计的影响

## 第一节 影响注册会计师审计独立性因素的分析

目前,我国注册会计师审计的发展较为迅速,并在维护社会公益和促进市场经济发展方面起到了重大的作用。但近几年来,随着一系列上市公司审计报告虚假案件的不断发现,暴露出了我国注册会计师审计在独立性方面的缺失。究竟哪些因素影响了我国注册会计师审计的独立性,便成为一个值得我们深思和探讨的重要问题。影响注册会计师审计独立性的因素有很多,我们可以主要从注册会计师自身、会计师事务所和社会环境这三个影响因素来进行分析。

一、影响审计独立性的因素
(一)注册会计师自身的影响因素
在注册会计师的教育和执业中,"重业务轻道德"是产生审计独立性缺失的根本原因。在高等学校的会计专业教育和资格考试中长期以来忽视审计职业道德和独立性的教育。其具体表现在以下几个方面。
(1)片面追求自身的利益,怕失去客户。在自身利益和公众利益的权衡中,取其自身利益为重,处处迁就客户,对于客户存在的各种虚假行为,或者视而不见,或者即使有所察觉也不予揭示,甚至与客户串通搞不恰当、隐蔽的会计处理,帮助其通过有关部门的检查,严重损害了国家和公众的利益。

(2)执业不规范,带有很大的随意性和依靠性。在利益驱动下,不能保持独立、客观、公正的立场,执业时只求数量,不求质量,不执行规定的工作程序,甚至无视职业道德的约束,随意出具虚假的验资报告与审计报告。

(3)在同行业的竞争中,采取各种不正当的手段招揽客户。具体表现为:为排挤竞争对手,随意降低收费标准;以公关交际费、信息咨询费等各种名义支付高额的介绍费、佣金、手续费或回扣;与有关部门进行收益分成式的业务合作等。

(二)会计师事务所的影响

1. 会计师事务所缺乏对审计独立性的重视

会计师事务所在实施内部控制的过程中,主要是对审计业务的指导、监督和复核,忽略了对审计独立性的考虑。同时,会计师事务所也是自收自支、独立核算、依法纳税的经济组织,要以追求最大利润作为事务所生存和发展的目标,一般也以争取客户为第一任务,加之行业监督管理的力量有限,进而导致对风险的控制意识和能力都比较薄弱。在事务所中表现为一名注册会计师同时在两家以上事务所任职,事务所为争揽业务恶性压价、搞地区封锁和行业垄断、参与上市公司作假,甚至于以假护假,这些行为都严重违背了审计独立性的要求

2. 会计师事务所组织关系不独立。

现阶段,我国的会计师事务所大多是从原来挂靠在各个财政部门的内部审计机构中脱钩而来的。从组织独立性的角度来看,我国的会计师事务所只是处于形式上独立而

实质上未独立的状态,即会计师事务所与挂靠单位之间在资金、人事等方面的关系难以理清,双方互有利益关系。一方面,改制后的会计师事务所由于自身资金积累有限,规模较小,抵御风险能力差,从而产生对从前挂靠单位一定的依赖关系;另一个方面,挂靠单位利用此种关系可为其增加收入,事务所也唯恐失去挂靠单位而减少客户的来源。一旦行业、地区利益与其他利益发生矛盾,会计师事务所就会将客户公正的天平向所属行业或地域部门自身利益进行倾斜。在现实的审计市场上,有挂靠单位的事务所常处于比合伙设立的事务所更优越的地位,它们常可通过关系获得更多的业务,而所承担的风险则更少。

(三) 社会环境的影响因素

注册会计师审计独立性反映在形式上要求注册会计师在第三者前面呈现出一种独立于客户的身份,需要良好的社会环境加以维护。然而现实的社会环境在以下几方面不利于注册会计师审计独立性的维护。

1. 审计服务市场需求不足

我国的审计不是出于因所有权与经营权的分离所产生的委托代理关系,而是出于政府部门监督管理的要求。这种状况导致在我国注册会计师服务的最大需求者是政府部门。我国证券市场仍处于初期发展阶段,尚不完善,投机成分很浓。许多大众投资者并不关心上市公司财务信息质量,不在意公司是否分红及发放股息,只是期望从股票的买卖价差中获利,对审计独立性的要求缺乏。于是,股市成为公司筹集低廉资本的场所。拟上市公司需要注册会计师的无保留意见审计报告,以达到公司上市的目的;已上市公司则为了符合配股条件、避免戴上 ST、PT 的帽子,防止摘牌等也十分需要注册会计师的一份无保留意见审计报告。在不完善的股票市场下,无保留意见审计报告的重要性促使管理当局具有强烈的动机对注册会计师施加压力，使其出具对自己有利的审计报告。又由于新股发行和定价方式使一级市场的证券需求远远大于供给，从而吸引了大量资金，使得本应关心上市公司财务信息质量的社会公众的股东也无暇关心是谁审计了该公司，因而上市公司并无聘请"独立性高"的事务所的压力。

2. 公司治理结构不合理、委托代理关系失衡

公司治理结构不合理。我国多数上市公司是由原来的国有企业通过"改制"上市的，股权高度集中于国有独资或控股企业，且不能上市流通。股权过分集中产生了许多制度性缺陷，董事会成员主要，甚至全部来自作为主发起人的国有企业，且大多同时为公司高层管理人员，董事长兼任总经理现象普遍，公司高层管理人员既对公司实施具体的经营管理，又名义上代表股东，在董事会中主宰着公司的重大决策，董事会成员和企业高层管理部分成员合二为一，内部人控制现象十分严重，股东大会也只是一种形式，监事会自然也起不到监事的作用。没有完善的公司治理结构，就产生不了有效的委托代理关系。委托代理关系失衡。理论上的审计委托代理关系由审计委托方、审计主体和审计客体三方面组成。他们之间的关系应该是股东委托注册会计师对公司的管理层进行审计，由于公司治理结构的不合理，现实中的审计委托代理关系已简化了管理当局与注册会计师二者之间的关系，即由上市公司的经营管理层来委托聘任会计师事务所对自己进行审计，并且决定相关的审计费用等事项。管理层既是审计对象，又成了审计委托人，决定着会计师事务所的聘用、续聘、费用支付等事项，事实上已经成了注册会计师的"衣食父母"。尤其在我国会计师事务所规模小、收入严重依赖于某一客户的情况下，事务所完全处于被动地位。公司管理当局就有可能通过提

出变更会计师事务所的威胁来影响注册会计师的决策,避免不利的审计意见,指使注册会计师发表错误的审计报告。

3. 相关法律法规不完善、违规惩治不力

我国相关法律对追究会计师事务所与注册会计师的行政责任的相关规定较为完善,而对其民事责任承担方法、损失赔偿的范围及计算方法,没有任何具体规定,根本不具有可操作性,难以进行司法实践。另外,在我国现行的法规中,还没有关于注册会计师民事法律责任的相关规定,因此对注册会计师违规行为在民事赔偿方面,存在无法可依的现状。我国《证券法》《注册会计师法》,特别是《独立审计准则》中较详细地规定了注册会计师的法律责任及判断注册会计师执业行为是否存在过失的技术数据,强调的是注册会计师执业行为是否存在或程序是否合法;而《公司法》《刑法》等法律中强调的是注册会计师的工作结果是判断其是否合法的依据。在涉及对注册会计师法律诉讼中,注册会计师一方认可的法律依据是《证券法》《注册会计师法》和《独立审计准则》,而非业内人士尤其是法官一般会以《公司法》《刑法》作为判决的法律依据,这种在法律诉讼中,法律依据的分歧与争执给具体的司法判决带来了很大的不稳定性。我国有许多出现虚假会计信息的违规事件,其中有很多性质恶劣。

## 第二节 审计与内部控制之管理人制度对注册会计师的影响

管理人制度是我国新破产法建立的一项全新的破产管理制度,在这一制度框架下,注册会计师可以担当管理人、管理人聘任的会计人员、管理人的审计人员等不同角色,不同角色下的职责、权利、监督与风险等均有所不同。如何面对管理人制度给注册会计师带来的机遇与挑战、更新执业观念、降低执业风险，是拓展注册会计师视野、发展注册会计师事业的新课题。

2006年8月6日，十届全国人大常委会第二十三次会议通过了新修订的自2007年6月1日起正式实施的《中华人民共和国企业破产法》，取代了1986年12月2日颁布、1988年11月1日实施的《中华人民共和国企业破产法（试行）》（老破产法），标志着政策性破产、清算主义破产的结束和法律破产、再建主义破产的开始。新破产法将破产案件分为破产重整、破产和解、破产清算三类，其中管理人制度的设立，更是其突出的亮点，也对注册会计师产生了重大影响，既提供了新的机遇，也带来了新的挑战。

一、管理人制度

管理人是指受人民法院指定，在企业重整、和解和破产清算程序中负责对债务人财产管理和其他事项的组织、机构和个人。我国的企业破产法不仅仅是破产清算法，还包括破产预防制度，即再建程序（重整与和解制度），管理人不仅存在于破产清算程序中，也存在于再建程序中。破产法第12条规定："人民法院裁定受理破产申请的，应当同时指定管理人。"这是将破产重整、破产和解与破产清算三个程序受理阶段的合并规定，管理人的工作自案件受理开始贯穿三个程序，使用的是广义的管理人概念，所以称为管理人，而不是破产管理人。在破产法中，第33、130条、共61条规范中直接提及"管理人"，足见管理人在破产程序中的重要地位，同时也承担着重要的职责，由职业机构或职业人员担任。

（1）管理人的地位。在破产程序中，管理人实际上是一种信托人，即管理人既不是债务人（破产人）或债权人中任何一方的代理人,也不是准司法机构,更不是破产财产的代表或者代理人,它与人民法院、债务人(破产人)、债权人三者之间是一种信托关系。因此,管理人的地位具有多角度、多层次的性质:一是在执行职务过程中,受法院委托,向法院负责并报告工作,并接受法院和债权人委员会的双重监督;二是代表债权人的利益,更重要的是代表无担保债权人的利益,如破产申请之前一定期限内,对债务人(破产人)优惠性清偿行为的撤消权等;三是代表破产企业的利益,以自己的名义起诉、应诉,诉讼后果又由企业承担;四是管理人的权利来源于法律规定,债务人无权决定其资格的撤消或权利的终止。

(2)管理人的职责。破产法规定,管理人的职责主要包括:接管债务人的财产、印章和账簿、文书等资料;调查债务人财产状况,制作财产状况报告;决定债务人的内部管理事务;决定债务人的日常开支和其他必要开支;在第一次债权人会议召开之前,决定继续或者停止债务人的营业;管理和处分债务人的财产;代表债务人参加诉讼、仲裁或者其他法律程序;提议召开债权人会议;人民法院认为管理人应当履行的其他职责。概括来说,管理人在三类程序中的主要职责分别是:在重整程序中,接管法院裁定的重整企业、制订重整计划草案、监督债务人对重整计划的执行情况、监督期满后向人民法院提交监督报告等。在和解程序中,接管人民法院受理和解申请的企业、组织有关和解事务,组织债权人会议通过和解协议,和解协议经过法院认可后向债务人移交财产和营业事务,和解程序终结后向人民法院提交执行职务的报告等。在清算程序中,接管人民法院宣告破产清算的企业,组织有关清算事务,财产最后分配完结后及时向人民法院提交破产财产分配报告,提请人民法院裁定终结破产程序等。

（3）管理人的选任。破产法规定，管理人由人民法院指定。管理人由有关部门、机构的人员组成的清算组或者依法设立的律师事务所、会计师事务所、破产清算事务所等社会中介机构担任；人民法院根据债务人的实际情况，可以在征询有关社会中介机构的意见后，指定该机构具备相关专业知识并取得执业资格的人员担任管理人，个人担任管理人的，应当参加执业责任保险；因故意犯罪受过刑事处罚、曾被吊销相关专业执业证书，以及与破产案件有利害关系的人不得担任管理人；债权人会议认为管理人不能依法、公正执行职务或者有其他不能胜任职务情形的，可以申请人民法院予以更换；管理人没有正当理由不得辞去职务，如果拟辞去职务应当经人民法院许可。 2007年6月中旬，江苏省无锡市中级人民法院运用公开机制择优将一批社会中介机构列入《无锡市中级人民法院企业破产案件管理人名册》，并在无锡的媒体上予以公示，其中，被确定为企业破产案件管理人的有10家会计师事务所、11家律师事务所及6家破产清算事务所，共27家，为两级法院确立的首批企业破产案件管理人。在管理人制度中对会计师事务所以及注册会计师可以充当管理人的规定，对注册会计师行业来说，既是机遇也是挑战。机遇在于：扩大业务范围、调整工作重心（在国际上，破产清算是注册会计师的重要业务领域之一）、转换工作性质、提高社会地位，扩大国际合作、提高执业品质；挑战在于：会计师事务所或注册会计师既可以担任管理人，还可以担任管理人聘任的会计人员、审计人员，要求有相应的角色转换能力和执业能力，并面临因过失而承担行政责任、经济责任、刑事责任等法律风险和名誉、地位、社会关系等社会风险。抓住机遇、直面挑战，是我们注册会计师行业的优良作风，这里既要有勇气更要有智慧，应从可以担任的管理人、会计人员、审计人员三个不同角色中把握。

## 第三节 作为管理人主体的注册会计师——管理人的特点

（1）角色。主要有三种角色：一是破产重整的监督者或组织者，即在重整期间，债务人可以在管理人的监督下自行管理财产和营业事务；管理人负责管理财产和营业事务的，可以聘任债务人的经营管理人员负责营业事务；在重整计划规定的监督期内，由管理人监督重整计划的执行。二是破产和解的管理者，即组织债权人会议审议和解协议，通过的和解协议经人民法院裁定认可后，终止和解程序，管理人向债务人移交财产和营业事务，并向人民法院提交执行职务的报告。三是破产清算的管理者。

（2）职责。接管破产企业、从事相应的组织管理、监督工作、向人民法院报告工作等（如上述）。

（3）权利。第一，管理人经人民法院许可，可以聘用必要的工作人员。第二，获得人民法院确定的报酬，债权人会议对管理人的报酬有异议的，有权向人民法院提出。第三，在第一次债权人会议召开之前，管理人有权决定继续或者停止债务人的营业事务。第四，经人民法院许可，有权决定下列事项：涉及土地、房屋等不动产权益的转让；探矿权、采矿权、知识产权等财产权的转让；全部库存或者营业的转让；借款；设定财产担保；债权和有价证券的转让；履行债务人和对方当事人均未履行完毕的合同；放弃权利；担保物的取回等。

（4）监督。管理人在履行职务过程中，要接受人民法院债权人会议、债权人委员会、债务人（破产人）等关系人在合法性、公平性、效率性、节约性等方面的监督。

（5）风险。管理人的执业风险主要包括被解职、被罚款直至被判刑等行政、经济、刑事等方面风险。破产法第22条规定：债权人会议认为管理人不能依法、公正执行职务或者有其他不能胜任职务情形的，可以申请人民法院予以更换；第130条规定：管理人未依照本法规定勤勉尽责，忠实执行职务的，人民法院可以依法处以罚款；给债权人、债务人或者第三人造成损失的，依法承担赔偿责任；第131条规定：违反本法规定，构成犯罪的，依法追究刑事责任。这些风险主要来自：为不当聘任工作人员而受贿；对债务人的财产估值不当；侵吞债务人财产；对重要的债务人财产管理不当，如任用自己的亲属或者关系企业、关系人出售债务人资产；管理人自己或者其公司成员或者其亲属或关系企业或者关系人，以低于公允价值的价格购买债务人的资产等。

## 第四节 作为管理人雇员的注册会计师——会计人员的特点

（1）角色。在破产程序中，破产重整计划虽然由债务人或管理人制定，但其实施由债务人负责，管理人只是对债务人实施重整计划的监督；破产和解草案经债权人会议讨论通过并得到法院认可后，由债务人执行，一般无须聘任会计人员。因此，注册会计师作为会计人员参与破产秩序，主要来自管理人管理破产清算企业的需要，即从事破产清算会计。

（2）职责。破产法中虽然没有关于破产清算会计的工作职责的规定，但从清算工作内容和实践中，我们可以将其职责至少归纳为以下八个方面：

1）接受管理人、债权人会议、人民法院、债务人等方面的监督管理。如严格、全面履行代理合同，参加有关方面的会议，如实回答有关财务会计方面的咨询，向有关方面提供有关财务会计方面的报告，完成管理人交办的其他工作等。

2）接管破产清算企业的会计工作。在资产接管中，关注资产的可靠性、完整性、合法性及其是否属于担保财产等性质；负债接管中，依据各有关明细科目的记录，核对债权人清册，核对有关合同、债务凭证，对双方有争议、悬而未决的负债应单独登记，以备查询，落实各项负债是否有财产担保或保证担保，各项担保财产的实物状况及保证人现实情况等；所有者权益接管中，注意核实账面记录等；终结事项接管中，核实在产品、未履行的合同；档案接管中，核对清册与实物的吻合性，如会计凭证移交清册、会计账簿移交清册、会计报表移交清册、传票移交清册、企业登记清册、财务文件移交清册、人事档案清册等。

3）制作预算。包括破产费用预算、共益债务预算、合同履行预算、变产偿债预算等。

4）建立清算会计账户。财政部 1997 年颁布的《国有企业试行破产有关会计处理问题暂行规定》，设置资产、负债、清算损益三类 23 个会计科目。但这些科目一是主要是用于政策性破产，二是没有反映破产清算会计信息特点及其需求。因此建议资产类设置担保财产、抵销财产、取回财产、取得财产、普通财产账户；负债类设置担保债务、抵销债务、取回债务、共益债务、普通债务账户；损益类设置破产费用、变现损益、清算损益账户等。

5）转换会计账目。接管破产清算企业后，应将破产企业原来账面记录转换为破产清算期初记录，具体包括：①

进行期初记录的转换,对有关的资产负债账户,借记:"担保财产""抵销财产""取回财产""普通财产"等账户,贷记:"担保债务""抵销债务""取回债务""普通债务"等账户;②调整记录,将待处理财产净损失、长期待摊费用、企业亏损、废除重整或和解期间的债务折让等转入"清算损益"账户借方,将实收资本、资本公积、盈余公积、未分配利润等转入"清算损益"账户的贷方等。

6)从事清算会计核算。

7)编报清算财务会计报告。财政部《国有企业试行破产有关会计处理问题暂行规定》:清算开始时,将有关科目余额转入有关新账后,应当编制清算资产负债表;清算期间,应当按照人民法院、主管财政机关和同级国有资产管理部门规定的期限编制清算资产负债表、清算财产表、清算损益表;清算终结时,应当编制清算损益表、债务清偿表。与破产清算会计科目设置一样,这些报表种类及格式不能满足破产清算会计信息的需求,建议改进期初清算资产负债表的格式,丰富期中报表(清算资产负债表、货币收支表、破产费用表、变现清算表、债务清偿表、清算损益表),调整期末报表(货币收支表、破产费用表、债务清偿表、清算损益表)。

8)其他。如制定和执行清算会计管理制度,完成管理人交办的其他事项等。

(3)权利。根据破产法、会计法等相关法规规定,清算会计人员具有审核监督清算原始会计凭证、监督清算会计账簿和财务会计报告、监督各项财产及债权债务、监督清算财务收支、监督清算预算的执行情况等权利。

(4)监督。会计人员在工作过程中,要接受管理人、债权人会议、债权人委员会、债务人以及其他相关人员的监督。

(5)风险。同一般企业会计人员一样,在执业过程中,也面临道德风险、法律风险(行政、民事、刑事)以及业务方面的风险。如《公司法》第 207 条规定：清算组成员利用职权徇私舞弊、谋取非法收入或者侵占公司财产的，由公司登记机关责令退还公司财产，没收违法所得，并可以处以违法所得一倍以上五倍以下的罚款；《刑法》第 162 条规定：公司、企业进行清算时，隐匿财产，对资产负债表或者财产清单作虚伪记载或者在未清偿债务前分配公司、企业财产，严重损害债权人或者其他人利益的，对其直接负责的主管人员和其他直接责任人员，处五年以下有期徒刑或者拘役，并处或者单处二万元以上.二十万元以下罚金。

## 第五节 作为管理人审计的注册会计师——审计人员的特点

（1）角色。一是破产鉴证，二是破产咨询。前者主要是鉴别破产企业破产界限、破产财务会计报告的公允性、真实性，后者主要是受有关方面委托从事相关咨询工作。

（2）职责。由于委托人不同，其职责也不尽相同。如，受人民法院委托，可能负责破产申请鉴证工作；受管理人、债权人会议、债务人委托，可能负责破产重整鉴证与咨询工作；受管理人、债权人会议委托，可能负责破产和解鉴证与咨询工作，受人民法院、管理人、债权人会议委托，可能负责破产清算鉴证与咨询工作等。

（3）权利。为了履行相关职责，这里的注册会计师的权利包括：要求委托人提供相关会计资料和非会计资料；要求委托人对审计工作进行必要的配合；要求委托人对违反破产法及会计标准的会计处理进行调整；要求委托人按照委托协议约定及时足额付费，并按照约定的范围使用审计报告；要求委托人对会计资料和其他资料的真实性负责等。

（4）监督。在执业过程中，注册会计师除了依据破产法规定，接受人民法院、管理人、债权人会议、债务人等相关监督外，还要接受注册会计师法、公司法、证券法等相关监督，面临一定的执业风险。

（5）风险。主要包括：因企业破产清算而引发的对破产清算前注册会计师责任的追诉；因注册会计师承担破产清算职责不当而引发的法律责任；通过不正当的方式或者压力获得管理人的任命；为得到管理人的任命或者此后的利益而行贿；在对债务人财产进行评估清算时不当估值；侵吞债务人财产等引发的法律责任。《刑法》第229条规定：承担资产评估、验资、验证、会计、审计、法律服务等职责的中介组织的人员故意提供虚假证明文件，情节严重的，处五年以下有期徒刑或者拘役，并处罚金。注册会计师参与破产程序中的任何角色，都面临一定的风险，参与破产程序的广度和深度在一定程度上决定了其风险的大小。防范和降低执业风险，除了常规的风险防范策略和方法外，还可以从进驻前的审慎、进驻后的敬业两个方面把握，前者包括审慎选择工作性质、审慎选择参与单位或被审计单位、熟悉评估审计环境、深入了解参与或被审计单位的业务、聘请律师讨论所有潜在的危险、提取风险基金或购买责任保险、与委托人签订业务约定等；后者包括遵守专业标准和职业道德要求，建立健全事务所质量控制制度、建立健全参与企业内部控制制度、加强和改善公共关系等。管理人制度是我国破产法法理和实践中的一项重要创新，对注册会计师的影响将是深刻而广泛的。我们要关注这一问题，梳理和完善其中的理论体系，促进注册会计师事业的健康发展。

# 第九章 注册会计师的内部控制审核

## 第一节 内部控制审核是现代审计的基础

我们已经知道,内部控制是指经济组织为了保证业务活动的有效进行,保护资产的安全和完整,防止、发现、纠正错误与舞弊,保证会计资料的真实、合法、完整,而制定和实施的政策与程序。广义地讲,一个企业的内部控制是指企业的内部管理控制系统包括为保证企业正常经营所采取的一系列的管理指施。

内部控制既是经济组织对其经济活动进行组织、制约、考核和调节的重要工具,也是现代审计的重要依据和前提基础。

内部控制作为管理现代化的必然产物,其产生和发展,促使审计工作从详细审计发展成为以测试内部控制为基础的抽样审计。在进行审计时,首先要研究与评价被审计单位的内部控制,这是现代审计的重要特征。因此内部控制审核是现代审计的基础,在审计中居重要的地位,审计理论和业务实践中非常重视对内部控制审核的研究和运用。

一、各国的基本审计准则与内部控制审核

各国的基本审计准则普遍把内部控制审核作为外勤审计准则的一项主要内容。具体审计准则还列举了它应用于审计过程中的目的、作用、要求、主要内容和评价方法。

为什么内部控制制度是审计业务中一项必不可少的内

容，研究这个问题，对理解在我国审计工作中开展内部控制审核的必要性和可行性有重要的帮助。

二、内部控制审计与审计目标的转变

内部控制审计作为审计业务的一项原则和方法，是随着社会经济的发展，特别是进入市场经济体制以后，根据审计目标的变化，为了保证审计效率和质量适应企业经营管理的要求才逐步形成和发展起来的。探讨审计目标的变化可表明内部控制和审计业务的关系。

审计目标的变化经历了以下三个阶段：

（一）以检查错弊为目标

在审计以检查错弊为目标的阶段，审计人员要披露被审计单位的会计账目或财产物资是否真实、正确，只有进行详细检查和全面核对。这种详细检查、全面核对的审计方法无须过问被审计对象管理情况好坏，所以就无须评价内部控制制度。

（二）以鉴证会计信息真实、可靠为目标

在市场经济体制下，社会各方进行经济活动，需有可靠的会计信息，特别是制定决策必须以经过审计签证的会计信息为依据。这就促使审计目标由对会计账目的查错防弊改变为鉴证会计信息的真实可靠，此项鉴证行为并非详查会计账目就可完成。而且随着经济业务与会计资料数量迅速增长，详查审计已力所不能及。面对新的要求，审计人员只有通过重点抽查来提高审计效率，减少审计风险，保证审计质量，实现审计目标。根据审计经验中总结出的一条规律，凡是内部控制健全、适用的业务系统发生错弊的可能性就少，而那些控制薄弱甚至失控的业务系统错弊就多。因而通过评价内部控制制度来确定审计的重点、范围、方法就成为在审计目标转向以鉴证会计信息可靠性为主的情况下所必须采用的方法。

(三) 以鉴证会计信息可靠和揭开虚假会计报告为审计目标

由于国际市场竞争激烈,社会经济矛盾加深,在此情况下要求审计报告除鉴证会计信息可靠性之外,还应对虚假的会计报告予以揭露。因此内部控制审核不只注意业务系统以内的控制环节,还考虑了影响实施控制的外部环境以及保证其顺利运行的相关方针、制度、程序和措施,特别是主要的风险因素。由此进一步推动了内部控制理论和方法及其在审计业务中的应用方式的发展。审计方法中的变化审计是一种鉴证行为审计方法。主要是为了取得审计证据,用以证实审计目标。但审计资源有限,如何采用必要的方式和方法既能提高效率,节约资源,又能减少风险,保证质量,作出正确的审计结论,是审计人员必须研究解决的问题。

随着审计目标的变化,审计的方式与方法不断改进和发展,"账目导向、制度导向、风险导向"这三个导向体现着它的演变过程。从"账目导向"的详查法到"制度导向"的抽样审计再到以"风险导向"为基础的审计方法,内部控制的审核和应用都居于主要地位。

### 三、对内部控制的重视和信赖加速现代审计方法的变革

对内部控制的重视和信赖加速现代审计方法的变革,节约了审计时间,同时也扩大了审计领域,完善了审计的职能。1938年美国发生了麦克森罗宾斯事件。麦克森罗宾斯公司内部牵制混乱,通过虚构交易夸大资产数额,从而贪污巨额款项。为其担任财务审计的普华事务所未对该公司的内部控制进行审核,未对资产进行盘查,债权债务也未询证,报表中大量虚假不实的数额也未能发现,致使审计结论失实。这个事件暴露了在审计程序等方面存在的严重缺陷。于是美国会计师协会在随后公布的报告中,明确

了会计师对内部控制的调查和评估方面应负的责任,即会计师要判断内部控制是否可信,是否有效,据此确定测试的范围。这样一来,在审计程序中对内部控制进行调查、评价就作为制度确立起来。

**四、降低审计风险需要审核内部控制**

内部控制的审核是为了适应现代社会经济的进一步发展。由于审计的对象迅速发展变化,现代审计的内容已超出了财政收支活动的范围,而扩展到与经济效益有关的经营活动和管理活动的各个领域。由以会计账项为直接审查对象的账项基础审计扩展为以内部控制为直接审查对象的制度基础审计。因此现代审计的两个重要标志:一是审计领域的扩大,即从传统的财务审计发展到效益审计和社会责任审计;二是审计方法的改进,由过去的详细检查转向以评价内部控制制度为基础的抽查审计方法。既然是抽样审计就不可避免地会出现抽样误差和审计风险。审计风险是指会计报表存在重大错报或漏报,而审计人员审计后发表不恰当审计意见的可能性。

审计风险包括固有风险、控制风险和检查风险。固有风险是指假定不存在相关内部控制时产生重大错报或漏报的可能性;控制风险是指产生重大错报或漏报时而未能被内部控制防止、发现或纠正的可能性;检查风险是指产生重大错报或漏报时未能被实质性测试发现的可能性。审计风险各要素之间相互独立,共同作用于审计风险。从定量的角度看,审计风险三要素的相互关系可用公式表示:审计风险 = 固有风险 × 控制风险 × 检查风险。在审计风险的三个构成要素中,控制风险与被审计单位内部控制是否存在、是否有效有关,是审计人员无法控制的风险,如果固有风险高,则须制定较详细的审计程序,反之则可以进行简略审计。如果认为内部控制完善且有效,那么控制风险的计划估计水平就应定得低一些；而如果内部控制不完善或虽完善但有效性差，则控制风险就应定得高一些。实际中常将控制风险定于一般之间，如高于说明内部控制很差，不可信赖，应直接进行实质性测试，如低于说明内部控制很好，而且很有效，无须测试或只进行较少的测试。

检查风险是唯一可由审计人员控制的风险。如果检查风险水平低，要求审计人员必须实施详细的审计程序，尽可能多地获取审计证据，这样一来就会增加发现问题的概率；如果检查风险高，那么只需执行较简单的审计程序和获取较少的审计证据就可达到要求。在期望的审计风险已定的情况下，固有风险和控制风险越大，允许存在的检查风险就越小，审计人员所做的审查工作就越多、越细；反之固有风险和控制风险越小，允许存在的检查风险就越高，审计人员所做的查证工作就可以相对少些、粗些。由此可知，通过研究和评价被审计单位的内部控制，可对固有风险和控制风险的高低做出评估，在此基础上来确定实质性测试的性质、时间和范围及审计抽查的重点，以便降低检查风险，从而降低总体审计风险。如果不对内部控制进行审核，就无法评估固有风险和控制风险的高低，也就无法为检查风险提供评估基础，从而给降低审计风险带来难题。

## 第二节 内部控制审核的基本原理

### 一、遵循认识规律

了解内部控制，研究和评价内部控制制度的执行情况，在此基础上确定其他审计的内容、时间和程序，因此内部控制审核应遵循其基本的认识规律，即：了解—研究—评价—应用。首先，通过对内部控制系统情况的收集和描述，来了解被审单位有哪些内部控制制度、哪些内部控制环节、哪些内部控制点、每类或每种内部控制制度包括哪些内容，这可以达到熟悉内部控制系统的目的。其次，在了解内部控制系统的基础上，则应研究内部控制系统，即通过各种有效方法对内部控制系统的实际控制情况进行测试，以验证其所了解的内部控制系统是否严密、有效和可行。再次，在研究内部控制系统的基础上，评价内部控制系统，即对其系统本身和控制情况进行评价。最后，根据对内部控制系统的研究和评价结果确定进一步审计的范围与重点、审计时间的安排和采取何种审计方法对经济活动进行审查，并针对失控和薄弱的环节提出改进措施或建议。

### 二、内部控制审核的目的

为什么要审核内部控制，它在实际审计工作中最直接的目的是什么呢？首先来引入两个概念：符合性测试和实质性测试。符合性测试是为了获取证据以证实被审计单位内部控制政策和程序设计的适当性及其运行的有效性。实质性测试是为了审定某账户余额认定的恰当性，该测试程序包括两部分，一是交易和余额的详细测试，二是对会计信息和非会计信息应用的分析符合程序。在了解研究内部控制后，依靠对内部控制的评价对那些准备信赖的内部控制执行符合性测试，否则就直接进行实质性测试。如果被审单位内部控制的可依赖度很低或者根本不能依赖，就只计划执行很小范围的符合性测试，而执行更大范围的实质性测试。相反，如果内部控制可依赖性很高，就执行更大范围的符合性测试，而执行有限的实质性测试。也就是说，审核内部控制的最直接目的，是根据对内部控制的研究和评价的结果来确定实质性测试的工作量，提高审计效率和审计质量。如果评价企业内部控制为高信赖程度，说明控制风险为最低，而控制风险越低，就可以执行越有限的实质性测试。如果内部控制为低信赖程度,说明控制风险很高,那么只有依赖执行更多的实质性测试,才能控制检查风险处于低水平,进而控制审计风险处于低水平。只有这样才能保证审计的质量。可以看出,无效的内部控制必然导致审计人员增加实质性测试的工作量。

### 三、关注内部控制的局限性

不管被审单位的内部控制设计得如何,内部控制都会因其固有的限制而存在一定的局限性。一般而言,主要表现为以下几点:

内部控制的设计和运行受制于成本和效益原则。内部控制设计的环节和措施越严密,控制的效果就越好,但相应的控制成本也越高。因此在设计和运行内部控制时,要权衡控制成本与控制效率、效果。当实施对某项业务控制的成本大于其控制的效率与效果时,就不会设置相应的控制环节或措施,这样一来,某些错误或舞弊的发生就有可能得不到控制。内部控制一般仅针对常规业务活动而设计。针对经常而重复发生的业务所设计的内部控制通常都具有相对稳定性。因此如果出现不经常发生或未预计到的经济业务,原有控制可能不适用。内部控制即便设计完善,也可能因执行人员的粗心大意、精力分散、判断失误以及对指令的误解而失效;内部控制可能因有关人员相互勾结、内外串通而失效;内部控制可能因执行人员滥用职权或者屈服于外部压力而失效;内部控制可能因经营环境、业务性质的改变而削弱或者失效。有鉴于此,在审核内部控制确定其可信赖程度时,应当保持应有的职业谨慎,充分关注内部控制的固有限制。

## 第三节 内部控制审核的主要内容

内部控制审核是审计业务中一项必不可少的内容。对被审计单位内部控制进行调查、测试与评价,既是审计人员科学、合理地制订审计计划、均衡审计工作的客观要求,也是审计人员评估审计风险,以制定和实施相应的实质性审计程序的内在要求。

内部控制审核的主要内容如下:了解内部控制的要素,初步评价内部控制风险。

调查内部控制时,应了解内部控制的要素。内部控制要素包括控制环境、会计系统和控制程序,在此基础上,初步评价内部控制风险。

(1) 了解控制环境。作为内部控制的要素,审计人员应当充分了解控制环境,以评价被审计单位管理当局对内部控制及其重要性的态度、认识和措施。影响控制环境的主要因素有经营管理的观念、方式和风格、组织结构和权利、职责的划分方法。

(2) 了解会计系统。了解会计系统的总要求,是审计人员通过对其充分了解,应能识别和理解以下事项:被审计单位交易和事项的主要类别,各类主要交易和事项的发生过程、重要的会计凭证、账簿记录以及会计报表账目、重大交易和事项的会计处理过程。

(3) 了解控制程序。审计人员了解内部控制制度的这一要素,比了解控制环境和会计系统更强调确定特定控制程序和特定认定之间的关系。控制程序对于防止或发现和更正会计报表中的重要错报或漏报更为重要。了解控制程序的总要求,是审计人员通过对其的充分了解,应能够合理制订出审计计划。在了解时,审计人员应着重考虑交易授权、职责划分、凭证与记录控制、资产接触与记录使用、独立稽核。

审计人员每次审计时在了解内部控制之后,应对控制风险作初步评价。这里所说的评价之所以是初步评价,是因为在实施之前还无法最终对被审计单位内部控制的有效性做出肯定的或否定的结论。在对控制风险进行初步评估时审计人员应当遵循稳健原则,宁可高估控制风险,不可低估控制风险。基于这一原则,当出现下列情况之一时,注册会计师应将控制风险评估为高水平:被审计单位内部控制失败,就是说尽管被审计单位内部控制确实存在,但因种种原因而未能得到遵循和贯彻。审计人员难以对内部控制的有效性做出评估,例如被审计单位缺乏成文的内部控制,内部控制仅以非正式的方式存在,或者测试的范围受到限制,难以对内部控制是否有效做出评估,审计人员不拟进行符合性测试,将以上情况定为高水平,以确保其能扩大审计范围,搜集更加充分、适用的证据。通过尽量降低检查风险来使总体审计风险降低。反之,当相关的内部控制得到较好的执行,可能比较有效,或者审计人员拟进行符合性测试,控制风险应评估为低水平。

## 第四节 内部控制的测试

在了解内部控制后,对那些准备信赖的内部控制进行符合性测试。

### 一、符合性测试的概念

符合性测试是为了确定内部控制制度的设计和执行是

否有效而实施的审计程序。进行测试具有一定的前提条件，即：注册会计师在了解内部控制后，只对那些准备信赖的内部控制执行符合性测试，并且只有当信赖内部控制而减少的实质性测试的工作量大于符合性测试的工作量时，符合性测试才是必要和经济的。

符合性测试的两个基本对象，即控制设计测试和控制执行测试。

（一）控制设计测试

控制设计测试所要解决的问题是被审计单位的控制政策和程序是否设计合理、适当，能不能防止或发现和纠正特定会计报表认定的重大错报或漏报，比如审计人员了解到被审计单位管理当局控制政策和程序要求将存货储存在加锁的仓库里，据此可下结论：该项控制可以防止或大大地减少存货在"存在和发生"方面产生错报和漏报的风险。

（二）控制执行测试

控制执行测试要解决的问题是被审计单位的控制政策和程序是否实际发挥作用，比如上面在对存货控制设计进行测试，认为该控制设计合理之后，还应实地观察存货是否实际储藏在加锁的仓库里。在进行控制执行测试时，应着重查清三个问题：这项控制是怎样应用的？是否在年度中一贯应用？由谁来应用？查清这三个问题就可进一步了解控制政策和程序是否得到了有效的执行。

二、符合性测试的种类

（一）同步符合性测试

同步符合性测试不是必需的，而是注册会计师有选择地执行的。同步符合性测试既可能是取得了解时的"副产品"，也可能是注册会计师事先计划安排的。

通过同步符合性测试取得的证据，只能使注册会计师评价控制风险的估计水平处在略低于最高水平到中等水平的范围之内。

（二）追加符合性测试

这种测试在外勤工作中执行。在主要证实法下，执行追加符合性测试是为了进一步降低注册会计师对控制风险的估计水平。注册会计师执行这种测试之前，必须考虑是否符合成本效益原则，还必须考虑有没有可能获得额外的证据。

（三）计划符合性测试

计划符合性测试也在外勤工作中执行。在选用较低的控制风险估计水平法下必须执行这种测试。执行这一测试的目的是为了支持注册会计师计划的实质性测试水平。

### 三、符合性测试的范围

（1）在审计实务中，注册会计师执行符合性测试的范围并不是越大越好，而是要求注册会计师从最经济有效地实现审计目标的总体需要出发，合理地确定测试的范围。

（2）符合性测试的范围直接受注册会计师计划控制风险估计水平的影响。

（3）如注册会计师在以前年度审计中已进行了符合性测试，那么他在确定本年度审计中需执行追加测试的范围时，还应考虑所使用的以前年度审计获得的有关控制有效性证据的恰当性。

（4）注册会计师在评价以前年度审计获得的这些证据对本年度审计的恰当性时，应考虑四个方面的问题：①这些证据所涉及的认定的重要性；②以前年度审计中所评价的特定内部控制；③所评价的政策和程序被适当设计和有效执行的程度；④用来作这些评价的符合性测试的结果。

（5）注册会计师在考虑使用以前年度的证据时，还必须考虑两点：①执行符合性测试的时间间隔的长短；②在以前年度审计之后，控制政策和程序的设计或执行有无任何重大的变化。

（6）出现下列情况之一时，注册会计师可不进行符合性测试，而直接实施实质性测试程序：

1) 相关内部控制不存在；

2) 相关内部控制虽然存在，但注册会计师通过了解发现其并未有效运行；

3) 符合性测试的工作量可能大于进行符合性测试所减少的实质性测试的工作量。

**四、符合性测试的时间**

同步符合性测试是在计划期间内执行的。追加的或计划的符合性测试通常是在期中工作中执行，并且应尽可能安排在期中的后期执行。若期中审计已进行符合性测试，注册会计师在决定完全信赖其结果前，应当考虑以下因素，以进一步获取期中至期末的相关审计证据。一是期中审计符合性测试的结论；二是期中审计后剩余期间的长短；三是期中审计后内部控制的变动情况；四是期中审计后发生的交易和事项的性质及金额；五是拟实施的审计实质性测试程序。

**五、符合性测试中利用内部审计人员的工作**

（一）同内部审计人员协调工作

在同内审人员协调工作中，注册会计师应做好四项有益的工作：①定期同内审人员会谈；②复核他们的工作计划表；③取得内审人员的工作底稿；④复核内部审计报告。

值得注意的是，审计人员在协调工作时，应侧重评价内审人员工作的质量和有效性。具体包括：①内部审计工作范围是否适当；②审计方案是否适当；③工作底稿是否充分记录了所执行的工作，包括监督和复核的证据；④对有关情况的结论是否适当；⑤审计报告与所执行的工作是否一致。

（二）直接支持

注册会计师要求内审人员直接提供帮助时，应注意做好以下工作：①考虑内审人员的胜任能力和客观性，并监督、复核、评价和测试他们所执行的工作；②明确告诉内审人员他们所负的责任和执行有关程序的目标，以及其他可能影响测试的性质、时间和范围的事项。③明确告诉内审人员，应将他们工作中发现的所有重大会计和审计问题，提请注册会计师注意。

### 六、双重目的测试

同时执行两种测试一般比单独执行一种测试更加经济有效。

### 七、符合性测试的程序

在了解符合性测试的两个基本对象后，应进一步决定符合性测试的性质，即执行测试将使用什么样的审计程序，一般而言：①为检查交易和事项的凭证，即检查交易和事项的有关凭证，例如检查赊销、销货退回及折让、销货折扣等交易或事项是否经过适当的授权批难以获取内部控制有效运行的证据；②作询问并实地观察未能留下审计轨迹的内部控制的运行情况；③重新执行相关内部控制程序。注册会计师对这三种方法可单独使用，也可合并使用。

## 第五节 我国审计事业的发展与内部控制审核

我国的审计经历了一个漫长的过程，从西周的初步形成到社会主义市场经济体制的审计推进和审计工作的全面振兴，审计事业的不断发展使内部控制审计成为必然。

### 一、实践经验的积累

1982年制定的《宪法》明确规定我国实行审计制度，

《宪法》第92条规定："国务院设立审计机关，对各级政府和它们所属的财政金融机构，企事业组织的财政、财务收支活动进行审计监督。审计机关依照法律规定独立行使审计监督权，不受其他行政机关、团体和个人的干涉。"第111条规定："县级以上的地方各级人民政府设立审计机关。地方各级审计机关依照法律规定独立行使审计监督权，向本级人民政府和上一级审计机关负责。"第86条还规定审计长是国务院的组成人员之一。宪法修改草案公布后，筹建全国审计机关则有了正式的法律（草案）依据。在国家根本大法中明确规定我国实行审计监督制度，充分体现了这一制度在我国政治经济生活中的重要地位。

从此，我国对内部控制问题进行了探讨。不过刚开始对内部控制研究时对其认识还比较模糊，一般停留在翻译国外的资料上，对内部控制概念、理论理解不透彻，对已经存在的内部控制更缺乏了解和认识，当然更谈不上对内部控制的调查研究和总结、提高。那时尽管人们对"内部控制"一词比较陌生，但在会计领域中对内部牵制的概念还是比较熟悉的，在日常的工作中也懂得经营责任、财务保管责任、会计责任三种职能相互独立，形成职能部门之间互相核对业务的分管体制和相互联系、相互牵制的控制体系。而内部控制的概念就是在内部牵制概念的基础上逐渐地发展形成的。

在内部控制的不断发展过程中，人们逐渐发现内部控制与审计有着极为密切的关系，即内部控制系统比较严密，有效会计资料出现的差错和舞弊行为就会大大地减少。于是对内部控制进行研究和实践，终于形成了通过对内部控制的调查、测试、评价来确定审计的范围、重点和方法。国外把这种方法简称为制度基础审计；我国正是在这种审计方法上加以发展，形成了具有中国特色的内部控制审计。

# 第九章 注册会计师的内部控制审核

内部控制审计是在制度审计的基础上发展起来的,并在实际工作中不断得以发展和完善。因此在我国不仅把它作为一种方法,更重要的是把它作为审计的内容和审计的目的,是通过对内部控制系统的调查、测试和评价,找出失控环节和薄弱环节,针对其失控和薄弱的地方提出改进建议或措施,有利于促进被审计单位加强管理,提高效益。

经过长期的尝试和实践,审计人员逐渐认识到采用统计、抽样等方法和内部控制审核等手段,能够从根本上解决审计目的和审计方法、社会需求和审计资源的矛盾,也从根本上改变传统的审计观念和审计方法,弥补了抽样审计的不足。它不仅减少了审计业务量,提高了审计效率,而且保证了审计质量,减少了审计风险。

## 二、理论研究的成果

在国外,内部控制审核积累了相当多的经验和理论成果,这都可供我国审计理论研究作借鉴。从我国的实际情况来看,在审计工作的各个领域已广泛地采用内部审核这一手段对内部控制系统进行审计。中国审计学会、中国内部审计学会及中国注册会计师协会也把内部控制及其审计作为重点研究课题并取得了较大的成果。我国对内部控制及其审计的理论研究和其实际应用一样,都不是仅仅把它看作是审计方法,也不单纯地把它看作是审计的内容、对象,而是把它们结合起来进行研究和应用,使审计方法更好地为审计目的服务。因此,一方面把内部控制审计作为审计方法来研究,另一方面对内部控制系统本身也在进行不断的理论探讨,初步形成了一套内部控制审计的理论体系,把单纯的制度基础审计方法改变为审计的内容、对象,是理论研究领域里的一大发展。

## 三、相关准则的要求

实践经验的积累和理论研究的成果,为内部控制审核制度化规范化，奠定了基础。我国在1996年颁发的独立审计基本准则其中《独立审计具体准则第一号——内部控制与审计风险》是为了规范注册会计师在会计报表审计中研究与评价被审计单位的内部控制、评估审计风险、提高审计效率、保证执业质量而制定的。该准则指出，在编制审计计划时应当研究与评价被审计单位的内部控制。并进一步规范了研究和审核内部控制时应考虑的因索、应了解的内容及其审核的程序，为实际审计工作提供了有章可循的依据，使内部控制审核作为制度确立起来。我国市场经济发展的需求，在我国审计制度建立的初期，审计机构和审计人员的数量、审计人员的素质及审计环境和条件远不能满足经济发展对审计的需要。在这种突出的矛盾中只有从变革审计方法这个根本问题上来解决这个矛盾即将过去传统的详细审查方法改变为以审查内部控制系统为基础的抽样审计方法。这样就节约了大量的人力缓解了供需矛盾，通过随机原则对样本的审查来推算总体的情况使审计结果更加符合客观实际情况从而使审计结论更具科学性。目前随着我国市场经济建设的纵深推进，各行业的年报审计工作日渐普及，特别是上市公司的年报风险增大，科学完善的审计方法就显得尤为重要。内部控制审核作为一种科学的审计方法已成为实际审计工作中必不可少的内容占据着极为重要的地位。

## 第六节 我国注册会计师对内部控制评价的做法

内部控制因在确保会计信息的真实可靠、资产的安全完整和业务活动的有效进行，防止舞弊欺诈行为、实现经

# 第九章 注册会计师的内部控制审核

营管理目标等方面具有重要作用而日益受到国家和社会的重视。我国《会计法》有关规定明确要求各单位根据国家法律法规和规范，建立符合本单位业务特点和管理要求的内部控制制度。与此同时，对内部控制有效性的说明与独立外部评价也引起相应重视。中国证监会要求商业银行、保险公司、证券公司对其内部控制的完整性、合理性、有效性做出说明，要求从 2001 年起"公开发行股票商业银行应对其内部控制制度的完整性、合理性与有效性做出说明。商业银行还应委托所聘请的会计师事务所对其内部控制制度，尤其是其风险管理系统的完整性、合理性与有效性进行评价，提出改进意见，并出具评价报告"。在将来，所有上市公司及国有大中型企业均需聘请注册会计师对内部控制有效性进行评价并发表意见。但目前我国注册会计师对内部控制评价的做法很不统一和规范。

## 一、内部控制评价的性质

在美国等审计较发达国家，将注册会计师业务分为鉴证（attestation）与非鉴证两类。鉴证业务是指注册会计师受托对由另一人所负责的书面认定的可靠性提供书面结论所执行的一种业务，包括审计（auditing）、审核（examination）、审阅（review，也译"复核"）、执行商定程序（agree dupon procedures）等；非鉴证业务包括税务服务、管理咨询、会计服务等。审计业务要对认定做出积极的、较高程度的但不是绝对的保证；审核或复核业务一般对认定做出消极的、中等程度的保证。但在美国，审核业务也可对认定作出积极的保证；执行商定程序业务一般不对认定作保证，只报告所发现事实，但在有些情况下也可同时对认定作出消极的、中等程度的保证。在国际审计准则中，将注册会计师业务分为审计与相关业务两类，其中相关业务包括复核、执行商定程序和编表等。我国《注

· 157 ·

册会计师法》将注册会计师业务分为审计业务和会计咨询及会计服务业务两类,其中审计业务又包括审查会计报表、验证企业资本,办理企业合并、分立、清算等事宜中的审计及其他法律、行政法规规定的审计业务。

按照国际通行做法,注册会计师执行与内部控制相关的业务既可是执行鉴证业务中的审核或执行商定程序业务,也可以是执行非鉴证业务中的管理咨询业务,但不能是鉴证业务中的审计或审阅业务。这是因为对内部控制的评价不能实施会计报表审计中通常所采用的重要审计程序,如盘点、函证、计算、分析性程序等,因此,内部控制评价不属于审计性质。由于在审阅业务中主要采用询问和分析性程序,而对内部控制评价无法实施分析性程序,且仅采用询问程序却又不能发现内部控制存在的问题,因此,对内部控制执行审阅业务无实际意义。

那么,我国注册会计师执行内部控制评价究竟应定位为什么性质的业务?关键要看内部控制评价的目的。由于注册会计师进行内部控制评价要对管理当局关于内部控制有效性(完整性、合理性和有效性)的书面认定作出积极的、较高程度的保证,因此,内部控制评价应属于审核业务性质,而不是执行商定程序或管理咨询业务。在美国,把对管理当局关于内部控制有效性书面认定的评价界定为审核业务。目前我国有人主张用"内部控制评审"来描述此类业务是不可取的,因为"评审"一词含义甚广,无法归入合适的通行业务种类。

## 二、内部控制构成要素及其对审核工作的影响

我们知道,在我国对内部控制构成的认识主要有三种。第一种是"内部控制制度论"(Internal Control System),认为内部控制包括内部会计控制制度和内部管理控制制度;第二种是"内部控制结构论"(Internal

Control Structure），认为内部控制包括控制环境、会计系统和控制程序；第三种是"内部控制成分论"（Internal Control Components），认为内部控制由控制环境、风险评估、控制活动、信息与沟通、监控等五种成分构成。目前占上风的是第二种观点。但在美国，对内部控制的认识已由第二种观点过渡到第三种观点。各种观点对内部控制构成内容的认识差距较大。如第一种观点一般不将管理哲学与经营方式、组织机构、董事会、人事政策与实务、外部影响等环境因素作为内部控制的构成内容；第二种观点则没有将新技术、顾客需求或期望的改变、竞争、经济环境的变化等对企业经营和管理产生影响的风险因素作为内部控制的构成内容。可见，人们对内部控制的认识在深化和拓宽。对内部控制构成的认识，将直接影响到内部控制审核的内容。笔者认为，第三种观点是迄今为止对内部控制最为全面和深刻的认识。因此，建议内部控制审核的起点，应建立在对内部控制构成的第三种观点上。

在实务中，各企业管理当局结合其对内部控制的认识及实际情况，可能从不同层面建立其内部控制，如有的企业以业务循环为重点来设计；有的则可能以经营活动的类别为重点来设计；还有的以职能机构为基础、以岗位责任为重点来设计。不同企业内部控制的具体存在形式也不尽相同，如有的企业以书面文字说明为主，有的则以流程图为主，有的将其汇编成册，有的则主要以未汇编成册的单个文件为主。企业管理当局对内部控制的不同认识、不同的建立方法及存在形式，都不应当影响注册会计师对内部控制审核的内容、目标和基本程序。

### 三、内部控制审核范围

内部控制的构成内容构成了内部控制审核的理论范围，但在实务中确定内部控制审核范围还须考虑注册会计师的专业胜任能力。由于注册会计师大多只具有会计、审计及财务管理方面的知识和经验，缺乏技术和质量管理等方面知识，因此注册会计师一般只具有对财务报告方面的内部控制（即与会计报表相关的内部控制）进行评价的能力，通常难以胜任对与人事、生产、经营、技术、质量管理等相关的内部控制进行评价。在确定某具体控制政策、程序是否与会计报表相关时，关键要判断其对会计报表项目的反映和披露有无直接影响。

注册会计师受托审核被审核单位内部控制时，既可对该被审核单位整体的、与会计报表相关的内控有效性进行审核，也可只对其某一部分（如下属的零售企业，或制造企业或服务企业）进行审核。在一般情况下，是对该被审核单位整体的、与会计报表相关的内部控制有效性进行审核。

注册会计师还需在审核时点或期间上作选择，他既可选择某时点与会计报表相关的内部控制进行审核，也可选择某期间与会计报表相关的内部控制进行审核。选择的时点或期间，对所要实施的审核重点、审核程序和审核目标有较大影响。如选择某时点进行审核，则审核重点是该时点内部控制的有效性，审核目标是对该时点相关内部控制有效性进行评价并发表审核意见。如选择某期间进行审核，则审核重点是内部控制在该期间内是否一直有效，审核目标是对该期间相关内部控制设计的适当性和执行的有效性进行评价并发表意见，这种审核成本相对较高。考虑到注册会计师的时间和精力、审核成本、与会计报表审计的结合等因素，建议将内部控制审核选在某一时点上。在我国，该时点可选为会计年度结束日（12月31日）。

四、内部控制审核目标

注册会计师执行内部控制审核的目标是对被审核单位

管理当局关于与会计报表相关内部控制有效性的书面认定的公允性发表意见。但有时管理当局对内部控制有效性的书面认定，并不附在注册会计师内部控制审核报告后面，或者注册会计师更倾向于或更需要对被审核单位与会计报表相关的内控有效性直接做出评价，因此，审核目标也可表述为对被审核单位与会计报表相关的内部控制有效性发表意见。这两种表述实质是相同的，均需评价与会计报表相关内部控制的有效性。

内部控制的有效性包括两方面的含义：一是设计有效性；二是执行有效性。设计有效性也称设计的适当性，即内部控制设计的完整性（也称健全性）和合理性。所谓完整性是指企业内部控制设计要覆盖所有经济业务，不留内部控制空白，能防止、发现和纠正会计报表可能存在的所有重大错报或漏报；所谓合理性是指内部控制设计要符合成本效益原则，执行内部控制产生的收益要大于成本，没有重复、过多、繁杂的控制政策及程序。执行有效性是指内部控制得到一贯应用，实际发挥作用，达到了预期目标，能防止、发现和纠正特定会计报表项目的重大错报或漏报。因此，内部控制有效性可细分为内部控制设计的完整性、合理性和执行的有效性。

**五、内部控制标准**

内部控制标准（简称控制标准）是用来指导被审核单位设计和执行相关内部控制的基本依据，也是注册会计师评价内部控制有效性的标准。控制标准的制定机构和程序不同，其权威性和社会公认性也不一样。制定机构层次越高，且在制定中广泛征求了社会各界意见，其权威性和社会公认性就越高。在我国，按控制标准的权威性和社会公认性由高到低可将控制标准分为以下层次：第一层次，在国家相关法律中涉及内部控制的条款，如在《会计法》中要求企业建立内部会计监督制度相关规定，在《公司法》中关于企业组织机构设置和主要职责的相关规定等；第二层次，国家权威经济监管部门制定的控制标准，如财政部制定的《内部会计控制基本规范》和《加强货币资金会计控制的若干规定》，证监会制定的内部控制规范等；第三层次，相关行业协会制定的控制标准；第四层次，行业内部控制惯例或相关的内部控制理论；第五层次，企业股东大会、董事会或其他类似机构所制定或指定的标准；第六层次，注册会计师根据单位实情，结合内部控制一般理论和行业内部控制惯例推导出的控制标准。

注册会计师在评价管理当局在内部控制有效性书面认定中所申明的控制标准是否适当时，应首先考虑内部控制审核委托的目的。如审核报告有特定的使用范围，可直接选择使用者均认可的控制标准，如行业标准和企业内部标准。如审核报告在全社会使用，则应优先选择较高层次的控制标准。因为审核报告使用范围越大，越要注意控制标准的权威性和社会公认性。

**六、内部控制审核的职业道德要求和责任划分**

由于注册会计师对内部控制执行的是审核业务，属于鉴证性质，其目的是对管理当局的书面认定进行评价并发表意见，为相关使用者的决策提供依据，因此，要求其在审核中始终坚持独立、客观、公正的原则，保证其评价结论的可靠性。注册会计师审核内部控制的责任不同于被审核单位管理当局的责任。被审核单位管理当局对按有关法律、法规和规章的要求建立健全内部控制，并保持其有效性负责；注册会计师的责任是按有关法规要求了解、测试和评价内部控制并出具审核报告。注册会计师审核责任不能代替或减轻管理当局建立、执行和保持有效内部控制的责任。

## 第九章 注册会计师的内部控制审核

七、内部控制审核与会计报表审计中对内部控制研评的关系

内部控制专门审核与会计报表审计中对内部控制研评（研究与评价），既有联系，又有区别。两者的联系有五点：一是理论范围相同，均是与会计报表相关的内部控制；二是实施的基本程序相同，均包括对相关内部控制的了解、测试和评价；三是所使用的方法相同，均可采用询问、观察、检查、重新执行等方法了解和测试相关内部控制；四是两者的执行者可是同一会计师事务所的同一注册会计师；五是两者的结论可相互利用，即内部控制审核可以利用会计报表审计中对内部控制研评的结论，在此基础上进行内部控制审核，后者也可利用前者结论，帮助评估控制风险。

两者主要区别有四点：一是目的不同。内部控制审核的目的是对被审核单位与会计报表相关的内控有效性发表意见；会计报表审计中对内部控制研评的目的是在了解、测试与会计报表相关的内部控制的基础上，评估其控制风险，再根据控制风险评估结果修订审计计划和确定实质性测试的性质、时间和范围，进而对会计报表发表审计意见。二是实际范围不同。内部控制审核的实际范围是被审核单位与会计报表相关的所有内部控制的设计和执行情况；会计报表审计中对内部控制研评的范围分为了解范围和测试范围，其了解范围主要是所有与会计报表相关的内部控制，测试范围是了解、初评后确定拟依赖的相关内部控制。后者的实际范围可能比前者小得多。三是对内控有效性评价结论的准确程度要求不同。由于内部控制审核要对内部控制有效性直接发表评价意见，因而要求评价结论有较高程度的保证水平；由于会计报表审计中对内部控制的研评只是规划实质性测试的重要依据，因而对其有效性的评价可不要求很准确。如对其有效性可作保守评价，仅给予极低

的信赖度，这样只增加了实质性测试的工作量，会影响审计效率，一般不会影响审计效果，但要防止对其有效性做出过于乐观的评价，否则会增加审计风险。四是测试数量不同。由于对内部控制有效性评价结论准确程度要求不同，因而要求的测试范围和数量也不同。因内部控制审核需要对内部控制有效性作出积极的、较高程度的保证，需要收集充分、适当的证据支持审核结论，因此需要实施较多的测试。

根据上述比较可得出以下实用的结论：①如由同一注册会计师同时进行会计报表审计和内控审核，须出具两个报告，则注册会计师需要进行内部控制审核，而不是内部控制研评，在会计报表审计中可直接利用内部控制审核结论；②如在接受并完成会计报表审计业务后，又接受内部控制审核业务，则注册会计师可以利用在会计报表审计中对内部控制研评结论，但必须对内部控制补充和扩大实施了解及测试程序；③如在接受并完成内部控制审核业务后，又接受会计报表审计业务，注册会计师则可利用内部控制审核结论，无须再进行内部控制研评。

**八、注册会计师接受内部控制审核业务委托的条件**

由于内部控制审核目标是对被审核单位管理当局关于与会计报表相关的内部控制有效性的书面认定发表意见，因此，注册会计师必须在同时满足以下条件时，才能接受委托执行内部控制审核业务：①被审核单位已经承诺对其内部控制有效性负责；②管理当局已按既定标准对内部控制有效性进行了评价；③有足够证据支持管理当局的评价；④管理当局已提供有关内部控制有效性的书面认定。条件①实际上是要求被审核单位管理当局明确确认他们在内部控制方面的责任。这是注册会计师执行内部控制审核业务的责任划分基础。条件②说明单位内部控制设计和执行有

第九章 注册会计师的内部控制审核

合适的标准，且管理当局根据该标准对内部控制有效性作了评价，外界人员也可根据该标准对其进行评价。这是注册会计师进行内部控制审核的标准基础。条件③说明内部控制设计和执行情况有相关事实支持，管理当局的评价结论是建立在足够证据基础之上的，暗示注册会计师在执行内部控制审核中，通过采用一定方法，可再次查明内部控制设计和执行的相关事实，收集到必要证据支持其审核意见。这构成注册会计师执行内部控制审核业务的证据基础。条件④构成注册会计师执行内部控制审核业务的对象基础。这正如会计报表构成注册会计师执行会计报表审计业务的对象基础一样。如单位不提供会计报表，注册会计师就不可能对报表发表审计意见。如单位不提供相关内部控制有效性的书面认定，注册会计师也就不可能对内部控制有效性发表审核意见。可见这四个条件是注册会计师执行内部控制审核的必备条件，缺一不可。

### 九、内部控制审核的阶段

与会计报表审计相似，内部控制审核同样包括计划、实施和报告三阶段。在计划阶段，注册会计师首先应向管理当局获取有关内部控制有效性的书面认定及内部控制手册、流程图、调查问卷和备忘录等文件，以此作为审核对象，并制定合理的审核计划。在实施阶段，包括三个步骤：了解内部控制设计；评价内部控制设计的有效性（含完整性和合理性）；测试和评价内部控制执行的有效性。此外，还应与管理当局就与内部控制相关的问题进行沟通，主要包括沟通已发现的重大内部控制缺陷，取得管理当局关于内部控制的一些重大事项的书面证明。注册会计师应在实施必要审核程序后，以经过核实的证据为依据，形成审核意见，出具审核报告。参考美国的内部控制审核报告格式和我国审计文书习惯，笔者认为，我国内部控制审核报告应当包括以下基本内容：标题；收件人；引言段；范围段；固有限制段；意见段；签章和会计师事务所地址；报告日期。与会计报表审计意见相似，内部控制审核意见同样可分为无保留意见、保留意见、否定意见、无法表示意见等类型。

# 第十章 注册会计师审计的项目承接和审计范围

## 第一节 审计业务承接和审计规划

一般来说,审计可分为四个阶段:接受审计委托阶段、计划审计工作阶段、执行审计工作阶段、报告审计结果阶段。

### 一、会计师事务所业务承接前期调查

在前期调查中与前任注册会计师沟通的内容和过程,以及确定是否接受审计委托所要综合考虑的问题。

某审计业务承接和审计规划案例:

在前期调查中,需要做的工作具体包括对企业背景进行了解,向前任注册会计师查阅审计工作底稿对内部控制和会计核算体系的了解,了解股份公司的重要会计政策,会计报表主要事项资料搜集,实地巡视被审计单位的工程及管理现场以及盘点,对重大相关事项的关注,汇总调查中发现的主要问题其他重要问题的记录确定其可审性沟通的必要性及形式。

1. 与前任注册会计师的沟通

与前任审计人员进行沟通的目的在于帮助后任审计人员了解有关管理当局的基本情况,正确评价是否可接受审计委托,这些沟通可在接受委托之前或之后进行,以期减

少或控制审计风险。后任注册会计师应当取得被审计单位管理当局的授权,主动与前任注册会计师沟通。沟通可以采用口头或书面方式进行。如果被审计单位不同意前任注册会计师做出答复,或限制答复的范围,后任注册会计师应当向被审计单位询问原因,并考虑是否接受委托。

2. 向前任注册会计师询问的内容应当合理、具体

通过与前任注册会计师的沟通,主要是了解如下几方面的情况:①是否发现管理当局存在诚信方面的问题;②前任注册会计师与管理当局在重大会计、审计等问题上存在的意见分歧;③前任注册会计师从被审计单位监事会、审计委员会或其他类似机构了解到的管理当局舞弊、违反法规或其他类似机构了解到的管理当局舞弊、行为以及内部控制的重大缺陷;④前任注册会计师认为导致被审计单位变更会计师事务所的原因。必要时,后任注册会计师还可向前任注册会计师询问其他事项。如果需要查阅前任注册会计师的工作底稿,后任注册会计师应当提请被审计单位书面授权前任注册会计师允许其查阅。

3. 后任注册会计师对沟通结果的利用

后任注册会计师不应在审计报告中表明,其审计意见全部或部分地依赖于前任注册会计师的审计报告或工作。如果接受委托对已审计会计报表进行重新审计,后任注册会计师可通过询问前任注册会计师以及查阅前任注册会计师的工作底稿获取信息,但这些信息并不足以成为后任注册会计师发表审计意见的基础。

4. 发现前任注册会计师审计的会计报表可能存在重大错报时的处理

如果发现前任注册会计师审计的会计报表可能存在重大错报,后任注册会计师应当提请被审计单位告知前任注册会计师,并要求被审计单位安排三方会谈,以便采取措

施进行妥善处理。如果被审计单位拒绝告知前任注册会计师,或前任注册会计师拒绝参加三方会谈,或后任注册会计师对解决问题的方案不满意,后任注册会计师应当考虑对审计报告的影响或解除业务约定,必要时可向律师咨询,以采取进一步的措施。

## 二、审计风险的确定

审计风险,是指会计报表存在重大错报或漏报,而注册会计师审计后发表不恰当审计意见的可能性。审计风险包括重大错报风险,重大错报风险又由固有风险和控制风险构成,以及检查风险。审计风险=重大错报风险×检查风险。假设审计人员可接受的风险定为5%,在审查存货项目时,审计人员将固有风险和控制风险分别评估为70%和60%,则审计人员可接受的检查风险=11.9%,可见检查风险与固有风险是一种反向关系。重大错报风险即固有风险和控制风险的水平越高,注册会计师就应实施越详细的实质性测试程序,并着重考虑其性质、时间和范围,以将检查风险降低至可接受的水平。

## 三、审计业务约定书的内容

(1)签约双方的名称;
(2)委托目的;
(3)审计范围;
(4)会计责任与审计责任。

# 第二节 内部控制与审计目标和审计范围

内部控制审核的目标是检查并评价内部控制的合法性、充分性、有效性及适宜性。内部控制的合法性、充分性、有效性及适宜性,具体表现为其能够保障资产、资金的安全，即保障资产、资金的存在、完整、为我所有、金额正确、处于增值状态。所以，我们可以将内部控制审核的具体目标概括为：检查并评价内部控制能否确保资产、资金的安全，即检查并评价内部控制能否保障资产、资金的存在、完整、为我所有、金额正确、处于增值状态。

### 一、内部控制审核目标与财务报表审计目标

内部控制审核的前四个目标实际就是财务报表审计的具体目标。企业管理层向外提供一张资产负债表，表上反映有多少资产，其明示或暗示了这样几个声明：资产负债表上反映的资产是存在的、是完整的、是归被审核单位拥有和控制的、金额是正确的。相应地，外部财务报表审计的具体目标也就是鉴证企业管理层的这些声明是否属实。

### 二、内部控制审核与财务报表审计在具体审计目标上的异同

内部控制审核与财务报表审计在具体审计目标上有什么不同呢？归纳为两点。

（1）财务报表审计直接评价的是财务报表，或者说直接评价资产、资金本身的安全状态，其目标对象是资产、资金本身，而内部控制审核直接评价的是内部控制能否保障资产、资金的安全，其目标对象是内部控制，而资产、资金只是作为中间的观察对象而存在。

（2）财务报表审计主要评价财务报表所反映的存量资产、资金的"静的安全"，一般不评价资产、资金的"动的安全"，即不评价资产、资金在流转中的增值性；由于内部控制既要保障资产、资金"静的安全"，又要保障其"动的安全"，所以内部控制审核既检查资产、资金的"静的安全"，又检查资产、资金的"动的安全"。

### 三、内部控制审核的具体目标与程序

内部控制审核的具体目标是什么?很多人的回答可能接近这样一个答案:检查并评价内部控制的合法性、充分性、有效性和适宜性,以完善内部控制。可是,在审计实践中,究竟采用什么样的尺度,来检查并评价内部控制的合法性、充分性、有效性及适宜性呢?也就是内部控制审核的具体目标是什么呢?在讨论方法论时,我们提出了一个观点:了解审计,必须了解它的对象。同理,探讨内部控制审核的目标,需要探讨内部控制的目标。

内部控制的目标是什么?熟悉内部控制一般知识及内部控制指引的人都知道,内部控制的目标主要有三个方面:遵循性目标,即确保外部法令、内部规章得到遵循;营运性目标,即保证经营方针及目标的实现;可靠性目标,即信息真实、完整与及时。我们把这三个目标归结为一个目标:防范和控制风险。什么是风险?风险是资产、资金遭受损失的可能性。这就是说,内部控制是与企业的资产、资金相联系的,其具体目标是保障资产、资金(包括表内外资产、资金)的安全,免受损失。

**四、结合内部控制的了解和评价结果来确定审计的范围**

审计的范围一般应限于约定的会计报表报告期内的有关事项,但凡与被审计单位的会计报表有关和影响注册会计师做出专业判断的所有方面,包括被审计单位没入账的应付账款等,均属于会计报表审计的范围。

当然,根据被审计单位的业务、性质、规模以及内部控制的有效性等方面情况,以上审计程序只需适当选择其中几项,并不需要全部实行。

报表审计范围的确定应当建立在注册会计师了解被审计单位及其环境、了解被审计单位内部控制的基础上,对内部控制设计和执行进行初步评价。通过对内部控制的了解,注册会计师一般可能得出如下三种结论:①被审计单位内部控制设计合理,并得到执行;②被审计单位的内部控制设计合理,但并没有得到执行;③被审计单位的某些内部控制缺乏或者设计无效。

注册会计师应该针对识别的报表层次的重大错报风险实施总体性应对措施,针对认定层次的重大错报风险实施进一步审计程序。

在进一步审计程序中,注册会计师需要确定进一步审计程序的性质、时间和范围,具体包括控制测试的性质、时间、范围以及实质性程序的性质、时间和范围。

对拟实施审计程序的性质、时间安排或范围作出总体修改。财务报表层次的重大错报风险很可能源于薄弱的控制环境。薄弱的控制环境带来的风险可能对财务报表产生广泛影响,难以限于某类交易、账户余额和披露,注册会计师应当采取总体应对措施。相应地,注册会计师对控制环境的了解也影响其对财务报表层次重大错报风险的评估。有效的控制环境可以使注册会计师增强对内部控制和被审计单位内部产生的证据的信赖程度。如果控制环境存在缺陷,注册会计师在对拟实施审计程序的性质、时间安排和范围做出总体修改时应当考虑以下几个方面。

第一,在期末而非期中实施更多的审计程序。控制环境的缺陷通常会削弱期中获得的审计证据的可信赖程度。

第二,通过实施实质性程序获取更广泛的审计证据。良好的控制环境是其他控制要素发挥作用的基础。控制环境存在缺陷通常会削弱其他控制要素的作用,导致注册会计师可能无法信赖内部控制,而主要依赖实施实质性程序获取审计证据。

第三,增加拟纳入审计范围的经营地点的数量。

# 第十一章 内部控制与注册会计师审计方法选择

从时态上看,与内控相关的交易有三种情况:一是过去的交易,二是现时正在进行的交易,三是将来可能发生的交易。我们正是立足于这三类交易来检测内控。由于三类交易的特性不同,相应有三种内控审计模式:一是针对历史交易的历史审计模式,二是针对现时交易的在场审计模式,三是针对未来交易的实验审计模式。

## 第一节 历史审计模式及方法选择

(一)历史审计模式

1. 符号世界

学过唯物主义的人都知道,唯物主义将世界分为客观世界和主观世界。客观世界是作为我们认识对象的物质世界,主观世界是指我们作为认识主体的认识世界。接触过现代思想史的人也可能知道,并不是所有思想家都认同这种观点。但有一种观点对我们认识审计有所帮助。这种观点认为世界可划分为三重世界,除了主、客观世界之外,在这两者之间还有一个符号世界。什么是符号世界呢?就是用文本、图片等符号构造的世界。举一个例子,我们画了一幅写生画或照了一张相,画或照片所写照的对象是客观世界;画或照片本身构成一个符号世界;我们观赏画或照片时，在大脑或心灵中形成一种印象，这构成了认识世界。在日常生活中，我们经常讲这样一句话："说话、做事要尊重事实"，这句话说起来容易，做起来可不容易。因为大多数时候，我们面对的不是客观世界本身，而是符号世界；客观世界是什么样，我们未必亲历过，也许根本就不可能亲历。比如，我们经常在电视中看到的食品广告、药品广告等，食品、药品等本身是物质世界的，其本身可能是假冒伪劣产品。但广告通过文字、声音、图片等形式构建了一种药品、食品形象，根据广告构建的形象，通常药品都是好药，食品都营养丰富。这些广告符号本身构建了一个形象世界。我们对药、食品好坏的判断，往往就直接建立在广告符号的基础上，而不是建立在物质世界的食品、药品的基础上。很多人买了假冒伪劣商品，就是因为被虚假广告等符号世界所迷惑。另外，看厨具广告、洗衣粉广告，画面都很温馨，其所展现的做饭、洗衣总是十分享受的事情，但看广告的人未必会把做饭、洗衣视同享受的事情。这就是符号世界与客观事物本身的分离。

2. 交易遗迹

有人可能会问：哲学与审计有什么相关呢？大多数时候，我们审计的对象是历史交易。历史交易是过去已经发生的交易。我们在审计时，已经看不到这些交易本身，即看不到客观交易本身（客观世界），而只能看到交易的一些"遗留物"，我们称之为"交易遗迹"。这就是说，我们所审计的是"交易遗留物"拼接起来的交易形象（符号世界），而非客观交易本身。我们通过检查这些"交易遗迹"，对过去的交易形成了一个印象和判断（认识世界），进而对相关内部控制有一个印象和判断。这里有一个例子：在一个离任审计中，我们通过检查授信文件，最终将某笔不良贷款的责任归结为被审计单位时，被审计单位的相关责任人员经常说："我虽然分管授信，但这笔业务行长有干预，不是我做的主。"这位工作人员可能说的是实情，但我们从审计档案中可能根本看不到这种情况。这就是授信交易的本来面貌与授信交易档案呈现出来的情况之间的差异，也就是符号世界与客观世界的差异。

符号世界与客观世界的差异带给我们什么启示呢？第一，事件一旦成为过去，其本身就消亡了，真相可能永远无法还原。这正是大量积案难破的原因之一。一些公安在办案时会使用拷问等暴力手段来搜罗证据，有时候也与这个因素相关。第二，由于我们审计所面对的不是历史交易本身，而是文件、图片、声音等交易遗迹，所以我们在检查过程中一定要心怀谨慎，切不要以为眼见即为实。否则，就可能造成重大审计失误或风险，甚至制造冤假错案。实际上，很多冤假错案就是因为被符号世界迷惑所造成的。

（二）历史交易审计的三种基本审计方法

今天我们把符号世界与客观世界区分开，重点不在通过分析其差异来获得启示，而在于探讨审计方法。我们说对历史交易的审计，实际的审计对象是交易的"遗留物"，即"交易遗迹"（符号世界），那么交易遗迹有哪些呢？这需要分析交易的构成。一项交易通常是由交易主体、交易对象、交易辅助工具（包括器具、文件）等构成的。交易结束了，其遗迹通常有：参与交易的人、交易的物品和文本。我们在审计中所碰到的就是这些人、物和文本。审计过程是找证据的过程。交易遗迹是人、物和文本，相应地，我们获得的审计证据也表现为三种基本形式：人证、物证和书证。为获得这三类证据，我们有三种基本审计方法：询问法、实地观察法和文本审阅法。从事过一线审计的人员都用过这三种方法。不过，虽然我们一直在使用这些方法，却未必正确使用了这些方法。

1. 文本审阅法

文本审阅法是通过翻阅与原先的交易相关的文件、档案来了解交易原貌，获得书证。通俗地讲，文本审阅法就是翻资料。这是审计中使用最多的方法。生活中有这样一种现象，常见的事物，我们却未必琢磨过它的原理。在审计中翻阅资料，这是一件再普通不过的事情。但如何翻阅资料却大有学问。有些审计人员翻资料能发现问题，有些审计人员翻资料不能发现问题，为什么呢？因为前者知道如何翻资料，后者不知道如何翻资料。

文本审阅或者翻阅文本，主要是用眼看，用大脑分析。那么面对桌前的一笔交易档案，审计人员看什么，分析什么呢？归纳起来，文本审阅法不外乎就是"四看"。

一看资料的完整性，就是看办理该笔业务应该具备的文件是否都齐备。比如看一笔授信业务档案，需要看借款人资质、抵押物权利证书、借款合同等关键性文件是否齐备。

二看资料的协调性，就是看各项资料相互之间是否一致、是否有突兀感、能否相互印证。比如，看一笔抵押授信业务档案，需要看抵押登记证书、抵押合同、借款合同的相关记载内容是否一致，也需要看这些文件中的签字、日期、公章、字体、纸张等相互比较起来，是否有突兀的地方。据观察，授信业务资料相互之间的不协调性，这个问题在一些分支行较为普遍。我们现场审计发现的很多授信业务问题，也都是通过检查协调性发现的。

三是看资料的真实性，就是看重要文件是否真实，有无伪造、变造。比如，检查一笔授信业务档案，审计人员可能需要关注借款主体是否真实，各项权利证书是否真实等。

四是看资料的有效性（内含合法性），就是看重要文件是否有法定效力。比如，担保贷款，要看抵押人是否是

### 第十一章 内部控制与注册会计师审计方法选择

有效主体（政府担保效力就存在问题）、抵押担保期是否有效。

上述"四看"是相互联系的，有时候是递进关系。比如，看资料的真实性和有效性，往往需要借助看资料的协调性。我们往往就是发现一些资料相互不协调，进而发现资料有假，或者资料的有效性不足。所以，使用文本审阅法时，要注意这"四看"并用。我们在审计工作中经常组织会计、授信内控大检查，都会揭示一些突出风险问题。这些问题能够被揭示出来，与检查组的人员在检查时做到了这"四看"有关。

另外，有会计师在审计中发现一些担保贷款脱保，很多情况下也是通过检查相关资料的完整性、协调性，进而发现担保的有效性不足。

2. 实地观察法

实地观察法就是通过实地查看在交易中出现过的实物，来了解交易原貌，获得物证。比如实地查看授信业务中的抵质押物，实地查看存款业务中的验钞机，实地查看监控柜台交易的监控室等。虽然从方法名称上看，"观察"似乎主要是用眼睛看，其实并不尽然。实地观察法要去实物所在地，首先要跑"腿"；去了要看实物的物理状态和精神状态，自然要用"眼"看，要用"手"拨弄，要用鼻子"嗅"（观察化工类物品时常用鼻子嗅）；见到实物，自然要与管理员、办事员等人物打交道，要用"嘴"问，要用耳"听"，要用"脑"判断与分析。总之，实地观察法几乎是五官加四肢加大脑全部总动员的方法。

实地观察法究竟观察什么呢？可总结为"四察"

一察存在性，就是看交易所涉及的实物是不是存在。通俗地说，就是看有没有这回事。比如，检查一笔担保贷款，往往需要实地去看抵押的房产是否存在；会计内控检查，

• 177 •

往往需要到金库去盘点一下相关单证是否存在。

二察完整性，就是看交易所涉及的实物是否保存完好。比如，某笔贷款用容易腐败的存货作质押贷款，我们实地察看质押物时，可能需要看看存货质量是否完好，有没有腐败。又比如检查信息系统内控状况，我们可能要实地察看计算机机房，看看机房是否容易受潮、有无防鼠措施等。

三察足值性，就是看是否贬值。完整性往往主要是看实物的使用（物理）状态，足值性主要看实物的价值状态。比如，房产抵押贷款检查，我们在实地察看房产时，可能需要察看房产的价值能否覆盖其担保的贷款，其实际价值与当初的评估价值是否基本一致等。

四察权属性，就是察看交易涉及的实物归谁所有，比如房产抵押贷款检查，我们可能需要到登记部门察看抵押房产的归属。不过，严格说来，到登记部门去看房产的权属并非实地察看法，而应归属于下面的询问法。只是在习惯上，这种情况我们通常都归为实地察看，所以这里也基于习惯将其归为实地察看。

实地观察法有时候要将检查半径扩展到被审计单位之外，所以有时候运用有一定难度。比如某行抵质押授信检查，检查组检查一笔军队仓单质押贷款，准备实地去看看，分行说军队是保密单位，对方不让去看。我们到登记部门去看抵押登记情况，经常也面临这类障碍。

3. 询问法

询问法就是通过与原先参与交易的人对话，来了解交易原貌，获得证据。询问的直接对象是与交易有关联的当事人。比如，找柜台人员谈话，到房地产登记部门询问抵押登记情况，电话调查储户办理按揭贷款购房的情况等。从字面上看，询问就是"问"和"听"，嘴巴和耳朵比较累，其实不尽然。询问，既要察言，也要观色。要看被询问对

## 第十一章 内部控制与注册会计师审计方法选择

象在陈述问题时的表情,评估其反映情况的可信度。

我们知道,审计与法官办案的原理有些类似,一般不能仅凭证言对问题进行定性。所以,人证离开物证、书证一般不能独立构成铁证。证言主要是对物证、书证起辅助性或增强性证明作用。因此,从询问目的看,询问法主要分为"三问"。

一是叩问或探问,就是通过问获得线索。当寻找物证、书证陷入困境时,通过询问与交易相关的当事人,往往可以获得一些新的线索。

二是疑问,就是通过问澄清疑点。我们在检查时,发现一些书证、物证相互矛盾,要澄清事实,可以通过询问获得一些解释。比如,检查中发现个人按揭贷款购房档案中,四五个人购买的房产坐落位置、楼层、房号以及面积都相同,证据存在冲突,检查人员就可能要询问经办人,获得一些解释。

三是质问或盘问,就是通过问增强证据或细化证据。有时候,在检查中,虽然我们已就某事项获得较为充分的证据,但可能还会通过询问取得一些细节信息,来补充、验证或增强证据。

询问是一种温和的以问取证的方式。在以问取证方式中,还有喝问、逼问和拷问等非温和方式,这是刑侦中比较广泛采用的方式,内审一般不能使用。

人可能说假话,人证并不完全可靠,物和文本皆可伪造,也并不完全可靠。审计讲究的是形成证据链,即获得一系列相互印证的人证、物证和书证。因此,在一个审计项目中,文本审阅法、实地观察法和询问法通常要同时使用、反复使用。

## 第二节 在场审计模式及方法

检查并评价内部控制,我们也可通过审计正在进行的交易来实现,我们把这种审计模式称为在场审计模式。在历史审计模式下,由于交易在审计时已经结束,审计人员不可能直接观察与体验交易本身,而只能借助交易遗留物来复原交易原貌。与历史审计模式不同,在场审计的是正在进展的交易,审计人员可直接参与到交易中去观察与体验交易。正是因为审计人员处在交易现场,所以我们把这种审计模式称为在场审计模式。与这种模式对应的方法通常称为穿行测试法。按字面意思理解,就是"穿行"于正在进展的交易全过程,观察交易,进而测试与交易相关的内控。比如,检查会计业务内控,审计人员可到柜台前,观看柜台人员办理业务,看其是否按内控要求办理业务,或者看按内控要求办理业务还有什么控制漏洞。又比如检查授信业务内控,审计人员可列席授信审批会,看审批是否按内控要求进行,或者看按内控要求审批还有什么漏洞,等等。

## 第三节 实验审计模式及方法

历史审计、在场审计是通过检查已经发生的交易或正在发生的交易,来测试内部控制。一家新设公司或分行,可能还没有开展业务,如何测试和评价其内部控制呢?这个时候,我们可以虚拟一项交易,通过评估虚拟交易情况,来评估内部控制。这种模式我们称为实验审计模式,其对应方法我们称为实验审计法。通过学过自然科学如理化，我们知道，要验证一个定理是否正确，最常用的方法就是实验。实验审计方法的原理及方法与物理实验、化学实验的原理及方法是基本类似的，即我们模拟一项真实交易，通过观察模拟交易来检查和评估相关内控。不过，纯粹的实验审计方法是很少用到的。在实际审计工作中，我们很少真正地模拟一项交易，否则审计成本恐怕太高。我们常用的方式可能是用文本描述一项交易，将其交易流程描述出来，看看流程中可能有什么关键环节，看看内部控制对这些关键环节能否起到控制作用。这种方法可称为虚拟交易流程图法。不过，与询问法、实地观察法、文本审阅法、穿行测试法相比，虚拟交易流程图法实际上算不上一种独立的审计方法，因为前述四种方法也会经常使用流程图这种工具，所不同的是这些方法描绘的是已发生的实际交易的流程，而虚拟交易流程图描绘的是一种想象中的交易，而非实际的交易。除流程图这种工具外，审计中还经常用到逻辑树分析工具。逻辑树分析又可称鱼骨图，它把一件事的所有可能情形都描绘出来，经分析后优选出最可能的结果，概因图似一棵树或鱼骨架，故称逻辑树或鱼骨图。构建逻辑树，一是要描述事件可能出现的情况，二是列出每种情况下的相应对策。

## 第四节 随着审计环境的变化调整审计方法

注册会计师为了实现审计目标，一直随着审计环境的变化调整审计方法。审计方法从账项基础审计发展到风险导向审计，都是注册会计师为了适应审计环境的变化而做出的调整。

（一）账项基础审计（accounting number-based audit approach）及其方法

注册会计师审计的重心在资产负债表，旨在发现和防止错误与舞弊，审计方法是详细审计。

详细审计又称账项基础审计，由于早期获取审计证据的方法比较简单，注册会计师将大部分精力投向会计凭证和账簿的详细检查。

这种审计方式是围绕会计凭证、会计账簿和财务报表的编制过程来进行的，注册会计师通过对账表上的数字进行详细核实来判断是否存在舞弊行为和技术上的错误。注册会计师通常花费大量的时间进行检查、核对、加总和重新计算。

（二）制度基础审计（system-based audit approach）及其方法

注册会计师审计的重点从检查受托责任人对资产的有效使用转向检查企业的资产负债表和利润表，判断企业的财务状况、经营成果是否真实和公允。

在审计实践过程中，注册会计师逐渐发现内部控制的可靠性对于审计工作具有非常重要的意义。当内部控制设计合理且执行有效时，通常表明财务报表具有较高的可靠性；当内部控制设计不合理，或虽然设计合理但没有得到有效执行时，通常能够表明财务报表不具有可靠性，因此注册会计师将审计的视角转向企业的管理制度，特别是会计信息赖以生成的内部控制，从而将内部控制与抽样审计结合起来。

以内部控制为基础的审计方法，强调对内部控制的测试和评价。如果测试结果表明内部控制运行有效，那么内部控制就值得信赖，注册会计师对财务报表相关项目的审计只需抽取少量样本便可以得出审计结论；如果测试结果表明内部控制运行无效,那么内部控制就不值得信赖,注册会计师对财务报表相关项目的审计需要视情况扩大审计范围,检查足够数量的样本,才能得出审计结论。

(三)风险导向审计(risk-oriented audit approach)及其方法

原审计风险模型:审计风险 = 固有风险 × 控制风险 × 检查风险

现审计风险模型:审计风险 = 重大错报风险 × 检查风险

审计风险(audit risk)是指当财务报表中存在重大错报时注册会计师发表不恰当审计意见的可能性。

审计风险模型的出现,从理论上解决了注册会计师以制度为基础采用抽样审计的随意性,又解决了审计资源的分配问题,要求注册会计师将审计资源分配到最容易导致财务报表出现重大错报的领域。

# 第十二章 注册会计师对内部控制的审计

## 第一节 会计师事务所与企业内部控制制度

（一）强化会计师事务所对企业内部控制的监督作用

强化会计师事务所的外部监督能够促使企业不断完善内部控制制度。财政、税务、审计等部门要加强彼此间的信息交流，形成有效的监督合力，抓好对注册会计师执业质量的监管，充分发挥会计师事务所的外部监督作用。注册会计师在执行独立审计业务过程中对被审计单位的内部控制进行了解、测试和评估后，应将其发现的内部控制重大缺陷告知被审计单位的管理当局。会计师事务所应揭露企业内部控制制度存在的问题和漏洞，揭露因内部控制薄弱而造成的某些经济损失或经济违法行为等，并对揭露的各种消极因素及时进行制止、处罚，还应将情节严重的有关责任人移交司法机关处理。

（二）会计师事务所出具管理建议书，完善企业内部控制制度

管理建议书是注册会计师在完成审计工作后，针对审计过程中已注意到的，可能导致被审计单位财务报表产生重大错误报告的内部控制重大缺陷提出书面建议。提交管理建议书是注册会计师的职业责任，是对被审计单位提供

的最有价值的服务之一。由于注册会计师的职业特点,在审计过程中按规定需要检查被审计单位的内部控制系统,能够了解被审计单位经营管理中的关键所在。注册会计师出具的管理建议书能够指明企业内部控制设计及运行方面的重大缺陷,以及相应的改进措施。这种意见最及时、有效,能够促使被审计单位加强内部控制,改善工作,以防止弊端的发生。企业可以充分利用注册会计师出具的管理建议书了解其内部控制的不足,以不断完善内部控制制度,提高企业管理的专业化程度和管理效率。

(三)会计师事务所对企业内部控制进行专门审核

由于管理建议书仅指出了注册会计师在审计过程中注意到的内部控制的重大缺陷,其所提建议不具有强制性和公证性,所以管理建议书不应被视为注册会计师对被审计单位内部控制整体发表的鉴证意见。为了进一步对企业内部控制进行评价和建议,笔者提出,企业还应委托注册会计师出具针对其内部控制整体框架的期间性内部控制审核报告。

美国和中国台湾已相应建立了定期聘请注册会计师对内部控制制度予以评价的模式,我国大陆也应借鉴这一先进经验。注册会计师执行内部控制审核的目标是:对被审核单位管理当局关于与会计报表相关的内部控制有效性的书面认定的公允性发表意见。注册会计师采用询问、观察、检查、重新执行等方法进行企业内部控制审核评价,并提出相关的管理意见,有以下两方面的作用。

一方面,有利于完善内部控制系统。注册会计师对企业内部控制系统的检查和评价,其对象和目的就在于内部控制的完善性上。这里所指的完善性,就是指内部控制系统是否健全、是否严密。在执行内控审核的过程中,注册会计师需要做大量的收集、整理、分析和评价工作。因此,通过注册会计师对企业内部控制的调查,就能够明确被审计单位内部控制系统是否完善。如果被调查的企业内部控制系统尚不完善,注册会计师可以提出改进建议或措施,以有利于企业参照和完善其内部控制系统。

另一方面,有利于建立有效、可行的内部控制系统。内部控制系统的有效性指内部控制系统在实际工作中能够充分发挥其控制作用;其可行性主要指内部控制系统在实际工作中能够正常运行。内部控制系统是否有效和可行,不在于被审计单位自己的标榜,而在于注册会计师通过对其内部控制系统的了解、调查、测试后做出的评价。如果被审计单位的内部控制系统无效或不可行,注册会计师则可通过出具内部审核报告予以提出。被审计单位可根据审核报告中的建议和措施,纠正无效的内部控制系统,使其变为有效的内部控制系统,并结合本单位的实际情况重新建立或修订内部控制系统,使其可行。

(四)加强与内审人员的沟通,深入了解企业内部控制制度

由于内部审计的主要目的之一是检查、评价及监督内部控制,而且企业可能利用内部审计人员对内部控制制度的设计和执行情况进行专门的评价,通过了解企业内部审计工作的情况,注册会计师可以掌握内部审计发现的、可能对被审计单位财务报表和注册会计师审计产生重大影响的事项。如果内部审计的工作表明被审计单位的内部控制薄弱,控制环境存在缺陷,注册会计师则应实施更多的审计程序和扩大审计程序的范围。因此,加强与内审人员的沟通可以促进注册会计师更加深入地了解企业的内部控制制度,以便对企业内部控制提出合理的评价和建议。

(五)提高注册会计师的专业胜任能力

由于内部控制的多样性和复杂性,对内部控制进行鉴

证服务需要很强的专业胜任能力。从绝大多数会计师事务所目前的情况来看，注册会计师大都为会计、财务领域的专业人才，要求注册会计师对企业的内部控制进行评价并出具评价意见报告，从某种程度上来说已经超越了注册会计师的专业胜任能力。因此，应注重提高注册会计师的专业胜任能力。同时，要聘请专家（通常可以是律师、工程师、资产评估师、IT专家等），获取专家的报告、意见、估价和说明等形式的审计证据。

## 第二节 注册会计师对内部控制进行审计

（一）实施内部控制审计的必要性

内部控制作为单位或企业的一项重要管理活动，主要试图解决三方面的基本问题，即财务报告及相关信息的可靠性、资产的安全完整以及对法律法规的遵循；与此同时，促进经营的效率效果提高，并促进企业的发展战略实现。安然、世通等一系列公司财务报表舞弊事件发生后，人们认识到健全有效的内部控制对预防此类事件的发生至关重要。各国政府监管机构、企业界和会计职业界对内部控制的重视程度也进一步提升，从注重财务报告本身可靠性转向注重对保证财务报告可靠性机制的建设，也就是通过过程的有效保证结果的有效。资本市场上的投资者甚至社会公众要求企业披露其与内部控制相关的信息，并要求经过注册会计师审计以增强信息的可靠性。

但是，在财务报表审计中，只有在以下两种情况下才强制要求对内部控制进行测试：在评估认定层次重大错报风险时，预期控制的运行是有效的，即在确定实质性程序的性质、时间安排和范围时，注册会计师拟信赖控制运行的有效性；或者仅实施实质性程序并不能够提供认定层次充分、适当的审计证据。可见，注册会计师对内部控制的了解和测试不足以对内部控制发表意见，难以满足信息使用者的需求。因此，内部控制审计逐渐发展起来，很多国家要求注册会计师对内部控制设计和运行的有效性进行审计或鉴证。例如，美国《萨班斯——奥克斯利法案》404条款和日本《金融商品交易法》要求审计师对企业管理层对财务报告内部控制的评价进行审计；我国《企业内部控制基本规范》要求会计师事务所对企业内部控制的有效性进行审计，出具审计报告，并专门制定《企业内部控制审计指引》规范内部控制审计工作。

（二）各国对内部控制审计的要求

1. 其他国家对内部控制审计的要求

我们对内部控制审计进行了国际比较研究，选择了在内部控制规范制定领域一直走在世界前沿的几个国家和地区，包括美国、日本、欧盟、加拿大和英国，对上述各国及地区出台的内控审计标准进行了比较研究。研究结论表明：

（1）美国和日本均以法案形式强制要求对企业财务报告内部控制进行审计；欧盟、加拿大、英国未强制要求进行内控审计，但英国等国的上市规则要求审计师对管理层做出的内部控制声明进行形式上的审阅。

（2）强制要求进行内部控制审计的国家，如美国和日本，内部控制审计与年度财务报表审计整合进行。其中美国要求由同一家会计师事务所将内部控制审计与财务报表审计整合进行，而日本则不仅如此，要求同一个审计师从计划审计工作、实施审计程序获取审计证据、评价审计证据的充分性和适当性，直到发表审计意见的整个过程中，将两种审计作为一个整体进行。

## 2. 我国对内部控制审计的要求

《企业内部控制基本规范》及配套指引的发布，要求执行企业内控规范体系的企业，必须对本企业内部控制的有效性进行自我评价，披露年度自我评价报告，同时聘请具有证券期货业务资格的会计师事务所对其财务报告内部控制的有效性进行审计，出具审计报告。注册会计师在内部控制审计过程中注意到的企业非财务报告内部控制的重大缺陷，应当提示投资者、债权人和其他利益相关者关注。

这意味着，企业内部控制审计业务由原来的一次性业务或面向少数企业的业务（A 股企业原先仅在 IPO 时需要，或者赴美国和日本等地上市企业需要，或者金融证券等高风险行业需要），变成了与财务报表审计一样的经常性业务，每年需执行一次。

对于执行内部控制审计的会计师事务所来讲，对公司上市前要进行内部控制审计，上市后也要进行内部控制审计。

### （三）内部控制审计的定义

内部控制审计，是指会计师事务所接受委托，对特定基准日内部控制设计与运行的有效性进行审计。

## 1. 企业内部控制审计基于特定基准日

注册会计师基于特定基准日（如年末 12 月 31 日）内部控制的有效性发表意见，而不是对财务报表涵盖的整个期间（如一年）的内部控制的有效性发表意见。但这并不意味着注册会计师只关注企业基准日当天的内部控制，而是要考察企业一个时期内（足够长的一段时间）内部控制的设计和运行情况。例如，注册会计师可能在 5 月份对企业的内部控制进行测试，发现问题后提请企业进行整改，如 6 月份整改，企业的内部控制在整改后要运行一段时间（如至少一个月），8 月份注册会计师再对整改后的内部控制进行测试。因此，虽然是对企业 12 月 31 日（基准日）

内部控制的设计和运行发表意见，但这里的基准日不是一个简单的时点概念，而是体现内部控制这个过程向前的延续性。注册会计师所采用的内部控制审计的程序和方法，也体现了这种延续性。

2. 财务报告内部控制与非财务报告内部控制

《审计指引》第四条第二款规定，注册会计师应当对财务报告内部控制的有效性发表审计意见，并对内部控制审计过程中注意到的非财务报告内部控制的重大缺陷，在内部控制审计报告中增加"非财务报告内部控制重大缺陷描述段"予以披露。

财务报告内部控制，是指企业为了合理保证财务报告及相关信息的真实完整而设计和运行的内部控制，以及用于保护资产安全的内部控制中与财务报告可靠性目标相关的控制。主要包括下列政策和程序：

（1）保存充分、适当的记录，准确、公允地反映企业的交易和事项；

（2）合理保证按照企业会计准则的规定编制财务报表；

（3）合理保证收入和支出的发生以及资产的取得、使用或处置经过适当授权；

（4）合理保证及时防止或发现并纠正未经授权的、对财务报表有重大影响的交易和事项。

非财务报告内部控制，是指除财务报告内部控制之外的其他控制，通常是指为了合理保证经营的效率效果、遵守法律法规、实现发展战略而设计和运行的控制，以及用于保护资产安全的内部控制中与财务报告可靠性目标无关的控制。

3. 企业内控责任与注册会计师审计责任的关系

《审计指引》第三条规定，建立健全和有效实施内部

## 第十二章 注册会计师对内部控制的审计

控制，评价内部控制的有效性是企业董事会的责任。按照本指引的要求，在实施审计工作的基础上对内部控制的有效性发表审计意见，是注册会计师的责任。

两者之间的关系和会计责任与审计责任的区分保持一致，即建立健全和有效实施内部控制是企业董事会（或类似决策机构，下同）的责任；按照《企业内部控制审计指引》（以下简称《审计指引》）的要求，在实施审计工作的基础上对企业内部控制的有效性发表审计意见，是注册会计师的责任。换言之，内控本身有效与否是企业的内控责任，是否遵循审计指引开展内控审计并发表恰当的审计意见是注册会计师的审计责任，因此，注册会计师在实施内控审计之前，应当在业务约定书中明确双方的责任；在发表内控审计意见之前，应当取得经企业签署的内控书面声明。

（四）整合审计

《审计指引》第五条规定，注册会计师可以单独进行内部控制审计，也可以将内部控制审计与财务报表审计整合进行（以下简称整合审计）。

理解这一规定，要明确两点，一是内部控制审计与财务报表审计是两种不同的审计业务，两种审计的目标不同；二是内部控制审计与财务报表审计可以整合起来进行。

1. 内部控制审计与财务报表审计的异同

内部控制审计要求对企业控制设计和运行的有效性进行测试，财务报表审计中，也要求了解企业的内部控制，并在需要时测试控制，这是两种审计的相同之处，也是整合审计中应整合的部分，但由于两种审计的目标不同，《审计指引》要求在整合审计中，注册会计师对内部控制设计与运行的有效性进行测试，要同时实现两个目的：

（1）获取充分、适当的证据，支持在内部控制审计中对内部控制有效性发表的意见；

(2) 获取充分、适当的证据，支持在财务报表审计中对控制风险的评估结果。

2. 两种审计的整合

财务报告内部控制审计与财务报表审计通常使用相同的重要性（或重要性水平），在实务中两者很难分开。因为注册会计师在审计财务报表时需获得的信息在很大程度上依赖注册会计师对内部控制有效性得出的结论。注册会计师可以利用在一种审计中获得的结果为另一种审计中的判断和拟实施的程序提供信息。

实施财务报表审计时，注册会计师可以利用内部控制审计的结果来修改实质性程序的性质、时间安排和范围，并且可以利用该结果来支持分析程序中所使用的信息的完整性和准确性。在确定实质性程序的性质、时间安排和范围时，注册会计师需要慎重考虑识别出的控制缺陷。

实施内部控制审计时，注册会计师需要评估财务报表审计时实质性程序中发现问题的影响。最重要的是，注册会计师需要重点考虑财务报表审计中发现的财务报表错报，以及这些错报对评价内控有效性的影响。

## 第三节 注册会计师审计对内部控制的审核

### 一、编制内部控制审核计划及需要考虑的因素

一些审计失败案例表明，内部控制审核极其重要。注册会计师如何实施内部控制审核并出具报告便成为职业界迫切需要解决的课题。注册会计师应当制定对内部控制有效性实施审核的工作计划，以确定内部控制测试和评价的程序和范围。在编制审核计划时，应当考虑以下因素：①影响被审核单位所在行业的情况等；②被审核单位的经营

## 第十二章 注册会计师对内部控制的审计

情况；③被审核单位最近在经营和内部控制方面的变化；④被审核单位依据控制标准评价内部控制有效性的方法；⑤对确定与内部控制重大缺陷有关的重要性水平、固有风险及其他因素的初步判断；⑥支持管理当局关于内部控制有效性认定证据的类型和范围；⑦为实现控制目标而设计的特定控制的性质及其在内部控制整体中的重要性；⑧对内部控制有效性的初步判断；⑨从其他专业服务中了解的有关被审核单位内部控制的情况。

如果被审核单位涉及多个经营场所，注册会计师编制审核计划需考虑的因素与执行会计报表审计相似，可选择某些场所的内部控制进行了解和测试。在选择测试的经营场所时，注册会计师应特别考虑以下因素：①不同场所经营活动和内部控制的相似性；②会计处理的集中程度；③控制环境的有效性，尤其是管理当局对各个场所授权的控制和进行有效监督的能力；④各场所发生的交易及相关资产的性质和金额。

被审核单位是否拥有内部审计是注册会计师编制审核计划需要考虑的又一重要因素。注册会计师需要评价内部审计人员的能力、独立性、工作的完成程度等对制定审核计划的影响。

注册会计师根据已制订的审核计划，实施以下程序：①了解内部控制设计；②评价内部控制设计的适当性；③测试和评价内部控制执行的有效性。

注册会计师通过询问被审核单位的管理层及员工、检查有关文件、观察经营活动获取某些内部控制的信息。值得注意的是，注册会计师应当关注内部控制设计的合理性和完整性。注册会计师评价内部控制设计合理性和完整性的着眼点在于特定内部控制能否防止或发现与会计报表认定有关的重大错报。

在测试内部控制执行的有效性时,注册会计师应当关注该项内部控制如何执行、由谁执行以及是否得到一贯执行,并实施以下审核程序:①询问被审核单位的监管者和职员;②检查有关文件;③观察经营活动;④重新执行相关内部控制。

注册会计师对测试时间的判断往往会随着控制的性质以及特定控制和特殊政策的实施而改变。注册会计师应当据此合理确定拟执行内部控制测试的性质、时间和范围。

注册会计师在评价特定内部控制未得到遵循的风险时,应考虑以下因素:①交易的数量和性质是否发生变化,以致对特定内部控制的设计和执行产生不利影响;②内部控制是否发生变化;③特定内部控制对其他控制有效性的依赖程度;④执行或监管内部控制的关键人员是否发生变动;⑤特定内部控制的执行是依赖人工还是电子设备;⑥特定内部控制的复杂程度;⑦特定控制目标是否依赖于多项内部控制。

如果被审核单位管理当局在做出内部控制认定前已对内部控制作了改进,则注册会计师无须考虑被替换的控制程序,只需考虑改进后的内部控制是否已运行了适当的时间,能否实现特定控制目标。

对于已发现的内部控制存在缺陷的重要事项,注册会计师应当及时以书面形式与被审核单位审计委员会或类似机构进行沟通。如果所沟通的缺陷导致会计报表发生重大错报的风险为高水平,注册会计师应将其视为重大缺陷。

注册会计师必须向管理当局获取"内部控制声明书",以此作为出具内部控制审核报告的基础。内部控制声明书包括:①管理当局对建立健全并保持有效的内部控制负责;②管理当局已按控制标准对内部控制的有效性进行了评价;③管理当局对特定日期的内部控制有效性做出了认定;④

管理当局已向注册会计师揭示内部控制在设计和执行方面存在缺陷的所有重要事项；⑤管理当局已向注册会计师披露存在的重大舞弊，以及虽不重大但涉及管理人员或关键员工的舞弊；⑥期后发生的内部控制的变化和可能影响内部控制的其他因素，包括管理当局针对重大缺陷采取的改进措施。

二、评价控制缺陷

（一）设计缺陷和运行缺陷

（二）重大缺陷、重要缺陷和一般缺陷

可能表明企业的内部控制存在重大缺陷的迹象：

(1) 注册会计师发现董事、监事和高级管理人员舞弊；

(2) 企业更正已经公布的财务报表；

(3) 注册会计师发现当期财务报表存在重大错报，而内部控制在运行过程中未能发现该错报；

(4) 企业审计委员会和内部审计机构对内部控制的监督无效。

三、完成审计工作

（一）形成审计意见

只有在审计范围没有受到限制时，注册会计师才能对内部控制的有效性形成意见。如果审计范围受到限制，注册会计师需要解除业务约定或出具无法表示意见的内部控制审计报告。

（二）获取管理层书面声明

注册会计师完成审计工作后，应当取得经企业签署的书面声明。如果企业拒绝提供或以其他不当理由回避书面声明，注册会计师需要将其视为审计范围受到限制，解除业务约定或出具无法表示意见的内部控制审计报告。

四、出具审计报告

内部控制审计不能保证注册会计师能够发现严重程度低于重大缺陷的所有控制缺陷。

（一）标准内部控制审计报告

1. 出具条件

符合下列所有条件的，注册会计师应当对财务报告内部控制出具无保留意见的内部控制审计报告：

(1) 企业按照《企业内部控制基本规范》《企业内部控制应用指引》《企业内部控制评价指引》以及企业自身内部控制制度的要求，在所有重大方面保持了有效的内部控制；

(2) 注册会计师已经按照《企业内部控制审计指引》的要求计划和实施审计工作，在审计过程中未受到限制。

2. 标准内部控制审计报告包括的要素

标准内部控制审计报告包括的要素：标题；收件人；引言段；企业对内部控制的责任段；注册会计师的责任段；内部控制固有局限性的说明段；财务报告内部控制审计意见段；非财务报告内部控制重大缺陷描述段；注册会计师的签名和盖章；会计师事务所的名称、地址及盖章；报告日期。

（二）非标准内部控制审计报告

1. 带强调事项段的非标准内部控制审计报告

注册会计师认为财务报告内部控制虽不存在重大缺陷，但仍有一项或者多项重大事项需要提请内部控制审计报告使用人注意的，需要在内部控制审计报告中增加强调事项段予以说明。注册会计师需要在强调事项段中指明，该段内容仅用于提醒内部控制审计报告使用者关注，并不影响对财务报告内部控制发表的审计意见。

2. 否定意见的内部控制审计报告

注册会计师认为财务报告内部控制存在一项或多项重

大缺陷的，除非审计范围受到限制，否则需要对财务报告内部控制发表否定意见。注册会计师出具否定意见的内部控制审计报告，还需要明确重大缺陷的定义、重大缺陷的性质及其对财务报告内部控制的影响程度。

3. 无法表示意见的内部控制审计报告

注册会计师审计范围受到限制的，需要解除业务约定或出具无法表示意见的内部控制审计报告，并就审计范围受到限制的情况，以书面形式与董事会进行沟通。

注册会计师在已执行的有限程序中发现财务报告内部控制存在重大缺陷的，需要在内部控制审计报告中对重大缺陷做出详细说明。

4. 期后事项与非标准内部控制审计报告

在企业内部控制自我评价基准日并不存在，但在该基准日之后至审计报告日之前（以下简称期后期间）内部控制可能发生变化，或出现其他可能对内部控制产生重要影响的因素。注册会计师需要询问是否存在这类变化或影响因素，并获取企业关于这些情况的书面声明。

注册会计师知悉对企业内部控制自我评价基准日内部控制有效性有重大负面影响的期后事项的，需要对财务报告内部控制发表否定意见。注册会计师不能确定期后事项对内控有效性的影响程度的，需要出具无法表示意见的内部控制审计报告。

## 第四节 计划内部控制审计工作

（一）总体要求

《审计指引》第六条指出，注册会计师应当恰当地计划内部控制审计工作，配备具有专业胜任能力的项目组，并对助理人员进行适当的督导。

整合审计中项目组人员的配备比较关键。在计划审计工作时，项目负责人需要统筹考虑审计工作，挑选相关领域的人员组成项目组，同时对项目组成员进行培训和督导，以合理安排审计工作。

在计划整合审计工作时，注册会计师需要评价下列事项对财务报表和内部控制是否有重要影响，以及有重要影响的事项将如何影响审计工作：

（1）与企业相关的风险，包括在评价是否接受与保持客户和业务时，注册会计师了解的与企业相关的风险情况以及在执行其他业务时了解的情况；

（2）相关法律法规和行业概况；

（3）企业组织结构、经营特点和资本结构等相关重要事项；

（4）企业内部控制最近发生变化的程度；

（5）与企业沟通过的内部控制缺陷；

（6）重要性、风险等与确定内部控制重大缺陷相关的因素；

（7）对内部控制有效性的初步判断；

（8）可获取的、与内部控制有效性相关的证据的类型和范围。

此外，注册会计师还需要关注与评价财务报表发生重大错报的可能性和内部控制有效性相关的公开信息，以及企业经营活动的相对复杂程度。

（二）重视风险评估的作用

按照《审计指引》第八条规定，在内部控制审计中，注册会计师应当以风险评估为基础，确定重要账户、列报及其相关认定，选择拟测试的控制，以及确定针对所选定控制所需收集的证据。

风险评估的理念及思路应当贯穿于整合审计过程的始终。实施风险评估时,可以考虑固有风险及控制风险。在计划审计工作阶段,对内部控制的固有风险进行评估,作为编制审计计划的依据之一;根据对控制风险评估的结果,调整计划阶段对固有风险的判断,这是个持续的过程。

内部控制的特定领域存在重大缺陷的风险越高,给予该领域的审计关注就越多。内部控制不能防止或发现并纠正由于舞弊导致的错报风险,通常高于其不能防止或发现并纠正由错误导致的错报风险。注册会计师应当更多地关注高风险领域,而没有必要测试那些即使有缺陷,也不可能导致财务报表重大错报的控制。

在进行风险评估以及确定审计程序时,企业的组织结构、业务流程或业务单元的复杂程度可能产生的重要影响均是注册会计师需要考虑的因素。

(三)利用其他相关人员的工作

在计划审计工作时,注册会计师需要评估是否利用他人(包括企业的内部审计人员、内部控制评价人员、其他人员以及在董事会及其审计委员会指导下的第三方)的工作以及利用的程度,以减少可能本应由注册会计师执行的工作。

如果决定利用内部审计人员的工作,注册会计师应当按照《中国注册会计师审计准则第1411号——利用内部审计人员的工作》的规定办理。

如果拟利用他人的工作,注册会计师则需要评价该人员的专业胜任能力和客观性。专业胜任能力即具备某种专业技能、知识或经验,有能力完成分派的任务;客观性则是公正、诚实地执行任务的能力。专业胜任能力和客观性越高,可利用程度就越高,注册会计师就可以越多地利用其工作。当然，无论人员的专业胜任能力如何，注册会计师都不应利用那些客观程度较低的人员的工作。同样地，无论人员的客观程度如何，注册会计师都不应利用那些专业胜任能力较低的人员的工作。通常认为，企业的内部审计人员拥有更高的专业胜任能力和客观性，注册会计师可以考虑更多地利用这些人员的相关工作。

在内部控制审计中，注册会计师利用他人工作的程度还受到与被测试控制相关的风险的影响。与某项控制相关的风险越高，可利用他人工作的程度就越低，注册会计师就需要更多地对该项控制亲自进行测试。

如果其他注册会计师负责审计企业的一个或多个分部、分支机构、子公司等组成部分的财务报表和内部控制，注册会计师应当按照《中国注册会计师审计准则第1401号——对集团财务报表审计的特殊考虑》的规定，确定是否利用其他注册会计师的工作。

## 第五节 实施内部控制审计工作

一、自上而下的方法

《审计指引》第十条规定，注册会计师应当按照自上而下的方法实施审计工作。自上而下的方法是注册会计师识别风险、选择拟测试控制的基本思路。

自上而下的方法按照下列思路展开：
（1）从财务报表层次初步了解内部控制整体风险；
（2）识别企业层面控制；
（3）识别重要账户、列报及其相关认定；
（4）了解错报的可能来源；
（5）选择拟测试的控制。

在财务报告内控审计中,自上而下的方法始于财务报表层次,以注册会计师对财务报告内部控制整体风险的了解开始,然后,注册会计师将关注重点放在企业层面的控制上,并将工作逐渐下移至重大账户、列报及相关的认定。这种方法引导注册会计师将注意力放在显示有可能导致财务报表及相关列报发生重大错报的账户、列报及认定上。之后,注册会计师验证其了解到的业务流程中存在的风险,并就已评估的每个相关认定的错报风险,选择足以应对这些风险的业务层面控制进行测试。在非财务报告内控审计中,自上而下的方法始于企业层面控制,并将审计测试工作逐步下移到业务层面控制。

自上而下的方法描述了注册会计师在识别风险以及拟测试的控制时的连续思维过程,但并不一定是注册会计师执行审计程序的顺序。

二、识别企业层面控制

从财务报表层次初步了解财务报告内部控制整体风险是自上而下方法的第一步。通过了解企业与财务报告相关的整体风险,注册会计师首先可以识别出为保持有效的财务报告内部控制而必需的企业层面内部控制。此外,由于对企业层面内部控制的评价结果将影响注册会计师测试其他控制的性质、时间安排和范围,因此,注册会计师可以考虑在执行业务的早期阶段对企业层面内部控制进行评价。

(一)评价企业层面控制的精确度

不同的企业层面控制在性质和精确度上存在着差异,这些差异可能对其他控制及其测试产生影响。

(1)某些企业层面控制,如企业经营理念、管理层的管理风格等与控制环境相关的控制,对及时防止或发现并纠正相关认定的错报的可能性有重要影响。虽然这种影响是间接的,但这些控制仍然可能影响注册会计师拟测试的其他控制,以及测试程序的性质、时间安排和范围。

(2)某些企业层面控制旨在识别其他控制可能出现的失效情况,能够监督其他控制的有效性,但还不足以精确到及时防止或发现并纠正相关认定的错报。当这些控制运行有效时,注册会计师可以减少对其他控制的测试。

(3)某些企业层面控制本身能够精确到足以及时防止或发现并纠正相关认定的错报。如果一项企业层面控制足以应对已评估的错报风险,注册会计师就不必测试与该风险相关的其他控制。

(二)企业层面控制的内容

(1)与内部环境相关的控制。内部环境,即控制环境,包括治理职能和管理职能,以及治理层和管理层对内部控制及其重要性的态度、认识和措施。良好的控制环境是实施有效内部控制的基础。

(2)针对管理层(董事会、经理层)凌驾于控制之上的风险而设计的控制。该控制对所有企业保持有效的内部控制都有重要影响。注册会计师可以根据对企业舞弊风险的评估做出判断,选择相关的企业层面控制进行测试,并评价这些控制能否有效应对管理层凌驾于控制之上的风险。

(3)企业的风险评估过程。风险评估过程包括识别与财务报告相关的经营风险和其他经营管理风险,以及针对这些风险采取的措施。首先,企业的内部控制能够充分识别企业外部环境(如在经济、政治、法律法规、竞争者行为、债权人需求、技术变革等方面)存在的风险;其次,充分且适当的风险评估过程需要包括对重大风险的估计、对风险发生可能性的评估以及确定应对风险的方法。注册会计师可以首先了解企业及其内部环境的其他方面信息,以初步了解企业的风险评估过程。

(4)对内部信息传递和财务报告流程的控制。财务报告流程的控制可以确保管理层按照适当的会计准则编制合理、可靠的财务报告并对外报告。

（5）对控制有效性的内部监督和自我评价。企业对控制有效性的内部监督和自我评价可以在企业层面上实施，也可以在业务流程层面上实施，包括对运行报告的复核和核对、与外部人士的沟通、对其他未参与控制执行人员的监控活动，以及将信息系统记录数据与实物资产进行核对等。

此外，企业层面控制还包括：集中化的处理和控制，包括共享的服务环境；监控经营成果的控制；针对重大经营控制以及风险管理实务而采取的政策。

### 三、测试控制设计和运行的有效性

《审计指引》第十四条规定，注册会计师应当测试内部控制设计与运行的有效性。如果某项控制由拥有必要授权和专业胜任能力的人员按照规定的程序与要求执行，能够实现控制目标，表明该项控制的设计是有效的。如果某项控制正在按照设计运行，执行人员拥有必要授权和专业胜任能力，能够实现控制目标，表明该项控制的运行是有效的。

设计不当的控制可能表明控制存在缺陷甚至重大缺陷，注册会计师在测试控制运行的有效性时，首先要考虑控制的设计。注册会计师在测试控制设计与运行的有效性时，应当综合运用询问适当人员、观察经营活动、检查相关文件、穿行测试和重新执行等方法。注册会计师测试控制有效性实施的程序，按提供证据的效力，由弱到强排序为：询问、观察、检查和重新执行。其中询问本身并不能为得出控制是否有效的结论提供充分、适当的证据。执行穿行测试通常足以评价控制设计的有效性。

## 四、与控制相关的风险与拟获取证据的关系

在测试所选定控制的有效性时,注册会计师需要根据与控制相关的风险,确定所需获取的证据。与控制相关的风险包括控制可能无效的风险和因控制无效而导致重大缺陷的风险。与控制相关的风险越高,注册会计师需要获取的证据就越多。

与某项控制相关的风险受下列因素的影响:

(1) 该项控制拟防止或发现并纠正的错报的性质和重要程度;

(2) 相关账户、列报及其认定的固有风险;

(3) 相关账户或列报是否曾经出现错报;

(4) 交易的数量和性质是否发生变化,进而可能对该项控制设计或运行的有效性产生不利影响;

(5) 企业层面控制(特别是对控制有效性的内部监督和自我评价)的有效性;

(6) 该项控制的性质及其执行频率;

(7) 该项控制对其他控制(如内部环境或信息技术一般控制)有效性的依赖程度;

(8) 该项控制的执行或监督人员的专业胜任能力,以及其中的关键人员是否发生变化;

(9) 该项控制是人工控制还是自动化控制;

(10) 该项控制的复杂程度,以及在运行过程中依赖判断的程度。

针对每一相关认定,注册会计师都需要获取控制有效性的证据,以便对内部控制整体的有效性单独发表意见,但注册会计师没有责任对单项控制的有效性发表意见。

对于控制运行偏离设计的情况,即控制偏差,注册会计师需要考虑该偏差对相关风险评估、需要获取的证据以及控制运行有效性结论的影响。

## 第十二章 注册会计师对内部控制的审计

注册会计师通过测试控制有效性获取的证据,取决于实施程序的性质、时间安排和范围的组合。就单项控制而言,注册会计师应当根据与该项控制相关的风险,适当确定实施程序的性质、时间安排和范围,以获取充分、适当的证据。

测试控制有效性实施的程序,其性质在很大程度上取决于拟测试控制的性质。某些控制可能存在文件记录,反映其运行的有效性,而另外一些控制,如管理理念和经营风格,可能没有书面的运行证据。对缺乏正式运行证据的企业或企业的某个业务单元,注册会计师可以通过询问并结合运用观察活动、检查非正式的书面记录和重新执行某些控制等程序,获取有关控制有效性的充分、适当的证据。

对控制有效性的测试涵盖的期间越长,提供的控制有效性的证据越多。注册会计师需要获取内部控制在企业内部控制自我评价基准日前足够长的期间内有效运行的证据。对控制有效性的测试实施的时间安排越接近企业内部控制自我评价基准日,提供的控制有效性的证据越有力。因此,《审计指引》第十七条规定,注册会计师在确定测试的时间安排时,应当在下列两个因素之间做出平衡,以获取充分、适当的证据:

(1) 尽量在接近企业内部控制自我评价基准日实施测试;
(2) 实施的测试需要涵盖足够长的期间。

在企业内部控制自我评价基准日之前,管理层可能为提高控制效率、效果或弥补控制缺陷而改变企业的控制。如果新控制实现了相关控制目标,运行足够长的时间,且注册会计师能够测试并评价该项控制设计和运行的有效性,则无须测试被取代的控制。如果被取代控制设计和运行的有效性对控制风险的评估有重大影响,注册会计师则需要测试该项控制的有效性。

注册会计师执行内部控制审计业务通常旨在对企业内

部控制自我评价基准日（通常为年末）内部控制的有效性发表意见。如果已获取有关控制在期中运行有效性的证据，注册会计师应当确定还需要获取哪些补充证据，以证实在剩余期间控制的运行情况。在将期中测试的结果更新至年末时，注册会计师需要考虑下列因素，以确定需获取的补充证据：

（1）期中测试的特定控制的有关情况，包括与控制相关的风险、控制的性质和测试的结果；

（2）期中获取的有关证据的充分性、适当性；

（3）剩余期间的长短；

（4）期中测试之后，内部控制发生重大变化的可能性及其变化情况。

（五）连续审计时的特殊考虑

在连续审计中，注册会计师在确定测试的性质、时间安排和范围时，还需要考虑以前年度执行内部控制审计时了解的情况。

影响连续审计中与某项控制相关的风险的因素除第（四）部分"风险与拟获取证据的关系"中所列的10项因素外，还包括：

（1）以前年度审计中所实施程序的性质、时间安排和范围；

（2）以前年度对控制的测试结果；

（3）上次审计之后，控制或其运行流程是否发生变化，尤其是考虑IT环境的变化。

在考虑上述所列的风险因素以及连续审计中可获取的进一步信息之后，只有当认为与控制相关的风险水平比以前年度有所下降时，注册会计师在本年度审计中才可以减少测试。

为保证控制测试的有效性，使测试具有不可预见性，并能应对环境的变化,注册会计师需要每年改变控制测试的性质、时间安排和范围。每年在期中不同的时段测试控制,并增加或减少所执行测试的数量和种类,或者改变所使用测试程序的组合等。

## 第六节 评价内部控制缺陷

(一)评价控制缺陷的总体要求

如果某项控制的设计、实施或运行不能及时防止或发现并纠正财务报表错报,则表明内部控制存在缺陷。如果企业缺少用以及时防止或发现并纠正财务报表错报的必要控制,同样表明存在内部控制缺陷。

内部控制缺陷包括设计缺陷和运行缺陷。设计缺陷是指缺少为实现控制目标所必需的控制,或者现有控制设计不适当,即使正常运行也难以实现控制目标。运行缺陷是指设计适当的控制没有按设计意图运行,或者执行人员缺乏必要授权或专业胜任能力,无法有效实施控制。

内部控制存在的缺陷,按严重程度分为重大缺陷、重要缺陷和一般缺陷。

重大缺陷,是指一个或多个控制缺陷的组合,可能导致企业严重偏离控制目标。具体到财务报告内部控制上,就是内部控制中存在的、可能导致不能及时防止或发现并纠正财务报表重大错报的一个或多个控制缺陷的组合。

重要缺陷,是指一个或多个控制缺陷的组合,其严重程度和经济后果低于重大缺陷,但仍有可能导致企业偏离控制目标。具体就是内部控制中存在的、其严重程度不如重大缺陷,但足以引起企业财务报告监督人员关注的一个或多个控制缺陷的组合。

一般缺陷，是指除重大缺陷、重要缺陷之外的其他缺陷。

注册会计师需要评价其注意到的各项控制缺陷的严重程度，以确定这些缺陷单独或组合起来，是否构成重大缺陷。但是，在计划和实施审计工作时，不要求注册会计师寻找单独或组合起来不构成重大缺陷的控制缺陷。

下列迹象可能表明企业的内部控制存在重大缺陷：

（1）注册会计师发现董事、监事和高级管理人员舞弊；

（2）企业更正已经公布的财务报表；

（3）注册会计师发现当期财务报表存在重大错报，而内部控制在运行过程中未能发现该错报；

（4）企业审计委员会和内部审计机构对内部控制的监督无效。

财务报告内部控制缺陷的严重程度取决于：

（1）控制缺陷导致账户余额或列报错报的可能性；

（2）因一个或多个控制缺陷的组合导致潜在错报的金额大小。

控制缺陷的严重程度与账户余额或列报是否发生错报无必然对应关系，而取决于控制缺陷是否可能导致错报。评价控制缺陷时，注册会计师需要根据财务报表审计中确定的重要性水平，支持对财务报告控制缺陷重要性的评价。注册会计师需要运用职业判断，考虑并衡量定量和定性因素。同时要对整个思考判断过程进行记录，尤其是详细记录关键判断和得出结论的理由。而且，对于"可能性"和"重大错报"的判断，在评价控制缺陷严重性的记录中，注册会计师需要给予明确的考量和陈述。

（二）评价控制缺陷举例

1. 单个控制缺陷的识别

下面以未按时进行公司间对账为例，举例说明如何评价财务报告内部控制的控制缺陷。

例如，某公司每月处理大量的公司间常规交易。公司间的单项交易并不重大，主要是涉及资产负债表的活动。公司制度要求逐月进行公司间对账，并在业务单元间函证余额。注册会计师了解到，目前公司没有按时开展对账工作，但公司管理层每月执行相应的程序对挑选出的大额公司间账目进行调查，并编制详细的营业费用差异分析表来评估其合理性。

基于上述情况，注册会计师可以确定此控制缺陷为重要缺陷。因为，由于该控制缺陷引起的财务报表错报可以被合理地预计为介于重要和重大之间，由于公司间单项交易并不重大，这些交易限于资产负债表科目，而且每月执行的补偿性控制应该能够发现重大错报。

仍用上例，如果公司每月处理的大量公司间交易涉及广泛的业务活动，包括涉及公司间利润的存货转移，研究开发成本向业务单元的分摊，公司间单项交易常常是重大的。公司制度要求逐月进行公司间对账，并在业务单元间函证余额。注册会计师了解到，目前公司没有按时开展对账工作，这些账目经常出现重大差异。而且，公司管理层没有执行任何补偿性控制来调查重大的公司间账目差异。

基于上述情况，注册会计师可以确定此控制缺陷为重大缺陷。因为，由于该控制缺陷引起的财务报表错报可以被合理地预计为是重大的，由于公司间单项交易常常是重大的，而且涉及大范围活动。另外，在公司间账目上尚未对账的差异是重要的，由于这种错报常常发生，财务报表错报可能出现，而且补偿性控制无效。

2. 多个控制缺陷的识别示例

例如，注册会计师识别出以下控制缺陷：
（1）对特定信息系统访问控制的权限分配不当；
（2）存在若干明细账不合理交易记录（交易无论单个

还是合计都是不重要的）；

（3）缺乏对受不合理交易记录影响的账户余额的及时对账。

上述每个缺陷均单独代表一个重要缺陷。基于这一情况，注册会计师可以确定这些重要缺陷合并构成重大缺陷。因为，就个别重要缺陷而言，这些缺陷有一定可能性，各自导致金额未达到重要性水平的财务报表错报。可是，这些重要缺陷影响同类会计账户，有一定可能性导致不能防止或发现并纠正重大错报的发生。因此，这些重要缺陷组合在一起符合重大缺陷的定义。

## 第七节 完成内部控制审计工作

一、形成审计意见

注册会计师需要评价从各种来源获取的证据，包括对控制的测试结果、财务报表审计中发现的错报以及已识别的所有控制缺陷，以形成对内部控制有效性的意见。在评价证据时，注册会计师需要查阅本年度与内部控制相关的内部审计报告或类似报告，并评价这些报告中提到的控制缺陷。

只有当审计范围没有受到限制时，注册会计师才能对内部控制的有效性形成意见。如果审计范围受到限制，注册会计师需要解除业务约定或出具无法表示意见的内部控制审计报告。

二、获取管理层书面声明

注册会计师需要取得经企业认可的书面声明，书面声明需要包括下列内容：

（1）企业董事会认可其对建立健全和有效实施内部控

制负责;

(2) 企业已对内部控制的有效性做出自我评价,并说明评价时采用的标准以及得出的结论;

(3) 企业没有利用注册会计师执行的审计程序及其结果作为自我评价的基础;

(4) 企业已向注册会计师披露识别出的内部控制所有缺陷,并单独披露其中的重大缺陷和重要缺陷;

(5) 对于注册会计师在以前年度审计中识别的、已与审计委员会沟通的重大缺陷和重要缺陷,企业是否已经采取措施予以解决;

(6) 在企业内部控制自我评价基准日后,内部控制是否发生重大变化,或者存在对内部控制具有重要影响的其他因素。

此外,书面声明中还包括导致财务报表重大错报的所有舞弊,以及不会导致财务报表重大错报,但涉及管理层和其他在内部控制中具有重要作用的员工的所有舞弊。

如果企业拒绝提供或以其他不当理由回避书面声明,注册会计师需要将其视为审计范围受到限制,解除业务约定或出具无法表示意见的内部控制审计报告。同时,注册会计师需要评价,企业拒绝提供书面声明对其他声明(包括在财务报表审计中获取的声明)的可靠性产生的影响。

注册会计师需要按照《中国注册会计师审计准则第1341号——书面声明》的规定,确定声明书的签署者、声明书涵盖的期间以及何时获取更新的声明书等。

### 三、沟通相关事项

注册会计师需要与企业沟通审计过程中识别的所有控制缺陷。对于其中的重大缺陷和重要缺陷,需要以书面形式与董事会和经理层沟通。《中国注册会计师审计准则第1152号——向治理层和管理层通报内部控制缺陷》要求注册会计师以书面形式及时向治理层通报审计过程中识别出的值得关注的内部控制缺陷。其中,值得关注的内部控制缺陷包括重大缺陷和重要缺陷。

对于重大缺陷,注册会计师需要以书面形式与企业的董事会及其审计委员会进行沟通。如果认为审计委员会和内部审计机构对内部控制的监督无效,注册会计师需要就此以书面形式直接与董事会和经理层沟通。

对于重要缺陷,注册会计师需要以书面形式与审计委员会沟通。

虽然并不要求注册会计师执行足以识别所有控制缺陷的程序,但是,注册会计师需要沟通其注意到的内部控制的所有缺陷。如果发现企业存在或可能存在舞弊或违反法规行为,注册会计师需要按照《中国注册会计师审计准则第1141号——财务报表审计中对舞弊的考虑》《中国注册会计师审计准则第1142号——财务报表审计中对法律法规的考虑》的规定,确定并履行自身的责任。

## 第八节 出具内部控制审计报告

### 一、标准内部控制审计报告

当注册会计师出具的无保留意见的内部控制审计报告不附加说明段、强调事项段或任何修饰性用语时,该报告称为标准内部控制审计报告。标准内部控制审计报告包括下列要素。

（1）标题。内部控制审计报告的标题统一规范为"内部控制审计报告"。

（2）收件人。内部控制审计报告的收件人是指注册会计师按照业务约定书的要求致送内部控制审计报告的对象,一般是指审计业务的委托人。

（3）引言段。内部控制审计报告的引言段说明企业的名称和内部控制已经过审计。

（4）企业对内部控制的责任段。企业对内部控制的责任段说明，按照《企业内部控制基本规范》《企业内部控制应用指引》《企业内部控制评价指引》的规定，建立健全和有效实施内部控制，并评价其有效性是企业董事会的责任。

（5）注册会计师的责任段。注册会计师的责任段说明，在实施审计工作的基础上，对财务报告内部控制的有效性发表审计意见，并对注意到的非财务报告内部控制的重大缺陷进行披露是注册会计师的责任。

（6）内部控制固有局限性的说明段。内部控制无论如何有效，都只能为企业实现控制目标提供合理保证。内部控制实现目标的可能性受其固有限制的影响，注册会计师需要在内部控制固有局限性的说明段说明，内部控制具有固有局限性，存在不能防止和发现错报的可能性。此外，由于情况的变化可能导致内部控制变得不恰当，或对控制政策和程序遵循的程度降低，根据内部控制审计结果推测未来内部控制的有效性具有一定风险。

（7）财务报告内部控制审计意见段。如果符合下列所有条件的，注册会计师应当对财务报告内部控制出具无保留意见的内部控制审计报告：

1）企业按照《企业内部控制基本规范》《企业内部控制应用指引》《企业内部控制评价指引》以及企业自身内部控制制度的要求，在所有重大方面保持了有效的内部控制；

2）注册会计师已经按照《企业内部控制审计指引》的要求计划和实施审计工作，在审计过程中未受到限制。

（8）非财务报告内部控制重大缺陷描述段。对于审计过程中注意到的非财务报告内部控制缺陷，如果发现某项或某些控制对企业发展战略、法规遵循、经营的效率效果等控制目标的实现有重大不利影响，确定该项非财务报告内部控制缺陷为重大缺陷的，应当以书面形式与企业董事会和经理层沟通，提醒企业加以改进；同时在内部控制审计报告中增加非财务报告内部控制重大缺陷描述段，对重大缺陷的性质及其对实现相关控制目标的影响程度进行披露，提示内部控制审计报告使用者注意相关风险，但无须对其发表审计意见。

（9）注册会计师的签名和盖章。

（10）会计师事务所的名称、地址及盖章。

（11）报告日期。

如果内部控制审计和财务报表审计整合进行，注册会计师对内部控制审计报告和财务报表审计报告需要签署相同的日期。

**二、非标准内部控制审计报告**

（一）带强调事项段的非标准内部控制审计报告

注册会计师认为财务报告内部控制虽不存在重大缺陷，但仍有一项或者多项重大事项需要提请内部控制审计报告使用人注意的，需要在内部控制审计报告中增加强调事项段予以说明。注册会计师需要在强调事项段中指明，该段内容仅用于提醒内部控制审计报告使用者关注，并不影响对财务报告内部控制发表的审计意见。

（二）否定意见的内部控制审计报告

注册会计师认为财务报告内部控制存在一项或多项重大缺陷的，除非审计范围受到限制，否则需要对财务报告内部控制发表否定意见。注册会计师出具否定意见的内部控制审计报告，还需要明确包括重大缺陷的定义、重大缺陷的性质及其对财务报告内部控制的影响程度。

(三)无法表示意见的内部控制审计报告

注册会计师只有实施了必要的审计程序,才能对内部控制的有效性发表意见。注册会计师审计范围受到限制的,需要解除业务约定或出具无法表示意见的内部控制审计报告,并就审计范围受到限制的情况,以书面形式与董事会进行沟通。

注册会计师在出具无法表示意见的内部控制审计报告时,需要在内部控制审计报告中指明审计范围受到限制,无法对内部控制的有效性发表意见,并单设段落说明无法表示意见的实质性理由。注册会计师不应在内部控制审计报告中指明所执行的程序,也不应描述内部控制审计的特征,以避免对无法表示意见的误解。注册会计师在已执行的有限程序中发现财务报告内部控制存在重大缺陷的,需要在内部控制审计报告中对重大缺陷做出详细说明。

(四)期后事项与非标准内部控制审计报告

在企业内部控制自我评价基准日并不存在,但在该基准日之后至审计报告日之前(以下简称期后期间)内部控制可能发生变化,或出现其他可能对内部控制产生重要影响的因素。注册会计师需要询问是否存在这类变化或影响因素,并获取企业关于这些情况的书面声明。

注册会计师知悉对企业内部控制自我评价基准日内部控制有效性有重大负面影响的期后事项的,需要对财务报告内部控制发表否定意见。注册会计师不能确定期后事项对内部控制有效性的影响程度的,需要出具无法表示意见的内部控制审计报告。

在出具内部控制审计报告之后,如果知悉在审计报告日已存在的、可能对审计意见产生影响的情况,注册会计师需要按照《中国注册会计师审计准则第1332号——期后事项》的规定办理。

《审计指引》第三十四条和第三十五条要求注册会计师编制内部控制审计工作底稿，完整记录审计工作情况。

# 第十三章 内部控制与注册会计师的审计风险

## 第一节 注册会计师必须评价被审计单位的审计风险

中国注册会计师协会在 2007 年最新公布的《中国注册会计师审计准则第 1101 号——财务报表审计的目标和一般原则》第十七条中对"审计风险"的定义：审计风险是指财务报表存在重大错报而注册会计师发表不恰当审计意见的可能性。而发表不恰当审计意见，是要负审计责任的。

审计责任是指注册会计师执行审计业务、出具审计报告所应负的责任，即依据独立审计准则出具审计报告并保证其真实性与合法性。从事后追究的角度讲，审计责任可以划分为在会计师事务所内部控制与行政监督下的行政责任，依据民法认定的民事责任与依据刑法认定的刑事责任，这些责任可以是连带发生的。例如，对银广夏 2000 年度会计报表出具审计报告的会计师事务所及其责任注册会计师，不仅已被追究行政责任，而且可能被追究民事责任以至刑事责任。按照独立审计基本准则，独立审计的目的是对被审计单位会计报表的合法性、公允性发表审计意见。审计风险是指会计报表存在重大错报或漏报，而注册会计师审

· 217 ·

计后发表不恰当审计意见的可能性。由此，注册会计师评价被审计单位的审计风险及应如何评价审计风险以减低或避免发表不恰当审计意见的可能性，是整个审计过程中的关键。因此，为了规避审计风险，减少审计责任，就必须首先评估被审计单位的审计风险。

注册会计师评价被审计单位的审计风险的具体原因和目的如下：

1. 决定审计资源分配，使审计工作有效地进行

注册会计师对被审计单位会计报表进行审计时采用的审计方法大致可分为以下两种：

(1) 重风险的审计。重风险的审计方法是透过了解被审计单位存在的审计风险后，分析有关审计风险对财务报表认定的影响，按照审计风险分析结果，将审计资源集中分配到高风险会计科目，使审计工作有效地进行。

(2) 重程序的审计。重程序的审计方法，即重视对审计程序的履行审计程序，是审计人员为了获取对得出审计结论、形成审计意见有用的信息，所实施的各种程序的总称。但在日常审计中，一些审计人员对审计程序与审计证据的关系认识模糊，仅重视对审计程序的履行，轻视对审计证据的获取，这不利于审计工作质量的提高。因为审计证据是指审计机关和审计人员获取的用以说明审计事项真相，形成审计结论基础的证明材料。审计人员应该在制订审计实施方案的基础上实施审计程序，获取审计证据。如果只重视审计程序而忽略审计证据的获取，则易导致审计自身带来的风险。

因此，由于重程序的审计方法并不考虑审计风险的程度，采用预先制定的标准审计程序进行审计工作，最终可能导致低风险的审计科目所得的资源过多，而高风险审计科目的资源过少。

### 第十三章 内部控制与注册会计师的审计风险

由于重程序的审计存在上述弊端,现代的审计应采用重风险的审计方法,对被审计单位的审计风险进行评价,以便决定审计资源应如何分配,使审计工作有效地进行。

评价审计风险后,则要分析有关审计风险对财务报表认定的影响,按照审计风险分析结果,将审计资源集中分配到高风险会计科目,使审计工作有先制定的标准审计程序进行审计工作,最终才是可能导致低风险的审计科目。于是对审计单位的审计风险进行评价,以便决定审计资源应如何分配,使审计工作有效地进行。一般而言,高风险的审计项目通常需要超过一个合伙人和经理负责处理,以确保审计风险能降至可接受水平。另外,评价审计风险后不单可决定审计资源应如何分配到各个会计科目;若被审计单位是一家拥有多家分行或多家子公司的机构或从事不同类型行业的跨国性企业时,注册会计师还可按照对各个分公司或子公司进行审计风险评价后的结果,决定哪一家分公司、子公司或哪一类别的行业应获分配较多审计资源。

· 2. 决定需获取审计证据的类别

独立审计准则第 5 号规定注册会计师判断审计证据是否充分、适当、应考虑审计风险;当注册会计师了解及分析被审计单位存在的审计风险后,注册会计师需判断应获取审计证据的类别;若被审计单位的固有风险及控制风险较高时,注册会计师需获取可靠程度较高的审计证据。而审计证据的可靠程度可参照下列标准来判断:书面证据比口头证据可靠,外部证据比内部证据可靠,注册会计师自行获得的证据比由被审计单位提供的证据可靠,内部控制较好时的内部证据比内部控制较差时的内部证据可靠。

3. 考虑应否接受聘约

除非在被审计单位特别要求情况下,所有审计项目均采用抽样审计方法进行。但由于财务报表的真实性及可靠性乃建基于管理层的诚信,故只要采用抽样审计,所有审计项目均存在审计风险;问题是该等审计风险是否不可控制或不可接受;而评价审计风险的其中一个目的,是透过了解及分析被审计单位存在的固有风险及控制风险后,注册会计师判断有关风险水平是否不可控制或不可接受,并考虑应否接受聘约。

4. 制订整体审计计划

注册会计师在评价及衡量被审计单位的固有风险及控制风险后,可按照风险评价结果制订相应的审计计划,决定各审计程序(包括符合性测试及实质性测试)实施的范围、时间和性质。

5. 降低注册会计师的营业风险

注册会计师的营业风险是指其所执行的每项聘约都有可能使会计师事务所面临诉讼、赔偿、损坏名声的风险。评价固有风险及控制风险是否加强高风险?展开审计工作需集中获取外部证据、可依靠内部证据。意思是虽然注册会计师已按照独立审计准则进行审计工作及发表其审计意见,被审计单位或使用其财务报表的其他人士仍可能对注册会计师提出控告。就算注册会计师最后被判胜诉,有关诉讼已对该注册会计师的名誉造成一定程度的影响。20世纪70～80年代,注册会计师就其对财务报表发表意见而需面临的诉讼多数集中在英国及美国两个国家,而发生的案例并不算多,所涉及的赔偿金额一般较轻;但最近十年,注册会计师由于专业疏忽而需做出赔偿的例子在西方国家(不仅在英国及美国)与日俱增,虽然大部分的案件所涉及的赔偿金额都没有被公布,但一般相信都是可观的数字。至于在内地及香港,近年亦有多宗涉及注册会计师就其发表的审计意见而需面临诉讼或调查的个案被传播媒介广泛披露,虽然有关案件暂时未有涉及任何赔偿金额,但对注

## 第十三章 内部控制与注册会计师的审计风险

册会计师的名誉已造成一定影响。从上述可见,营业风险有可能对注册会计师造成极大伤害(包括金钱赔偿及名誉方面)。虽然注册会计师不能直接控制营业风险水平,但透过了解及分析被审计单位的审计风险,尤其是固有风险,注册会计师可从客户甄选过程中辨别那些高风险的聘约,并考虑拒绝接受有关聘约,从而降低面临诉讼的可能性。

总括而言,由于审计风险评价可使审计工作有效地进行及降低审计风险的必然趋势,也是各国注册会计师监管机构所提倡的审计方法。事实上,多个中国注册会计师独立审计具体准则也提及审计风险的重要性,以下节录了部分有关涉及中国注册会计师在接受及执行聘约时需考虑审计风险的独立审计具体准则及规条作为参考。

《中华人民共和国独立审计具体准则》中部分涉及评价审计风险的规条如下。

第2号 审计业务约定书 第六条 在签订审计业务约定书之前,会计师事务所应委派注册会计师了解被审计单位基本情况,初步评价审计风险,并与委托人就约定事项进行商议,达成一致意见。

第3号 审计计划 第八条 在编制审计计划时,注册会计师应当对审计重要性、审计风险进行适当评估。

第5号 审计证据 第七条 注册会计师判断审计证据是否充分、适当,应考虑下列主要因素。

第8号 错误与舞弊 第六条 注册会计师应当根据独立审计准则的要求,充分考虑审计风险,实施适当的审计程序,以合理确信能够发现可能导致会计报表严重失实的错误与舞弊。

第9号 内部控制与审计风险 第七条 注册会计师应当保持应有的职业谨慎,合理运用专业判断,对审计风险进行评估,制定并实施相应的审计程序,以将审计风险降低至可接受的水平。

第 10 号 审计重要性 第八条 注册会计师应当考虑重要性与审计风险之间存在的反向关系。重要性水平越高,审计风险越低;重要性水平越低,审计风险越高。注册会计师应当保持应有的职业谨慎,合理确定重要性水平。

事实上,按照上述独立审计具体准则,注册会计师在多个审计阶段均需衡量审计风险,例如:在承接审计业务时,考虑是否接受委聘;在编制审计计划时,确定所需要的审计程序的性质、时间和范围;在编制具体的审计程序时,确定所需的审计测试内容;在编制审计报告时,考虑出具合适的审计意见。基于上述原因,审计风险的评价在整个审计过程中是非常重要的,直接影响后续审计工作的进行及注册会计师面临诉讼的可能性。

## 第二节 如何评价内部控制与审计风险

如何评价内部控制与审计风险,到底内部控制与审计风险存在什么关系呢?多个独立审计具体准则均提及评价审计风险的重要;而独立审计具体准则第 9 号更将内部控制及审计风险放在同一个准则里,规定注册会计师在评价审计风险时需研究被审计单位的内部控制,要了解内部控制与审计风险的关系,需首先介绍两种注册会计师可选择采用的审计策略。

第一,两种注册会计师可选择采用的审计策略:系统信赖法(System-based approach or Reliance approach)或实质性测试法(Substantive approach)。

系统信赖法指注册会计师透过测试被审计单位内部控制的有效性而减少对相关财务报表认定进行实质性测试的

第十三章 内部控制与注册会计师的审计风险

策略。而实质性测试指注册会计师完全不依赖内部控制，直接对财务报表账目金额获取审计证据。根据独立审计具体准则第9号，内部控制指被审计单位为了保证业务活动的有效进行，保护资产的安全和完整，防止、发现、纠正错误与舞弊，保证会计数据的真实、合法、完整而制定和实施的政策与程序。从以上内部控制的目标及功效来看，若被审计单位的内部控制健全，该企业便可透过内部控制系统的运作防止及纠正在日常营运中错误及舞弊的发生，从而减低会计报表存在重大错误或漏报的可能性。因此，当其他条件如固有风险水平一致时，被审计单位的内部控制越健全，注册会计师所面临的审计风险方法选择时，必须研究及评价被审计单位内部控制的有效性，从而确定审计风险水平；而对于那些具备有效内部控制的会计循环（Accounting cycle）如销售与收款循环或采购与付款循环等，其对应的审计风险必然较低，在此情况下，注册会计师便可在审计过程中较大程度依赖被审计单位的内部控制系统，减少实质性测试的程序；相反，对于那些内部控制较为薄弱的会计循环，其对应的审计风险必然较高，注册会计师应较少依赖或不应依赖内部控制，而需实施较多的实质性测试程序。

第二、评价审计风险在当代重风险的审计方法里的重要性。

注册会计师若要有效地评价内部控制及审计风险，必需首先了解审计风险的组成要素及其相互关系。注册会计师在制订审计计划时，一般会运用审计风险模型的概念去决定需获取多少审计证据。

(1) 独立审计具体准则第9号第三条指出，审计风险包括固有风险、控制风险和检查风险。审计风险与其构成要素的相互关系一般用下列公式表示：审计风险 = 固有风

险 × 控制风险 × 检查风险。

固有风险，指假定没有相关的内部控制，某一账户或交易类别单独或连同其他账户或交易类别出现重大错误或漏报的可能性。

控制风险：指某一账户或交易类别单独或连同其他账户或交易类别产生错误或漏报，但没有透过内部控制而防止、发现或纠正的可能性。

检查风险，指某一账户或交易类别单独或连同其他账户或交易类别产生重大错报或漏报，但未能透过实质性测试发现的可能性。

作进一步理解，在上述公式中审计风险水平乃作为注册会计师发表审计意见的基础，故注册会计师一般会将审计风险设定在可接受的低水平。虽然注册会计师不能控制被审计单位的固有风险和控制风险，但通过研究和评价被审计单位的内部控制，注册会计师可对被审计单位固有风险和控制风险的高低进行评估，并在此基础上，确定实质性测试的性质、时间和范围，以降低检查风险，使总体审计风险降低至注册会计师设定的可接受水平。由于注册会计师一般会将审计风险设定在某一水平，而固有风险及控制风险不受注册会计师直接控制，故在制订审计计划时，为决定需获取多少审计证据，注册会计师一般会按照上述公式计算检查风险如下：

检查风险 = 审计风险 ÷ （固有风险 × 控制风险）

在设定的审计风险水平下，固有风险及控制风险评估结果对注册会计师可承受的检查风险水平的影响：账户或交易产生重大错报；通过内部控制系统已防止及纠正的重大错报或漏报，未被内部控制系统防止或纠正的重大错报或漏报；注册会计师进行的实质性测试，而由各审计程序发现的重大错误或漏报，仍未被发现的重大错误或漏报；

会计报表存在重大错报或漏报，导致注册会计师发表不恰当的审计意见。

注册会计师对固有风险的评估。当固有风险和控制风险的综合水平（即公式中的分母）较高时，计算得到的检查风险便会较低，这意味注册会计师需扩大审计范围，将检查风险尽量降低，使整体审计风险降低至可接受的水平。相反，如果被审计单位固有风险较低而内部控制亦能有效地运作，固有风险和控制风险的综合水平会较低（即公式中的分母较小），在设定的可接受审计风险水平下，注册会计师可承受的检查风险可以较高，即注册会计师可减小实质性测试的范围。由此可见，通过对被审计单位固有风险和控制风险的评估，注册会计师便可确定实质性测试的样本规模，把审计计划与审计实施过程有机地联系起来。

(2) 注册会计师在评价被审计单位的审计风险时，需特别注意下列事项。

1) 风险量化问题。许多注册会计师认为独立审计具体准则应提供具体的风险量化指引或方法（即在什么情况下，固有风险须定为高；在什么情况下，控制风险须定为低）；独立审计准则没有提供这些风险量化指引的主要原因是：一是评价审计风险各组成元素（即固有风险、控制风险和检查风险）的风险水平时需考虑的因素太多，根本不可能列出所有情况的操作方法，尤其是风险往往是众多因素相互影响的结果。反映在相同的因素或情况下，不同的注册会计师可能由于经验或专业水平的差异而做出不同的风险评估。二是过于具体的准则或指引将使审计工作由一项专业判断性工作变成一项机械的证据搜集工作。因此，审计风险评价及审计风险模型应作为协助注册会计师将风险与审计证据连接起来的一个概念；在实际应用时，注册会计师应将所有影响固有风险及控制风险的各种因素进行了解及分析后,以本身的经验及运用专业判断去评价整体审计风险,从而制定相应的审计程序将审计风险降至可接受水平。切勿以划一的风险量化公式计算风险水平。

2) 风险与接受聘约问题。对被审计单位进行审计风险评价后需做出第一个决定为应否接受聘约。在做出这个决定时,注册会计师需注意两点:对于被评为高风险的审计项目,注册会计师不一定要拒绝接受聘约,问题是该风险程度的水平是否高至不可控制或不可接受水平;若注册会计师能透过实施的相应审计程序将审计风险降至可接受水平,则该聘约应可被接受。在考虑是否接受聘约时,应首先考虑被审计单位的固有风险,若固有风险被评为低水平,注册会计师才进一步考虑控制风险;若固有风险的水平偏高,注册会计师应考虑有关风险会否已导致整体审计风险高至不可控制或不可接受水平,而无须再考虑控制风险。主要原因是固有风险是审计风险中最重要的组成部分,而影响固有风险的主要因素如管理层诚信亦同时对被审计单位的控制产生影响。

3) 需持续评价审计。注册会计师一般会较为重视首次聘约的审计风险分析,而忽略对持续审计单位所在行业营运环境的变化及企业内部结构改变而不断转变,故注册会计师必须对首次聘约及持续聘约的审计风险评价同时予以重视。

固有风险是审计风险中最重要的组成部分。原因是固有风险主要反映被审计单位管理层的诚信及企业的营业风险;而注册会计师面临诉讼及赔偿的个案主要涉及管理层欺诈行为及被审计单位经营失败而需进行清盘,上述两个面临诉讼的成因正是评价固有风险需考虑的因素。假若被审计单位管理层的诚信良好,财务报告因管理层的欺诈行为而出现重大错误的可能性会相应降低。事实上,对管理层诚信的评价为注册会计师考虑是否接受审计聘约最关键的因素。另外，虽然固有风险跟控制风险于前文所述的审计风险模型中分别是独立元素，但主要影响固有风险的因素——"管理层诚信"。固有风险的评价主要集中在以下两部分。

第一，评价因错误与舞弊而导致会计报表存在错报或漏报。

独立审计具体准则第 8 号规定注册会计师在编制和实施审计计划时，应当充分关注可能存在的导致会计报表严重失实的错误与舞弊。错误主要包括：原始记录和会计数据的计算、抄写错误，对事实的疏忽和误解，对会计政策的误用。舞弊主要包括：伪造、变造记录或凭证，侵占资产，隐瞒或删除交易或事项，记录虚假的交易或事项，蓄意使用不当的会计政策。显而易见，错误是指一些非蓄意引致会计报表错报或漏报的行为，而舞弊是指一些蓄意引致会计报表错报或漏报的行为。

第二，评价被审计单位的营业风险。

被审计单位的营业风险指企业因外部及内部因素而引致不能达到企业目标，最后引致企业存在盈利不足或倒闭的风险。注册会计师要对财务报表的真实性及公允性发表审计意见，必须要了解企业的营运策略及企业存在的风险，确定该等风险是否引致企业不能持续经营及会计报表出现错报或漏报的情况。

## 第三节 如何评价内部控制与审计风险（续）

在下列多个因素中，1～7 项为注册会计师在考虑是否接受首次聘约或持续聘约时需特别关注的因素。

1. 主要股东及管理层的诚信和声誉

高风险水平指示：诚信和声誉不佳。

低风险水平指示：诚信和声誉良好。

编制真实、公允的会计报表是企业管理层的责任；而注册会计师在整个审计过程中搜集证据时都需要依赖管理层提供数据及各项声明；若管理层诚信出现问题，蓄意隐瞒或虚报财务数据及凭据以达到某一目的，会直接影响财务报表的真实程度；同时，由于设计企业内部控制由管理层负责，而内部控制系统能否有效地运作也要依赖管理层对内部控制及财务数据的真实性所持有的态度，故评价管理层的诚信是固有风险评价中最重要的一环。事实上，很多注册会计师面临诉讼的源头皆来自管理层诚信出现问题。香港广南集团部分前管理层人员诚信出现问题，编造虚假交易，并伪造文件，导致其截至1997年12月31日止的财务报表存在虚假盈利，并需于1998年做出大量拨备，便是这方面最好的例子。故此，若某公司打算聘请我们出任注册会计师，但我们在大众传媒中，经常得到一些对公司管理层的负面消息。例如：第三者正循法律途径控告公司的董事长进行诈骗或公司的总经理正牵涉入多宗法律诉讼，在这种情况下，我们便应考虑是否接受公司的委聘。假如上述公司已是我们的客户，我们便需提高该公司的重大错报风险。

2. 管理当局是否敢冒风险

高风险水平指示：敢做敢为、大胆冒险。

低风险水平指示：小心谨慎、稳健保守。

虽然风险与投资回报存在直接正面关系，但管理层如没有适当运用风险管理技巧，在风险与回报之间寻求平衡，很容易因为一次投资眼光失准或一宗交易出现问题而要面临倒闭的结果。香港百富勤的倒闭是一个最好的例子。当时百富勤将大量资金投资于印度尼西亚债券，于亚洲金融风暴出现后，印度尼西亚货币出现大幅贬值而引致香港百富勤资金周转不灵而需面临倒闭。另外，处事一般不考虑风险的管理层做出违规及违法的行为的可能性比稳健保守的管理层较高，从而增加被审计单位的重大错报风险。

3. 企业所在行业的变化率

高风险水平指示：行业变化率快。

低风险水平指示：行业变化率慢。

企业所在行业的变化会为企业带来很多不稳定或不明朗的因素，这些因素会提高会计报表存在错误或漏报的可能性。同时，若企业未能在策略上或架构上就行业的有关变化作出及时的调整，会直接影响企业的营运表现及持续经营能力。个别企业或会基于某些因素（如股价或银行信贷）而采用不正规的会计处理方法，令企业业绩维持往年水平。根据独立审计具体准则第 21 号［了解被审计单位情况］，上述因行业变化而为企业带来不稳定或不明朗的因素可包括：市场供求与竞争，经营的周期性或季节性，产品生产技术的变化，经营风险，行业的现状及发展趋势，行业的关键指针及统计数据，环保要求及问题，行业适用的法规，行业特定会计惯例及问题及行业其他特殊惯例。以下是一些关于上述因素的例子。

自从粤海企业及广南集团出现财政问题及广东省信托投资有限公司面临清盘事件后，香港多家银行对中资企业的贷款已较前审慎，一般要求借款人以实质资产作为抵押。某公司的竞争对手研究出一种节省成本的生产新技术，因此，该公司的未来销售收入及利润可能会出现大幅下降而影响其持续经营能力。

由于科技的发展，某公司的主要产品逐渐被新产品取替，公司存货可能虽做出大量拨备。该公司所在行业的竞争对手已开始透过互联网推销其产品或进行电子商贸交易，但该公司仍未有意发展互相网业务，可能使公司未来收入及利润大幅下降。

由于政府最近颁布新的环保法规，对工业的污水排放有更严格的管制，某皮革制造公司因没有足够资金进行污水处理投资以符合新的环保法规，最后可能导致公司被迫结业。

随着上市公司须于当年执行《企业会计准则——非货币性交易》，某上市公司因为经常与其母公司及附属公司发生大量非货币性交易而需符合新会计准则的要求；由于公司的财会人员对新的会计准则没有充分理解，所以未能按新的会计准则的规定处理有关交易。

某公司的多个主要竞争对手最近进行了一连串收购、合并行动（这种情况在互联网行业甚为普遍），这些竞争对手的资金及市场占有率在这些行动后均大幅提高，对该公司的前景可能带来负面影响。由于上述种种情况均为该公司带来不稳定因素，我们应提高这些公司的错报风险。

4. 企业业务上的声誉

高风险水平指示：企业声誉不佳。

低风险水平指示：企业声誉良好。

企业在业务上的声誉乃综合多个因素而建立。这些因素包括股东或管理层对企业所在行业的经验及其过往的表现（包括投资眼光、对公众的承诺）。企业产品的质量和违反监管机构规则的记录等；若被审计单位经常因产品质量问题而需作出赔偿或需于市场收回其生产的产品（如早年 Dreyer's 雪糕，因生产过程出现问题导致其产品变坏而需于全球各地收回部分 Dreyer's 雪糕的产品），或被审计单位经常违反监管机构的管制条例（于证券业最为普遍），这不但对企业业务声誉有所影响，注册会计师在审核有关会计报表时还需考虑该等事项对某些会计科目,如营业收入、存货、应收账款、索偿准备等及整体财务报表披露的影响。同时,注册会计师还需留意是否还有一些未经传媒报导而影响财务报表的有关事项。因此,若企业在业务上的声誉不佳,其固有风险亦会相对增加。相反,良好的业务声誉会降低企业发生上述问题的可能性,并同时增加管理层的公信力,使企业较为容易筹集资金作营运或投资发展用途。香港投资者对 Tom.com 及中国移动电话公司在市场集资的踊跃表现就是最佳例证。

5. 外部债务

高风险水平指示:现在或预计存在大量债务。

低风险水平指示:现在或预计均无。

被审计单位的债务状况会直接影响其持续经营能力。事实上,很多企业虽然业绩良好,但由于发展过急而需大量举债,最后因投资回报未如预期理想,引致资金周转不灵而结业。早年香港多家日资百货公司如八佰伴就是因为上述原因而倒闭。因此,在评价被审计单位的偿债能力时,应先审阅其流动资金的充裕性,以确定企业在可预见的将来能持续经营。另外,注册会计师不单要考虑企业现有的负债,还需留意企业是否存在或有负债,例如:企业有否为其他单位作出担保、保证或资产抵押,以评价该等或有负债在日后会否为企业带来额外的债务而影响企业的营运。

6. 会计师变动情况

高风险水平指示:经常转换注册会计师。

低风险水平指示:注册会计师的变动不大。

注册会计师一般愿意跟其客户保持长远的关系,若企业经常撤换注册会计师,间接反映出企业可能不愿意配合注册会计师的工作,或是在重大会计处理方法上与注册会计师存在严重分歧。事实上,接受首次聘约之前,新被委托的注册会计师应向前任注册会计师了解其辞聘原因,若发现原注册会计师没有主动要持续聘约时,新注册会计师应向原注册会计师就被审计单位的情况作较为深入的了解。另外,对于国际性的会计师事务所拒绝接受持续聘约的企业,被审计单位的重大错报风险也相对较高。

7. 管理经验和知识

高风险水平指示:管理层经验不足、知识贫乏。

低风险水平指示:经验丰富、知识广博。

踏入21世纪,企业需要面对的是一个急速改变的营运环境,信息科技不断演进,消费者的行为也因为信息及媒体的变革而有所改变。许多新兴行业冒起,也有旧有产品没落。经验丰富的管理层能够及早发现问题的存在及实时做出纠正,减少出现错误与舞弊或因此对企业造成影响的可能性;带领企业在此不断转变的营运环境中继续生存及寻求突破。实际上,管理层的经验及知识水平乃很多跨国企业成败的关键因素。英国航空公司的Sir Colin Marshall就是最明显的例子。Sir Colin Marshall于1987年成功地将濒临破产边缘的英国航空公司私营化,成为当时全球最赚钱的航空公司之一,于截至1996年3月31日会计年度(Sir Colin Marlin离任前),British Airway的盈利达4.7亿英镑。除管理层的经验及知识水平外,注册会计师也需考虑被审计单位财务人员的知识水平,例如,若某公司会计部门的大部分员工均没有接受过正规的会计专业教育,没有员工拥有由会计专业团体或国家认可的院校所颁发的有关会计专科证书或文凭等。在这情况下,我们便需提高该公司的重大错报风险。

8. 集权经营

高风险水平指示:权力下放程度高。

低风险水平指示:集权经营。

权力过分下放予子公司或分公司的企业,很多时候会因欠缺完善的内部监控及管理机制,而导致企业资产被挪用或被错误运用或投资,使公司资产无法获得合适的保障。同时,权力过于下放会增加子公司或分公司管理层为掩饰其所做出的错误决策或舞弊行为而虚报子公司的财务状况的可能性。故注册会计师就上述情况,需增加被审计单位的重大错报风险。

9. 管理人员(包括高级会计人员)在审计期间的变动

高风险水平指示:管理人员变动频繁。

低风险水平指示:管理人员变动不大。

一个稳定的管理层是企业成功的主要因素之一。因为管理人员一般必须经过一段时间对公司的评估,才可为公司定出发展策略和监控制度。因此,我们不会预期一家管理人员变动性大的企业的业绩会在短时期内得到较大的增长或改善;相反,在管理人员及财会人员转变的交接期间,往往因为监控松懈而出现很多重大错误。因此在上述情况下,我们一般需提高该企业的固有风险。另外,管理人员或会计人员的离职可能是因为拒绝接受高级管理层、股东或董事局对企业资产进行欺诈行为或财务报表做出虚报行为的要求,反映股东或董事局的道德及诚信出现问题;或者是因为管理人员作出舞弊行为后,为避免法律责任而辞职。注册会计师若未能就管理人员及财会人员的频繁变动获取合理解释,应提高被审计单位的重大错报风险。

10. 相对于行业的企业盈利水平

高风险水平指示:盈利不高,或与行业平均水平不一致(高或低)。

低风险水平指示:盈利适当,与行业平均水平一致。

若企业的盈利水平低于同业竞争对手,间接反映出该企业的经营能力出现问题,同时也会增加管理层的盈利压力，可能引致管理层作出违规行为。香港广南集团是其中一个例子。广南集团于1994年上市，虽然企业的规模在上市后不断发展，并成为一家经营多项业务的综合企业，但大部分业务利润不高，且低于其他竞争对手的盈利水平，如超级市场业务就远低于其他竞争对手的利润。最后，由于企业的经营及管理出现问题，引致负债严重而需面临重组。 同样地，若企业的盈利远高于同业竞争对手，注册会计师需考虑企业财务报表是否存在重大错误，抑或是企业在某方面比其他竞争对手的经营较为优胜。

11. 经营结果对汇率、息率或油价变动的敏感性

高风险水平指示：相对敏感。

低风险水平指示：相对不敏感。

若企业的投资价值或营运结果容易受汇率、息率或油价的波动而遭受重大影响，该企业的固有风险相比其他企业为高。例如：莫斯科石油危机、巴西通胀过百倍所触发的经济危机及东南亚国家如印度尼西亚、泰国及韩国的货币大幅贬值所引发的亚洲金融风暴等，以致大量易受这些因素影响的企业如证券投资公司经营出现困难而面临倒闭。

实现盈利计划的压力主要源自董事局、股东或监管机构对企业营运或经营成果的要求，例如：董事局要求公司销售额每年必须增长20%以上。总公司要求公司本年的利润必须增长10%或以上。某上市公司已经连续两年遭受亏损（对于已经连续三年亏损的上市公司，中国证券监督委员会可暂停其股票上市），公司与银行签订借款合同，合同条约规定公司的净资产要超过1000万，而资产负债率不可低于 1.5，否则银行有权实时要求公司清还所有贷款额。为达到上述目标或规定，管理层可能采取不符常规的手段。这些手段包括：指令财会人员不按会计准则确认销售收入、不将企业负债完全反映在会计报表、虚报收入或没有计提

## 第十三章 内部控制与注册会计师的审计风险

足够坏账准备。另外,管理人员可能为了达到上述指标而在制定或执行日常营运政策时忽略风险。例如:为了达到销售或盈利指标,销售部门因没有对客户的还款能力进行评估,增加应收账款可回收性的风险。因此,若发现某一审计年度管理人员需实现某些盈利计划或其他营运指标,特别是当这些盈利或营运指标高于企业以往年度的实际表现时,注册会计师需提高企业的重大错报风险。

12. 企业所有权

高风险水平指示:上市企业。

低风险水平指示:非上市企业。

若其他因素一致,上市企业的固有风险一般比非上市企业的固有风险较高。主要原因是:上市公司从市场集资,公众股东提供资金予企业发展,但企业的日常营运由董事局及管理人员负责,公众股东只能透过企业公布的财务报表了解企业的营运表现,故对注册会计师审核后的财务报表的真实性予以绝对信赖。

市场投资者依靠财务报表作出投资决定,涉及金额庞大,若因财务报表的真实性出现问题而导致其作出错误的投资决定,不管这些问题是否由于注册会计师的专业疏忽所引致,投资者一般会将所有责任归咎于注册会计师,增加注册会计师面临诉讼的可能性。上市公司需满足市场对公司信息披露的要求,并在多方面受中国证监会及上市条例监管。

13. 与客户的业务关系

高风险水平指示:首次聘约。

低风险水平指示:常年聘约。

由于对委托单位的背景数据、管理层诚信、内部控制及账目情况未有透彻了解,首次聘约较常年聘约的重大错报风险为高。

14. 需要运用估计和判断才能确定的账户

高风险水平指示：这类账户较多。

低风险水平指示：这类账户较少。

对于某公司的账户，假如我们须运用估计和判断才能确定其金额时，我们便应提高该公司的固有风险。对于一般企业而言，这些账户包括四项减值准备，即坏账准备、存货跌价准备、短期投资跌价准备和长期投资跌价准备。至于上述账户需做出估计和判断的程度，则要视被审计单位所从事的行业及其营运情况而定。例如：银行业的应收贷款拨备金一般属于高风险的会计科目。然而，假如大部分应收贷款均为有足够抵押的贷款，则有关其可收回程度的风险便会大幅下降。

15. 容易受损失或被挪用的资产

高风险水平指示：这类资产较多。

低风险水平指示：这类资产较少。

当客户拥有重大容易遭受损失或被挪用的资产时，我们一般会把他们的重大错报风险提高。从事珠宝零售行业的客户便是其中一个例子。

16. 容易产生错报的会计报表项目

高风险水平指示：这类会计报表项目较多。

低风险水平指示：这类会计报表项目较少。

这些会计报表项目一般包括受首年执行新会计准则影响的项目。这是因为企业的会计人员往往未能充分理解或掌握新会计准则的要求，所以在执行新会计准则时，出现错报情况。因此，我们一般在评估审计风险时，需提高有关企业的重大错报风险。

17. 在会计期间，尤其是临近会计期末发生的异常及复杂交易

高风险水平指示：存在这类交易。

低风险水平指示：没有这类交易。

这些临近会计期末发生的异常及复杂交易很可能为了下列目的而发生的：通过年末资产重组，使公司转亏为盈或增加盈利，从而符合有关法规的要求。例如：在《关于执行具体会计准则和股份有限公司会计制度有关会计问题解答》［财会字（1998）66 号］发布前，有不少上市公司通过与母公司在年末进行资产重组，母公司把一些业绩良好的子公司注入上市公司，同时，上市公司把一些原属其直接控制的亏损的或拥有负资产的子公司以高于公允价值卖给母公司。上市公司一般将新购子公司的全年业绩合并到上市公司的合并会计报表中，这样上市公司不但可转亏为盈，同时还可避免其股票因两年连续亏损而遭受"特别处理"。改变公司的资产负债表所展示的情况，这些交易一般会于结算日后被还原。例如：某公司在资产负债表日以前出售的大量物资在资产负债表日后被退回。由于在资产负债表日公司已经确认有关销售，因此这些重大销售退回往往导致虚增公司的销售和盈利。

18. 上年度会计报表存在重大错误或漏报

高风险水平指示：出具有保留意见的上年度会计报表。

低风险水平指示：出具无保留意见的上年度会计报表。

假如注册会计师对被审计单位的上年度会计报表出具有保留意见的审计报告，注册会计师需关注出具保留意见的原因，提高企业的固有风险。此外，当我们发现企业在上年审计结束后，需按大量审计调整分录调整其账项时，这可能显示企业的会计报表一般会出现大量错报及漏报，在这种情况下，注册会计师也需提高企业的重大错报风险。

## 第四节 对我国注册会计师审计风险控制的研究

### 一、注册会计师审计风险含义及特征

注册会计师审计风险，指的是注册会计师对于存在实质性误报的财务报表进行审计后，发表不切实际的审计意见从而带来的风险。从注册会计师审计风险含义我们可以看出，这类审计风险能够控制，为了更加有效地对这类风险进行控制，我们必须要了解注册会计师审计风险的特征。

（1）审计风险的客观存在性。目前我国注册会计师审计方法采取的是抽样审计，样本并不能代替总体，总是存在着一定的误差，这就使得注册会计师在审计过程中会产生判断误差从而带来审计风险。实际上，审计风险客观存在于整个审计过程中，也不可能完全消除，只能通过研究，采取合理的措施来控制风险。

（2）注册会计师审计风险的严重影响。注册会计师审计风险发生后，会带来许多重大的影响。对注册会计师而言，可能会影响其名誉和形象，甚至带来经济诉讼，对被审计单位来讲，由于审计风险的发生可能会导致其内部重大经济实现信息的披露，从而严重影响单位的效益。

（3）注册会计师审计风险的可控性。虽然注册会计师审计风险客观存在于审计的整个过程中，而且不会消除，也会由于审计风险的发生从而导致严重的后果，但是通过研究分析，仍然可以采取合理有效的措施来控制风险，从而降低审计风险，提高审计水平和质量。

### 二、我国注册会计师审计风险的成因

（1）注册会计师自身态度的原因。在审计过程中，有些

### 第十三章 内部控制与注册会计师的审计风险

注册会计师的审计态度不严谨，存在着侥幸心理，认为审计风险不会出现，也意识不到由于自己的原因从而导致审计风险的发生和严重的后果，缺乏风险意识和责任感。由于这些注册会计师的态度和心理，往往会造成不可避免的严重后果。在实际的审计工作中，还有些注册会计师没有仔细地了解被审计单位的情况就开始审计过程，由于缺乏详细的了解，在进行审计工作时往往会采取不当的方法，从而导致严重的后果。

（2）注册会计师在审计过程中没有健全的法律法规可以参考。当今社会是法制社会，市场经济是法制经济，人们的一切经济活动都必须做到有法可依、有法必依，但是由于注册会计师这一行业在我国发展的时间并不算长久，国家虽然颁布了一些相关条款，但是，并不完善，也不具体，这就使得注册会计师在审计过程中操作起来比较困难。法律法规是依据、是前提，一旦失去这个依据和前提，后果会相当严重。随着市场经济的发展和审计内容的扩大，注册会计师在审计过程中将会遇到更多的困难，必须完善相关法律法规，从而降低审计风险。

（3）当前审计方法存在着问题。目前我国注册会计师审计过程注重节约成本，因此，在审计方法的运用上，采取了相当比较完善的抽样技术。这种抽样技术是在总体样本中抽取一部分样本进而判断总体样本的特性。这种技术虽然比较完善，但是仍然存在着一定的误差。注册会计师在进行审计判断时，会因为主观的经验和抽取的样本而漏项，从而发生审计风险。当前审计运行存在一定的审计风险，并考虑审计成本和审计风险的平衡，一般情况下，这两者之间是反比的关系。控制节约审计成本，也就在一定程度上缩小了审计样本量，随着审计范围的扩大使得审计过程受到的限制更多，审计风险更大。

三、控制注册会计师审计风险的措施

（1）提高注册会计师的综合素质水平。市场经济的快速发展，审计内容和审计范围的扩大，使得人们对注册会计师提出了更高的要求，必须提高注册会计师的综合素质水平，强化其风险意识，这是控制和降低审计风险的必要手段。提高注册会计师的综合素质水平，首先要从事务所方面把好关，招聘素质过硬的专业人员，然后，事务所现有的注册会计师要不断学习，充实自己，提高自己的专业水平，在专业水平提高的同时，必须加强注册会计师的职业道德建设，培养具有强烈法律意识、风险意识和敬业精神的注册会计师执业队伍。

（2）进行审计前充分了解被审单位及其环境。注册会计师要想有效避免法律诉讼和控制审计风险，除了需要具备很高的综合素质水平，还要在进行审计工作前充分且详细地了解被审单位的资料，这里指的资料不仅包括被审单位的财务资料，还包括被审单位的业务流程、人事管理情况等全方位的资料，在审计之前注册会计师对单位有一个完整的认识，做到心中有数，从而降低审计风险。

（3）建立健全行业法规，强化行业监管。在我国，注册会计师审计行业发展较晚，相关法律法规还相当的不完善，随着市场经济的发展，建立健全行业法规势在必行。只有行业法律法规的不断完善，注册会计师在审计过程中才能做到有法可依，从而有效地降低审计风险，促进注册会计师审计事业更加快速地发展。行业监管在降低审计风险中作用也不容忽视，不断地加强行业监管，提高注册会计师的风险意识和防范意识，建立健全行业法规，强化行业监管，有利于事务所之间互相沟通和学习，在竞争的同时，提升自己的水平，不仅可以有利于注册会计师和会计师事务所的发展，而且可以降低审计风险，对于注册会计师审计行业的发展具有更好的促进作用。

# 第十四章 注册会计师的审计责任

## 第一节 注册会计师职务侵权责任归责原则的理论纷争

所谓注册会计师职务侵权责任，是指注册会计师在职业过程中，因其过失签发不当意见的查核报告，致使委托人以外的其他财务报表使用人因使用虚假的财务报表信息遭受损失时，注册会计师和会计师事务所应承担的民事赔偿责任。注册会计师的职务侵权责任问题，自20世纪80年代的诉讼爆炸以后，在许多国家都成为一个热点与难点。针对会计师事务所提起的诉讼往往成为媒体追逐的话题，因为它们大多与著名公司的破产或原告的巨额索赔联系在一起。如国外的安然—安达信，国内的银广夏—中天。同时，长期以来，会计师职业界与法律界以及社会公众之间就会计师民事责任的边界问题难以达成共识。实际上会计师的民事责任问题归根到底是一个资本市场风险的公平与合理分配的问题。关于注册会计师的职务侵权责任，有诸多问题值得探讨。如注册会计师职务侵权责任的理论基础、责任性质、归责原则、责任认定及会计师侵权损害赔偿，等等。其中确定归责原则乃是解决其余诸多问题的先决条件。

关于注册会计师职务侵权责任归则原则的理论纷争。

德阳验资案（德阳验资案的案情参见丁平准主编：《中国注册会计师法律责任——案例与研究》，辽宁人民出版社 1998 年版，第 187—193 页。）以后，很多法院以最高法院法函 56 号作为依据，采用无过错责任原则，一旦发现存在虚假的财务报告即判决注册会计师承担民事责任，引起会计学界的强烈不满。理论界对会计师职务侵权责任的归责原则展开了激烈的争论。主要有以下几种观点。

1. 无过错责任原则说

这种观点认为，会计师的验资责任并非一种合理的保证责任，只要验资报告与被验资单位实有资本不符，即只要存在虚假报告，不管会计师主观上是否有过错，会计师都应承担责任。有一种"保险论"的观点，认为在市场经济中，审计费用的发生纯粹是贯彻了风险分担的原则。公司股东为了防止因管理人员的欺诈而引起灾难性的损失，都愿意从自己的收入中支付一部分来聘请外部审计人员，以对财务报表与此相关的经营活动进行审查，由此保证投资的安全。一旦审计人员因自己的过失而未查出存在的欺诈行为并导致公司股东的损失时，公司股东就有权起诉审计人员并索取赔偿。因此，在公司股东的眼里，审计行为同时也被视为保险行为，所支付的审计费用等同于支付的保险费用，从而达到风险分担的目的。因此，保险论认为，从风险转嫁学说出发，审计也是一种保险行为，可减小投资者的风险压力。与此相对应，注册会计师职业是一种"风险—责任"运营行业，类似保险公司，而保险公司承担无过错责任，这就意味着注册会计师也应承担无过错责任。

2. 过错责任原则说

会计界几乎都主张会计师职务侵权责任的归责原则为过错责任原则，法学界也不乏赞成此说者。这种观点认为，尽管注册会计师审计具有鉴证职能，但它毕竟是公允性审计，注册会计师对会计报表反映的会计信息给予"合理保证"，而不是绝对保证。"合理保证"意味着允许会计师

### 第十四章 注册会计师的审计责任

审计后的会计报表反映的内容与实际情况有适度偏离。审计的产生，本质上是为了能维护股东或者潜在的股东及公众投资者的利益。由于审计的局限性，会计师并不能保证已审计的会计报表不存在任何的错误或漏报。合理的保证责任是基于审计的成本效益原则。根据委托代理理论，在委托代理关系中，由委托人支付，最终由社会公众承担的合理的审计费，是降低委托代理风险的最经济的控制机制。委托人需要平衡其支付的审计成本与取得的审计收益（主要是注册会计师发现会计报表中的错弊而为委托人挽回的损失等）之间的关系。一般来说，审计工作越细，发现错弊的概率越大，但是它同时意味着委托人所要支付的审计费用也越高。审计作为现代公司制度的产物，本来就是用来降低代理成本的，如果审计不但不能降低代理成本，反而提升代理成本，则审计变得得不偿失。这就是注册会计师承担合理保证的理论基础，是基于委托人利益最大化的基础上的。考虑到成本效益的原则，审计风险更有其存在的合理性。委托人基于利益最大化的考虑，不要求注册会计师查出所有的错弊，所以，允许注册会计师存在一定的审计失败。只要会计师在从事会计审计活动时，尽到了应有的职业关注，即使出具了虚假的财务报告，也不应承担民事责任。我国著名公司法学者江平在接受《财经》记者采访时，认为中介机构的归责原则仍为普通过错责任制。

3. 过错推定原则说

有的学者认为，注册会计师的职务侵权责任如果采取一般过错原则，不利于保护第三人的合法利益，应以过错推定原则来追究注册会计师的民事责任。即除非注册会计师能证明其已尽到了职业注意义务，否则，只要出具了与实际不符的虚假财务报告，就推定其违反了作为专家的注意义务，主观上即有过错，应当承担相应的责任。这一原则在诉讼程序中，将举证责任倒置于注册会计师，考虑到此类诉讼中当事人证明能力的差别，因为与第三人相比，注册会计师在信息提供中居于主导或优势地位，外部第三人往往处于被动地位，令其对信息提供者的行为是否违反职业注意义务承担举证责任往往勉为其难。

### 4. 公平责任说

有的学者认为，注册会计师在职业活动中虽然严格遵守了职业规则，但由于现代抽样审计的固有风险等客观原因而出具了虚假的报告，给委托人和第三人造成了损害，在这种情况下注册会计师承担的责任既不是过错责任，也不是无过错责任，而是一种公平责任。在这种情况下，尽管注册会计师无过错，可不承担过错责任，但毕竟注册会计师出具了虚假的报告并造成了受害人损失，若注册会计师不承担责任，则显失公平，为体现公平、正义之法律价值，注册会计师还是应当承担适当的民事责任，以实现法律的救济功能。被审计单位作弊手段的高明以及注册会计师严格遵守了职业规则，不能免除注册会计师的公平责任，否则，注册会计师的价值何在？

## 第二节 注册会计师职务侵权责任归责原则的立法考察

### 1. 美国立法

如前所述，美国规定会计师民事责任的成文法主要是1933年《证券法》和1934年《证券交易法》。1933年《证券法》主要是针对发行证券申报登记文件中重大事实的不实陈述责任进行了规定。其中规定登记文件不实陈述的民事责任的条款主要是第11条，其中第11条（a）规定，当

## 第十四章 注册会计师的审计责任

登记文件中对重大事实有错误陈述或隐瞒的时候,证券的购买者有权起诉,除非被告能够证明购买者购买证券时已经知道存在错误或隐瞒,否则任何购买者都可以提起诉讼。第11条(b)则规定了免责事由。具体包括勤勉尽职(Due diligence)和合理调查(Reasonable investigation)。第11条(a)(4)明确规定了包括会计师在内的专业人士应承担的民事责任。1933年《证券法》规定的会计师的民事责任具有以下几个特点:其一,会计师与原告的合同关系不是必要条件,合同外的第三人也可以提起诉讼;其二,第三人的责任并不要求证实会计师有欺诈或重大过失行为成立,一般过失即构成过失的要件;其三,对会计师的责任,采用举证责任倒置的原则,即会计师作为被告时,应当证明其于合理调查之后具有合理原因相信,并且确实相信,财务报告中的该部分内容确属真实且无重大疏漏。而原告只需证明有重大不实的事实即可。 1934年《证券交易法》第9(e)、16(b)和18(a)条款规定了违法行为的民事责任。其中第18(a)条规定了会计师不实陈述的民事责任,该条规定:任何人在根据《证券交易法》向SEC呈报登记文件时如果做出严重的不实陈述或遗漏事实都必须负责。如果一位投资者阅读了登记文件后相信文件中的陈述,并因此而蒙受损失,就有按18(a)条的规定提起诉讼的权利。该法同时又规定,一旦原告能够证明确实知道并依赖了被告向SEC呈报登记材料的内容,被告就必须负责赔偿,除非被告确实能证明其行为是善意的,并且不知道所作的陈述是虚假或令人误解的。根据10b-5条的规定,第三人还可根据该条对会计师提起诉讼,但原告必须证明:①被告存在重大的、实际的不实陈述行为;②该证券在有效证券市场中交易;③被告不实陈述使合理的投资者做出错误判断;④原告在不实陈述后真相披露前进行交易。而被告方除非能推翻原告的上述证明，或证明原告未信赖该不实陈述，或已知存在不实陈述还进行交易，才能推翻信赖的推定。从1933年《证券法》和1934年《证券交易法》对会计师民事责任的规定来看，美国对会计师职务侵权责任的归责采用的是过错推定原则。

2. 日本立法

日本现行法规定虚假陈述民事责任的法律主要是《证券交易法》。该法第21条第（1）项规定："有价证券呈报书中重要事项有虚假记载，或者应记载的重要事项或为避免产生误解所必要重要事实的记载有欠缺时，下列人对因该募集或推销而取得证券者负有因虚假记载或记载欠缺而产生损害的赔偿责任。但该有价证券取得者在其申请取得之际，已经得知有虚假记载或记载欠缺时，不在此项……三、在该有价证券呈报书有关的第193条之第（1）项规定的监察证明中，对与该监察证明有关的文件记载虚假或欠缺一事出具了记载虚假证明或无欠缺的证明的注册会计师或监察法人。"同时该条第（2）项规定："在前项规定的场合，以下各号所列者已证明各该号所列事项时，不承担该项规定的赔偿责任……二、前项所列第三号者，对该号的证明无故意或无过失。"依上述条款，在证券呈报书中出具有证明的注册会计师，若能证明无故意或无过失，可以免责。由此可见，根据日本现行法的规定，会计师职务侵权责任的归责原则为过错推定原则。

3. 我国台湾地区立法

会计师对第三人的民事责任问题在台湾地区主要规定在《证券交易法》中，台湾地区原先的《证券交易法》第32条规定："前条之公开说明书，其应记载之主要内容有虚伪或欠缺之情事者，左列各款之人，对于善意之相对人，因而所受之损害，应就其所负责部分与公司负连带赔偿责任：一、发行人及其负责人；二、发行人之职员，曾在公开说明书上签章，以证实其所记载内容之全部或一部分；三、该有价证券之证券承销商；四、会计师、律师、工程师或其他专门职业或技术人员，曾在公开说明书上签章，以证实其所记载内容之全部或一部分，或陈述意见者。"根据该条的规定，会计师对第三人承担的是一种无过错责任，即只要公开说明书记载的内容不真实，会计师等专业人士，应与公司一起承担连带责任，无免责的情况。这种做法引起了会计界的强烈不满，学者们对此也有不同看法。赖英照先生认为，就保护投资人而言，原32条固有其优点，但对发行人以外之人，如已极尽调查或相当注意之能事，纵无过失，但须负连带赔偿责任，显属过苛，殊不足以鼓励各该人员依其职责防止公开说明之不实制作。1988年台湾地区在修改《证券交易法》时，采纳了学者的建议，将原第32条予以修改，以原项为第一项，增补第二项："前项第一款至第三款之人，除发行人之外，对于未经前项第四款之人签证部分，如能证明已尽相当之注意义务，并有正当理由确信其主要内容无虚伪、隐匿情事或对于签证之意见有正当理由确信其为真实者，免负赔偿责任；前项第四款之人，如能证明已经合理调查并有正当理由确信其签证或意见为真实者，亦同。"根据修改后的第32条，会计师等专业人士对于其签证部分或陈述意见欲主张免责者，必须证明其在签证陈述意见前，对于有关事项已作独立深入之调查，并已尽善良管理人之注意义务，始能免责。由此可见，台湾地区修改后的《证券交易法》，对会计师职务侵权责任的归责，采用的是过错推定原则。

## 第三节 我国注册会计师职务侵权归责原则的现行法之分析

我国现行法律涉及会计师法律责任的法律主要有：《注册会计师法》《证券法》《公司法》《刑法》《关于惩治违反公司法的犯罪的决定》以及《股票发行与交易管理暂行条例》等。其中大部分法律只涉及了会计师的行政责任和刑事责任，并没有规定其民事责任。涉及会计师民事责任的法律主要为《证券法》和《注册会计师法》。

《证券法》第161条规定："为证券的发行，上市或者证券交易活动出具审计报告、资产评估报告或者法律意见书等文件的专业机构和个人，必须按照执业规则规定的工作程序出具报告，对其所出具报告内容的真实性、准确性和完整性进行核查和验证，并就其负有责任的部分承担连带责任。"该法第202条规定："为证券的发行、上市或者证券交易出具审计报告、资产评估报告或者法律意见书等文件的专业机构，就其所应负责的内容弄虚作假的，没收非法所得，并处以违法所得一倍以上五倍以下的罚款，并由有关主管部门责令该机构停业，吊销直接责任人的资格证书。造成损失的，承担连带赔偿责任。"有学者认为，《证券法》这两条有关专业中介服务机构及其直接责任人承担民事责任的规定，应确定为过错推定责任。对于这些承担过错推定责任的民事责任人，除存在与无过错责任人同样免责事由以外，它们如能证明自己无过错，已经尽到了勤勉和恪尽职守或相当注意的义务，则应予免责。还有的学者认为，根据《证券法》第161条的规定，中介机构承担某种程度的保证责任，但在确定并追究中介机构责任中，虽然应以过失责任为根据。但由于投资者举证的困难，各国在证券法中多采用过错推定原则。有学者认为，《证券法》第161条和第202条的区别主要表现在主观状态上，第161条的责任承担是因为没有尽到勤勉之责，由于"核查验证"时把关不严而产生的民事责任，第202条的责任人则是直接参与弄虚作假。虽然第161条没有明确规定承担责任的归责原则，但从其规定的责任承担的判断标准来看，可以判断该条规定的承担责任的归责原则为过错责任原则。根据161条，责任承担有两个判断标准：一是是否按照执业规则规定的工作程序；二是对出具的报告内容是否真实、准确和完整进行检查和验证。如果会计师能够证明是按照执业规则规定的工作程序出具的报告，即可以实现免责。但是十分遗憾的是，面对官方的解释，似乎第161条规定的责任承担原则为无过错责任原则。在官方的释义中称："当其出具的审计报告、资产评估报告或法律意见书等文件核实，准确完整地反映委托单位的情况给投资者造成损失时，出具报告的审计机构、验资机构和提供法律意见书的机构和人员应当就其负有责任的部分承担责任。"也就是说即使准确完整反映了情况，但只要造成损失，就要负责。这实际上是要求中介服务机构承担无过错责任。很显然，这种解释与《证券法》第161条的规定不符。

《注册会计师法》涉及会计师民事责任的主要有两个条文，即第21条和第42条。第21条第1款规定："注册会计师执行审计业务，必须按照执业准则、规则确定的工作程序出具报告。"第2款规定："注册会计师执行审计业务出具报告时，不得有下列行为：（一）明知委托人对重要项目的财务处理与国家有关规定相抵触，而不予指明；（二）明知委托人的财务会计处理会直接损害报告使用人或者其他利害关系人的利益,而予以隐瞒或者作不实的报告;(三)明知委托人的财务会计处理会导致报告使用人或其他利害关系人产生重大误解,而不予指明;(四)明知委托人的会计报表的重要事项有不实的内容,而不予指明。"第3款规定:"对委托人有前款所列行为,注册会计师按照执业准则、规则应当知道的,适用前款规定。"第42条为会计师对委托人与第三人之责任的总括规定。该条规定:"注册会计师事务所违反本法规定,给委托人、其他利害关系人造成损失的,应当依法承担赔偿责任。"该条的"本法规定"涉及会计师审计失败的民事责任者,主要系对第21条关于会计师之具体法定义务的规定。从表面上看,这两条都没有界定会计师民事责任的归责原则,但如果分析第21条第2、3款的具体内容,可以得出这样的结论,即会计师对第三人民事责任的归责原则应为过错责任原则。第2款中强调的是会计师"明知"不可为而为之,即为主观之故意,而第3款强调的是会计师"应知"不可为而为之,即为主观上之过失,即第21条规定会计师不得在"明知"或"应知"的主观状态下从事法律禁止的行为,但如果会计师既非故意,又非过失(即按照执业准则、规则无法知道的),则不属于禁止范畴,当然也就不属于违法行为。而根据第42条,如果不是违法行为,自然就无须对第三人承担责任。由此可见《注册会计师法》规定的会计师民事责任的归责原则应为过错责任原则。《注册会计师法(修订草案)》(征求意见稿)第70条规定:"会计师事务所违反本法规定,故意或者过失出具不实或者不当业务报告,给委托人、其他利害关系人造成损失的,应当依法承担民事责任。"该规定表明立法者想在《注册会计师法》中明确会计师民事责任归责原则为过错责任原则,会计师所有业务都实行过错责任制度。

《中华人民共和国民法》(草案)第8编(侵权责任法)第174条第2款规定:"按照前条规定承担责任时,有关中介机构或个人如能证明已按本行业公认的业务标准、专业操作规程,谨慎地进行了核查验证并且勤勉尽责,并有充分理由相应其出具的文件内容不存在虚假陈述的,不承担赔偿责任。"很显然,民法典的起草者对会计师等专家的民事责任归责原则倾向于采用过错责任原则。

除《注册会计师法》《证券法》外,还有一些司法解释涉及了注册会计师职务侵权责任的归责原则。

法函56号是最高人民法院对四川省高院关于德阳会计师事务所验资纠纷案所作请示的答复。从内容上看,法函56号判定德阳会计师事务所应承担赔偿责任的理由是德阳会计师事务所在验资证明中特别承诺"以上货币资金及固定资产业经逐项验证属实,如有虚假,由我单位负责承担证明金额内的赔偿责任。"法函56号没有说明会计师是否有过错,而直接要求出具了虚假验资报告的会计师事务所承担责任,似乎是将"虚假验资报告"视为会计师事务所承担责任的充分条件。有的学者认为,法函56号所确定的会计师民事责任的归责原则为无过错责任。有学者不同意这种看法。法函56号之所以没有考虑会计师是否有过错,是因为德阳验资案的特殊情节。在该案中,德阳会计师事务所实际上将自己置于东方公司的"担保人"的地位,而非单纯的、中立的"验资人"的角色。根据担保法的一般原理,担保人在主债务人无法偿还债务时,必须承担连带赔偿责任,这种连带责任是不适用过错原理的。因此,既然德阳会计师事务所自愿充当保证人,法院追加其为共同被告并判决承担赔偿责任,自然也不会关注会计师事务所是否有过错。由于德阳验资案的象征意义,人们往往忽视其中的"担保承诺"这一特定情节,而将其视为追究会计师法律责任的司法依据。不论发生何种类型的案件，只要其中存在虚假财务报告，出具报告的会计师就必须承担责任，于是"虚假财务报告"似乎与"会计师承担责任"之间画等号。这是一种极大的误解。法函56号也同时指出："即使会计师事务所出具的验资证明无特别注明，给委托人、其他利害关系人造成损失的，根据《中华人民共和国注册会计师法》第42条的规定，亦应依法承担赔偿责任。"能否据此得出会计师承担无过错责任的结论呢？笔者认为不能。从理论上说，法函56号除了从司法上强调了《注册会计师法》第42条的法律拘束力以外，并没有对会计师的民事责任问题提出任何新的司法原则。而第42条的相关内容已如前述，因此以法函56号为由推论适用无过错责任原则是难以成立的。

法释13号的全称为"最高人民法院关于会计师事务所为企业出具虚假验资证明应如何承担责任问题的批复"，主要内容："一、会计师事务所系国家批准的依法独立承担注册会计师业务的事业单位。会计师事务所为企业出具虚假验资证明，属于依照委托合同实施的民事行为。依据《中华人民共和国民法通则》第106条第2款的规定，会计师事务所在1994年1月1日之前为企业出具虚假验资证明，给委托人、其他利害关系人造成损失的，应当承担相应的民事赔偿责任。二、会计师事务所与案件的合同当事人虽然没有直接的法律关系，但鉴于其出具虚假验资证明的行为，损害了当事人的合法权益。因此，在民事责任的承担上，应当先由债务人负责清偿，不足部分，再由会计师事务所在其证明金额的范围内承担赔偿责任"。法释13号对《注册会计师法》生效前注册会计师的民事责任做出规定："依据《民法通则》第106条第2款，会计师事务所在1994年1月1日之前为企业出具虚假验资证明，给委托人、其他利害关系人造成损失的,应当承担相应的民事法律责任。"
《民法通则》第 106 条第 2 款是关于侵权行为法一般归责原则即过错责任原则的规定。同时,最高人民法院《经济审判指导与参考》1999 年 12 月第 1 辑刊出了"关于会计师事务所为企业出具虚假验资证明应如何承担责任问题的批复"(即法释 13 号)的解释指出:"会计师事务所为虚假验资行为承担民事责任的构成要件有二:第一个要件是会计师事务所在主观上负有过错。发生虚假验资的原因较为复杂,有的是出于委托人的授意,也有的是会计师事务所故意所为。但无论哪一种,会计师事务所均存在过错。前者,会计师事务所违背了职业道德,与委托人构成共同故意。后者,会计师事务所是故意违法。如非会计师事务所主观上的过错,如因银行出具的假进账单,委托人提供的假发票、假单据等,会计师事务所限于职权或者专业技术手段的局限无法鉴别其真伪造成的虚假验资,会计师事务所不承担民事责任。"该条解释强调了会计师承担法律责任首先应有主观上的过错。由此可见法释 13 号主张会计师职务侵权责任的归责原则为过错责任。

2003 年 1 月 9 日,最高人民法院出台的《关于审理证券市场因虚假陈述引发的民事赔偿案件的若干规定》(以下简称《1.9 规定》),是我国证券市场第一个有关侵权民事赔偿适用法律的系统性的司法解释。它对会计师等中介机构的民事责任也作了明确的规定。其中第 7 条规定:"虚假陈述证券民事赔偿案件的被告应当是虚假陈述人,包括:……(五)会计师事务所、律师事务所、资产评估机构等专业中介服务机构。"第 24 条规定:"专业中介服务机构及其直接责任人违反证券法第 161 条和第 202 条的规定虚假陈述,给投资者造成损失的,就其负有责任的部分承担赔偿责任。但有证据证明无过错的,应予免责。"

很明显,《1.9规定》对会计师事务所等中介服务机构的民事责任归责原则采纳了过错推定原则。从上面的分析可以看出,虽然现行立法并没有明确规定会计师民事责任的归责原则,但通过分析相关条文隐含的内容,可以认为,现行立法对会计师民事责任的归责原则倾向于采取过错责任原则。

## 第四节 我国注册会计师职务侵权责任归责原则的最佳选择

我国注册会计师职务侵权责任归责原则的最佳选择应为过错责任原则的特殊形式——过错推定。其理由如下。

第一,无过错责任原则、公平责任原则与一般的过错责任原则均存在不合理之处。无过错责任原则虽然有利于保护第三人的合法利益,但无过错责任原则的主要功能在于分担、补偿受害者的损失,它已经没有了过错责任的教育、惩戒功能。而会计师职务侵权行为的建立,旨在教育、惩戒审计作假者,并给受害者损失予以补偿。同时,无过错责任意味着会计师必须绝对保证审计报告的正确性,只要审计结果有所错漏,就必须对会计师追究责任。"绝对保证"反映了社会公众对会计师的期望。他们不在乎会计师是否按照执业准则出具了报告,只关心结果,即审计结论是不是真实、验资额是不是实际出资额等。但这将会极大增加会计师执业风险,并会产生两种结果:一是会计师无法承受如此高的职业风险而退出该职业,这并非假想,在现实生活中已有所验证,不少会计师称验资业务是一个"陷阱",许多事务所,尤其是大的事务所已停止承办验资业务,有些事务所甚至呼吁事务所联合起来抵制验资业务。事实上,验资业务相对于会计报表审计来说，审计成本和审计风险要小得多。二是会计师为最大程度地减少审计风险，被迫进行"详细审计"，由此带来的高昂审计成本最终转移到作为委托人的股东或公众投资者身上。同时，审计时间的相应延长将难以适应瞬息万变的经济形势而使审计信息毫无价值，结果迫使股东放弃审计。两种结果都迫使会计师退出市场经济的舞台，整个社会将为此付出代价。保险论认为，在股东眼里，审计行为同时被视同为保险行为，所支付的审计费用等同于支付的保险费用，从而达到风险分担的目的。只要审计失败，会计师就要承担责任。会计师不但对会计报表进行鉴证，而且要绝对保证已审报表的正确性。这种观点虽然有责任容易界定的好处，公众也好向会计师索赔，但会计师事务所不是保险公司，其承担风险能力是有限的，它并没有按保险公司制度进行运作。相反，它是以委托业务收费形式存在的，它本身也要向保险公司投保（责任险）。1994 年由 Legal Liability Task Force 以问卷的方式向其会员国家调查各国诉讼问题的情形、法律责任的内容、专业保险的规定以及专业团体或管制机构的因应之道。通过调查得出的结论是，会计师承担的责任过大会使会计师事务所很难取得专业保险及降低原告获得求偿的机会。由于保险公司需支付的赔偿金额及概率越来越大，因此不愿意再承保会计师业务。在事务所的资源用尽，又无法取得保险的情况下，原告能获取赔偿的机会就更小了。同时无限连带责任使高风险企业不易找到一个高品质的会计师。因为越来越多国家优良的中小型事务所已经纷纷将其审计工作转向风险较小的管理咨询或税务工作。有一篇对美国加州会计师事务所调查报告显示，仅有 53% 的会计师愿意接受审计任务，而其中有 3290 个会计师表示不愿意承接其认为高风险的案件。国际会计师联合会 IFAC 指出,法律责任的压力使得越来越多的会计师尽量避免高风险客户及产业。虽然这些降低风险的措施可以减小会计师面临诉讼的威胁,但对企业的发展造成不利的影响。因为若缺少经过审计的财务报表,企业可能就无法取得其所需的银行贷款,刚起步的公司将无法取得股东的信赖,整个经济的发展可能因此而受阻或陷入困境。更甚者,有能力创造就业机会的企业家将不愿意在这个过多责任的环境中经营。从世界现行立法例来看,对会计师职务侵权责任大都没有适用无过错责任原则。

公平责任是否为一项独立的归责原则,在学术界一直存在不同的看法,有的学者认为,它是一项独立的归责原则,有的学者认为公平责任实际上是无过错责任原则的一种类型。笔者认为公平责任是一项独立的归责原则,但对它的适用范围应严格加以限制,以防止法官利用公平责任原则来规避过错责任原则与无过错责任原则的适用。台湾学者王泽鉴先生在评述《民法通则》第132条关于公平责任原则的规定时,曾提出两点疑问:"一是仅考虑当事人的财产,使财产之有无多寡由此变成了一项民事责任的归责原则,由有资力的一方当事人承担社会安全制度的任务,不完全合理;二是在实务上,难免造成法院不审慎认定加害人是否具有过失,从事的作业是否具有高度危险性,而基于方便、人情或其他因素从宽适用此项公平责任条款,致使过失责任和无过失责任不能发挥其应有的规范功能,软化侵权行为归责原则的体系构成。"笔者认为,公平责任原则应主要适用两种情况:一是无行为能力人、限制行为能力人致人损害的责任,二是紧急避险人适当承担的责任。不能随意地扩大公平责任的适用范围,会计师职务侵权责任的归责原则不宜适用公平责任原则。

会计师职务侵权责任的归责原则也不宜采纳一般的过

错责任原则。因为独立审计是一项技术性较强的工作，并且审计工作底稿所有权属于会计师事务所。能证明会计师是否尽到应有的注意义务的证据就是审计工作底稿，而会计师又对工作底稿实行保密原则，受害人要主张会计师主观上有过失，一方面审计工作底稿无法取得，另一方面即使取得审计工作底稿，受害人出于专业知识限制，也无法证明被告主观上是否有过失。如单纯适用过错责任原则，将会使受害人在提起诉讼以后遇到举证上的困难。因为会计师报告不实的事实是可以证明的，从这些事实中可以证明其主观上确有过错，但要求受害人必须证明会计师主观有过错则十分困难。因为会计师可以以各种理由证明其所作的报告已严格遵循相关执业规则，从而可以免于承担责任。这对保护第三人的利益不利，因此，我国会计师职务侵权责任的归责原则不宜采用一般过错责任原则。

第二，注册会计师的职务侵权责任应是一种"合理的保证责任"而不是一种"绝对保证责任"。会计师只要尽到应尽的职业注意义务，即使出具了虚假的审计报告，依法也不应承担责任。会计师只有在未尽职业注意义务的前提下，故意或过失地出具了虚假的审计报告，才对其他利害关系人承担不实报告的赔偿责任。可以这样说，"合理的保证"是审计文化经过长期对比、淘汰、沉淀的产物，是会计师行业存在与发展的基础。其客观原因在于在审计业务中，审计风险（审计风险是指会计报表存在重大错报或漏报而注册会计师发表不恰当意见的可能性。财政部注册会计师考试委员会办公室编：《审计》，载《东北财经大学出版社 1998 年版，第 217 页。）无法绝对避免，这是决定会计师承担"合理的保证"的根本因素。审计风险的存在具有客观性，即使不考虑成本效益原则，审计风险的存在也是不以人的意志为转移的，人类不能消除它，只能通过各种手段降低审计风险及其可能的损失。由于审计风险无法避免,这也就决定了会计师出具的会计报告的"真实性"只能是相对的,而不是绝对的。会计报告的相对真实性是由以下因素决定的:首先,审计对象的财务会计报表真实的相对性。独立审计的目的就是要对被审计单位的财务会计报表的合法性、公允性发表审计意见。因此,财务报表自身的真实性、完整性程度直接影响着审计报告的真实性、完整性程度。但从会计学的理论属性和经济属性来看,它本质上不是一门精算科学,财务会计报表反映的信息真实性的标准是相对的、动态的。其次,现代审计理论和方法的固有局限性决定了审计报告的真实性只能是相对的。现代审计以抽样技术为基础,并在概率原理的支持下,对被审计单位的财务会计报告发表意见,它只能保证最大概率的正确性(统计抽样允许合理误差),只能揭示影响公允反映被审计单位财务状况经营效果及资金变动情况的重大事项,而不能保证将会计报告中所有的错误都揭露出来,只要这种误差对财务会计报表整体上的可靠性不产生实质性的影响,且在报表使用者容忍的范围内,该误差就被认为是允许的,不会影响审计报告的真实性。同时,考虑到成本效益的原则,审计风险更有其存在的合理性。委托人基于利益最大化考虑,不要求会计师查出所有的错弊。一般而言,审计范围越大,审计程序越复杂,严密程度越高,则审计结果越精确,但与此同时审计成本亦逐步增加,受边际效益递减和边际成本递增的经济规律影响,在超越合理限度后,要使审计精确度进一步轻微提高,就必须以不成比例地承受更加昂贵的成本为代价。正如前述,这是不可能的,即使可能,也不合算。所以,允许会计师存在一定的审计失败。这个概率就是通常所说的"可接受审计风险",问题是如何判断审计失败,委托人允许的审计风险有多大。在这一方面,审计职业界与委托人会存在一定的差距,俗称"期望差距",委托人总是期望花最少的钱办最大的事,而审计职业界基于自身的成本利益考虑,也想花最少的钱完成委托人的任务。但从理性上讲,社会公众应该允许审计风险的存在,如前所述,这符合社会公众(委托人)的利益最大化原则。对于审计风险,我们可以运用法律上的"容许性危险与违法阻却"理论加以解释。所谓容许性危险,是指为完成某种有益于社会的行为,对在性质上含有某种侵害法律权益的抽象危险行为,若该危险与其有益目的相比被认为是正当的,该危险就属于容许性危险。容许性危险最初仅被视为责任阻却事由,而不是违法阻却事由,其效果为"虽属违法,但无责任"。但近年来多数民法学者认为:容许性危险行为本身属于具有正当目的的行为,它本身不欠缺合法性,如果行为者在履行了应尽的注意义务的情形下发生了可预见的危险,也不能将之归为违法。审计失败具有正当性,因它以谋求民众利益为自身目的,所以它应属于"容许性危险"的一种。根据该理论,会计师可以以"已尽应有的注意义务"为由主张免责。

第三,采取过错推定原则有利于保护信息活动中弱势群体利益。从各国立法来看,会计师只对审计报告承担合理的保证责任,而不是绝对的保证。会计师只要尽到了职业上的注意义务,即使出具了虚假的审计报告,也可以免责。在适用过错责任原则时,举证责任采取"谁主张,谁举证"原则。提出赔偿主张的受害人,就加害人的过错举证,否则不能获得赔偿。但会计师与受害人在诉讼活动中,由于会计师在信息公开活动中处于主导或优势地位,投资者只是被动地了解公开信息,受害人因专业知识限制,对会计师是否有过错难以举证。因此,为了保护信息弱势群体的利益,在确定会计师主观过错的要件上,实行过错推定,即实行举证责任倒置，不要求受害人去寻求行为人在主观上存在主观过错的证明，而是从损害事实的客观要件以及它与违法行为之间的因果关系中推定会计师主观上的过错，如果会计师认为自己主观上没有过错，则需自己证明。证明成立者，推翻过错推定，不承担责任。不能证明者，则推定为有过错，对受害人承担赔偿责任，可以有效地保护受害人的利益。

第四，采用过错推定原则有利于维护会计师职业的生存空间。注册会计师的职务侵权责任从本质上说是一种信息担保责任，是对一种可能出现的具有侵权行为性质的信息公开违法行为承担法律责任的担保。而信息公开的义务人是企业而非会计师，因此，会计师对担保行为合法性的确信，要受信息公开义务人事前或事后的其他行为的影响，且担保期限又是不确定的。具体而言，会计师要根据公司提供的会计凭证等制作审计报告，而且信息公开文件的内容往往是数个信息公开担保人共同判断和决定的结果。如发起人或董事，具有法定资产评估资格的评估机构，律师事务所等，而不是由其单独决定有关信息公开事宜。这样，如果法律一方面强制会计师对第三人承担责任，另一方面在归责于会计师时，又不考虑会计师行为时的主观状况，即主观上是否有过错，这实际上是让会计师对第三人承担无过错责任。这对于会计师未免过于苛求，将会使会计师职业的生存受到严重挑战。

第五，符合我国现行法律的规定和国际通行做法。通过前面的分析，我国《注册会计师法》《民法通则》《证券法》及相关司法解释都主张会计师承担的民事责任应是一种过错责任原则，即强调会计师对第三人承担的是一种"合理的保证责任"。同时，从各国实践来看，独立审计制度发展至今，大多数国家对会计师的民事责任没有适用无过错责任原则。如美国《1934年证券交易法》第11条,日本《证券交易法》第21条,我国台湾地区修订后的《证券交易法》第32条,采用的均是过错推定原则。

## 第五节 注册会计师法律责任的成因、认定及防范

随着现代商品经济的发展,注册会计师审计在社会经济的各个领域扮演着越来越重要的角色,发挥着越来越大的作用。同时,注册会计师和会计师事务所也被寄予更高的社会期望,肩负着越来越重的社会责任,注册会计师卷入法律诉讼的案件也屡见不鲜,于是我们看到"诉讼爆炸""保险危机"等现象,其实都是注册会计师法律责任的集中表现形式。那么,注册会计师法律责任的成因何在?如何认定?如何防范?这确实是值得我们认真探讨的一个问题。

**一、注册会计师法律责任的成因**

在审计业务中,注册会计师可能被卷入审计诉讼案件中,需要承担相应的法律责任。注册会计师的法律责任主要由内在原因和外部原因引起。

(一)注册会计师法律责任的内在原因

(1)被审计单位方面的原因:包括被审计单位出现报表错误、舞弊和违反法规的行为和经营失败以及其他目的而粉饰报表。

首先是被审计单位的错误、舞弊和违反犯规的行为。

"错误",是指报表中存在的非故意的错报或漏报。包括原始记录和会计数据的计算、抄写错误;对事实的疏忽和误解;对会计政策的误用。通常表现为:账不平,表

不对，会计资料之间及会计资料与其他资料不一致。

"舞弊"，是指导致报表产生不实反映的故意行为。主要包括伪造、编造记录或凭证，侵占资产，隐瞒或删除交易及事项，记录虚假的交易或事项，蓄意使用不当的会计政策。通常表现为：账平表对，会计资料之间及会计资料与其他资料之间保持一致。舞弊既有财务人员个人行为，也有领导层授意，相关部门人员串通所致。

"违反法规行为"，是指被审计单位故意或非故意地违反除《企业会计准则》及国家其他有关财会法规之外的国家法律、行政法规、部门规章和地方性法规、规章的行为。

被审计单位的报表出现错误、舞弊和违反法规、没有建立健全和有效执行内部控制等行为属于被审计管理当局的会计责任。这是产生注册会计师法律责任的基本前提。如果被审计单位的会计报表没有诸如错误、舞弊和违反法规的行为，就谈不上注册会计师需要承担法律责任的问题。

其次，是被审计单位出现经营失败。

经营失败，是指被审计单位因为管理层决策失误或者经营管理不善导致财务状况恶化甚至破产倒闭，使投资人和债权人蒙受巨大损失。一般情况下，企业出现经营危机，会在财务报表中反映出来，会计信息的预期使用者能够预测，正确地做出决策。但是，实际的情况是，如果出现经营失败，为了企业利益，管理当局是不会允许报表进行如实反映的，而是授意财务人员隐瞒企业的财务危机，从而出现报表舞弊。如果注册会计师不严格遵守审计准则，就会导致不能发现报表错弊而出现审计失败。

再次，被审计单位为追求其他目的而粉饰会计报表。

除产生经营失败外，管理层还会为自己的经济利益、个人升迁，为公司上市筹资等目的，为追求利润最大化，也会对财务报表进行粉饰。

## 第十四章 注册会计师的审计责任

（2）注册会计师方面的原因。在财务报表审计中，注册会计师的法律责任主要基于两个方面，一是报表是否有重大错弊，该错弊的相关内部控制是否健全；二是注册会计师是否有自己的原因而未发现这些错弊，包括三个方面：注册会计师违约、注册会计师过失和注册会计师欺诈。

"注册会计师违约"：注册会计师可能由于未严格遵守审计业务约定书的约定条款，产生违约责任。

"注册会计师过失"：注册会计师因缺少应有的合理谨慎而未能发现重大错弊。此处的合理，以其他注册会计师在同等条件下能发现为标准。

"注册会计师欺诈"：也称注册会计师舞弊。如果注册会计师明知报表有重大错弊却在审计报告中加以虚伪的陈述，就是一种以欺骗或坑害他人为目的的一种故意行为，以具有不良动机为主要特征。也就是说，注册会计师为了达到欺骗他人的目的，以牟取自己的私利，明知被审计单位的会计报表有重大错报，却加以虚假的陈述，出具无保留意见的审计报告。与欺诈相关的另一个概念就是"推定欺诈"，或"涉嫌欺诈"，即虽无故意欺诈或坑害他人的动机，但却存在极端或异常的过失，也被认定为欺诈行为。

（二）注册会计师法律责任的外部原因

注册会计师的法律责任正在逐步扩展，特别是在西方国家，进入20世纪80年代后，无论是法院的判例解释，还是注册会计师职业团体的态度，较之以往的情形都发生了很大的变化。注册会计师职业受到影响甚至受到阻碍或冲击的原因归结为以下几个方面。

1. 社会心理因素

注册会计师被称为经济警察，他们具有丰富的会计、审计、统计、经济、管理、法律等方面的专业知识和实践经验，具有良好的职业道德，人们对注册会计师寄予很高的期望，期望他们能独立、客观、公正地开展审计、审阅和其他鉴证业务和相关服务业务,维护社会经济秩序和社会公众利益。但是,注册会计师和会计师事务所却常常因各种原因未能发现报表中存在的重大错弊,甚至出现欺诈行为,出具不实的审计报告,给预期使用人造成巨大损失。这种对"审计期望差"的存在及扩大,也是导致注册会计师承担法律责任的重要社会心理因素。

期望差距产生的原因很多,但总体上来看包括:公众过高的不合理期望,公众对审计执业水平存在着不正确的认识,现有审计准则未能满足公众的期望,审计执业未达到准则要求等。显然,要缩小期望差距,职业界应设法取得公众的理解(对于前二者),或者改进准则或提高执业水平(对于后二者)。这一努力的过程,就是职业界发展、壮大的过程。

又如"风险社会化"理论,认为应把遭受的损失的责任推向那些被认为可以避免损失或可以通过向其他人收取更高的费用转嫁损失的人。同时,注册会计师越来越明显地被看作是担保人而非独立、客观的审计人和报告者。

在所有的商业领域,注册会计师的参与日益增加。人们开始认同投资过程中不断披露会计信息的重要性,并反对滥用注册会计师许可的所谓"创新"会计处理。

此外,审计保险理论的运用。例如,"深口袋"理论(deep-pocket theory),认为任何看上去拥有经济财富的人都可能受到起诉,不论其应当受到的惩罚的程度如何。

2. 经济因素

这是由会计师事务所的性质决定的。会计师事务所是指通过为私人、企业或其他组织提供会计方面的咨询和服务而收取一定费用的营利性组织。他们具备赔偿利害关系人经济损失的能力。

### 3. 法律因素

人们的自我保护意识和法律意识增强。"消费者保护主义"的兴起，注册会计师承担法律责任可以视为对消费者权益与商业利益之间出现利益失衡进行的补偿，表明人们开始对消费者的利益逐渐认识与重视。

从成文法和习惯法的角度讲，国家的相关法律法规中也在强化注册会计师法律责任的条款的制定。同时，在审计诉讼案件判例中，我们也发现会计师事务所的赔偿范围在不断增大，事务所屡屡败诉的现实。会计师事务所对损失方的同情而赔偿的案例，也会被社会公众误认为是注册会计师的过错，而加以利用。

### 二、注册会计师法律责任的认定

注册会计师的法律责任，主要有三个方面的责任：违约责任、过失责任和欺诈责任。这三种责任的认定要从形成法律责任的客观原因和主观原因去认定。客观原因就是报表本身有无重大错弊。主观原因是指注册会计师本身有无主观过错。

事实上，注册会计师只要严格遵循专业标准，保持应有的职业谨慎，实施恰当且必要的审计程序，是能够合理确信查出报表中存在的重大错弊的。

由于一些固有限制，我们当然不能苛求注册会计师发现并披露报表中的所有错弊。

对于那些未发现的错弊，注册会计师是否负有责任关键在于是否因审计人员本身的过错而未查出该错弊。

（一）违约责任的认定。

关于违约责任认定，一般按照双方签订的审计业务约定书，有约定则从约定，无约定及约定不明从惯例。

（二）过失责任的认定

对未发现错弊，注册会计师可能无过失，也可能有过失。

1. 无过失，是指注册会计师遵守了审计准则且未发现的错弊并不重大。

2. 有过失，是指因注册会计师缺少应有的合理谨慎而未能发现重大错弊，这里的应有的合理谨慎是以其他注册会计师在同等条件下能发现为标准。过失责任按照重要性和内部控制，过失又可以分为普通过失和重大过失两类。

（1）普通过失：单个未发现的错弊均不算重大，但综合起来对报表的影响较大；或单个错弊重大，而相关错弊所在领域内部控制健全，但职工串通舞弊或领导层授意作弊，致使内部控制失效，而注册会计师因没有完全遵守审计准则，而未发现这些重大错弊。

（2）重大过失：单个错弊重大，且错弊所在领域的内部控制并不健全，注册会计师因根本没有遵守审计准则，导致未能发现被审计单位内部控制不健全也未能发现报表中存在的重大错弊。

（三）欺诈责任的认定

注册会计师明知被审计单位报表有重大错弊却加以虚伪的陈述，以不良动机为主要特征。

推定欺诈：没有证据表明存在不良动机，但存在极端或异常的过失，且没有其他合理的令人信服的理由。

注册会计师承担的法律责任类型主要包括行政责任、民事责任、刑事责任。一般来讲，针对违约、过失事项通常需要承担行政责任；针对违约、过失、欺诈事项可能都需要承担民事责任；而出现注册会计师欺诈则必须承担刑事责任。

## 三、注册会计师法律责任的防范对策

（一）注册会计师法律责任防范的总体原则

面对注册会计师法律责任的扩展和被控诉讼案件的急剧增加，整个注册会计师职业界都在积极研究如何避免法律诉讼，这对于提高注册会计师审计的鉴证水平、增强发现重大错误与舞弊的能力都有较大的帮助。注册会计师要避免法律诉讼，就必须在执行审计业务时尽量减少过失和防止欺诈，注册会计师应达到以下基本要求。

1. 增强执业独立性。独立性是注册会计师审计的生命。要求注册会计师和会计师事务所在业务承接前要严格审查自身的独立性问题，是否存在使独立性受到损害的因素，自觉加以防范和回避。

2. 保持职业谨慎。注册会计师审计出现过失，主要是由于缺乏认真而谨慎的职业态度引起的。在执行审计业务过程中，未严格或根本就没有遵守审计准则，不执行适当的审计程序，对有关被审计单位的问题未保持应有的职业谨慎，或为节省时间而缩小审计范围和简化审计程序，都会导致财务报表中的重大错报没被发现。

3. 强化执业监督。这里的强化执业监督，不是指建立执业监督机构，健全执业监督法规制度，而是指注册会计师应加强对其助理人员或其他人员进行切实的监督。对于业务复杂且重大的委托单位来说，其审计是由多个注册会计师及许多助理人员共同配合来完成的，假如他们的分工存在重叠或间隙，又缺乏严密的执业监督，发生过失就很难避免。

（二）注册会计师法律责任防范的具体措施

根据注册会计师法律责任的成因和法律责任的认定，注册会计师和会计师事务所要避免法律诉讼，可以采取以下具体措施。

1. 严格遵循职业道德和专业标准的要求

前已述及，认定注册会计师是否承担法律责任，关键是注册会计师是否按照专业标准的要求执业。因此，保持良好的职业道德，严格遵循专业标准的要求执行审计业务、出具审计报告，对于避免法律诉讼或在诉讼中保护注册会计师合法权益具有无比的重要性。

2. 建立健全会计师事务所质量控制制度

审计质量的控制，除了注册会计师要严格按照审计准则开展执业，确保审计质量外，会计师事务所也应该建立健全审计质量控制政策、程序和制度，将质量管理作为会计师事务所的各项管理工作的核心和关键。

3. 与委托人签订业务约定书

根据《注册会计师法》的规定，注册会计师承办业务，会计师事务所应与委托人或被审计单位签订审计业务约定书，业务约定书具有法律效力，它是确定注册会计师和委托方或被审计单位责任的重要文件。事实上，会计师事务所不论承办何种业务，都要按照审计准则的要求与委托人（被审计单位）签订业务约定书，这样才能在发生法律诉讼时将一切口舌争辩减小到最低限度，也才能认定注册会计师的违约责任。

4. 审慎选择被审计单位

众多的审计诉讼案件告诉我们，注册会计师要避免审计法律诉讼，很重要的一个环节就是在选择被审计单位、承接审计业务时要慎之又慎。一是要选择正直的被审计单位，二是对陷入财务和法律困境的被审计单位要尤为注意。因为，中外历史上绝大部分涉及注册会计师的诉讼案，都集中在宣告破产的被审计单位。例如那些周转不灵或面临破产的公司，其股东或债权人总想为他们的损失寻找替罪羊，因此，对这样的公司要特别留意、格外小心。

5. 深入了解被审计单位的业务

如果注册会计师不了解被审计单位所在的行业的情况及被审计单位的业务，就很难发现报表中可能存在的重大错弊，很容易被卷入审计诉讼案件中。

### 第十四章 注册会计师的审计责任

6. 提取风险基金和购买责任保险

审计风险总是存在的。即使注册会计师严格遵守审计准则，保持了应有的执业谨慎，仍然可能出现无法发现报表中存在的一些错弊，而发表了不恰当审计意见的可能性。因此，投保充分的责任保险是会计师事务所一项极为重要的自我保护措施，虽然保险不能免除可能受到的法律诉讼，但是能防止或减少诉讼失败时会计师事务所发生的财务损失。

7. 聘请熟悉注册会计师法律责任的律师

会计师事务所应尽可能聘请熟悉相关法规及注册会计师法律责任的律师。如遇到重大法律问题，注册会计师应同本所的律师或外聘律师详细讨论所有潜在的危险。一旦发生法律诉讼，应聘请有经验的律师参与诉讼。

8. 加大对《注册会计师法》和《审计准则》的宣传

以提高社会公众对注册会计师职业的了解和理解，减少不必要的法律诉讼。

综上所述，对于审计职业界而言，明确注册会计师法律责任的成因、认定，采取切实有效的措施避免法律诉讼，既有利于保护社会公众利益、维护正常的社会经济秩序，也能最大限度地保护会计师事务所和注册会计师的合法权益。

# 第十五章 内部控制对风险评估及应对审计风险的影响

## 第一节 审计风险准则及其特点

(一) 出台审计风险准则的背景

审计风险准则项目最早由国际审计与鉴证准则理事会（IAASB）起草，并受到联合工作组和（Joint Working Group）和美国公共监督理事会（Public Over-sight Board）的审计效率研究工作组的影响。1998年，加拿大、英国、美国的准则制定机构与学者组成联合工作组，了解和研究审计实务的发展情况，并为准则制定机构对审计准则做出必要修订提供建议。2000年5月，联合工作组发表了研究报告《大型会计师事务所的审计方法发展》；2000年8月，公共监督理事会发布了关于审计效率的研究报告。这两份报告的主要研究结论是，审计风险基本模型并没有被废弃，但需要做出适当的调整。

国际审计与鉴证准则理事会和美国审计准则委员会（ASB，原美国注册会计师协会下设组织）都确定了有关项目，应对审计环境的变化，并考虑联合工作组和公共监督理事会的研究建议。由于两个准则制定机构面临相似的问题，具有提高审计质量的共同目的，因此两个项目小组合并成立了联合风险评估工作组，制定共同的审计风险准则，

# 第十五章 内部控制对风险评估及应对审计风险的影响

从源头上实现国际协调。

联合风险评估工作组于 2002 年 10 月发布了审计风险准则征求意见稿，包括《财务报表审计的目标和一般原则》《审计证据》《了解被审计单位及其环境并评估重大错报风险》和《针对评估的重大错报风险实施的程序》。2003 年 10 月，国际审计与鉴证准则理事会在东京的会议上对征求意见稿进行了最后修订，获得委员会通过，审计风险准则在 2004 年 12 月 15 日之后正式施行。我国审计风险准则于 2006 年 2 月 15 日由财政部发布，自 2007 年 1 月 1 日起实施。

（二）审计风险准则的特点

众所周知，财务报表为被审计单位的财务活动提供了一个正式记录。财务活动开始于被审计单位的决策过程，受经营战略、控制活动和经营过程的影响。当决策开始执行后，交易活动随之发生，在会计记录中得以反映，并在财务报表中汇总体现。

在审计风险准则出台之前，注册会计师通常先对被审计单位获取基本了解，然后针对财务报表获取充分、适当的审计证据。审计资源主要集中于管理层做出的决策信息和财务报表。这种方法的缺陷在于，注册会计师可能并没有意识到，或并没有全面理解所记录的关于管理层决策的信息的重要性。注册会计师只有通过花时间了解被审计单位的经营性质、经营目标和舞弊因素、经营战略、企业文化和价值观（控制环境）、员工的胜任能力、组织结构和生产过程，以及用于应对风险的内部控制，才能够知道信息系统实际应该记录什么类型的信息。

归纳起来，审计风险准则有以下几个特点。

（1）要求注册会计师必须了解被审计单位及其环境。注册会计师通过了解被审计单位及其环境，包括了解内部控制，为识别财务报表层次以及各类交易、账户余额和列报认定层次重大错报风险提供了良好的基础。

（2）要求注册会计师在审计的所有阶段都要实施风险评估程序。注册会计师应当将识别的风险与认定层次可能发生的错报的领域相联系，实施更为严格的风险评估程序，不得未经风险评估，直接将风险设定为高水平。

（3）要求注册会计师将识别和评估的风险与实施的审计程序挂钩。在设计和实施进一步审计程序（控制测试和实质性程序）时，注册会计师应当将审计程序的性质、时间和范围与识别、评估的风险相联系，以防止机械地利用程序表从形式上迎合审计准则对审计程序的要求。

（4）要求注册会计师针对重大的各类交易、账户余额和列报实施实质性程序。注册会计师对重大错报风险的评估是一种判断，被审计单位内部控制存在固有限制，无论评估的重大错报风险结果如何，注册会计师都应当针对重大的各类交易、账户余额和列报实施实质性程序，不得将实质性程序只集中在例外事项上。

（5）要求注册会计师将识别、评估和应对风险的关键程序形成审计工作记录，以保证执业质量，明确执业责任。

总之，审计风险准则的出台，有利于降低审计失败发生的概率，增强社会公众对行业的信心；有利于严格审计程序，识别、评估和应对重大错报风险；有利于明确审计责任，实施有效的质量控制；有利于促使注册会计师掌握新知识和新技能，提高整个行业的专业水平。同时，审计风险准则对注册会计师运用风险评估程序，以及依据风险评估结果实施进一步审计程序影响很大，因此，审计风险准则的出台，也会影响到审计工作的各个方面。

# 第十五章 内部控制对风险评估及应对审计风险的影响

## 第二节 风险评估的含义及作用

风险评估程序,是指以了解被审计单位及其环境、了解被审计单位的内部控制为内容,以识别和评估财务报表重大错报风险为目的,在设计和实施进一步审计程序之前实施的程序。

了解被审计单位及其环境并评估重大错报风险是必要程序,特别是为注册会计师在下列关键环节作出职业判断提供重要基础:

(1)确定重要性水平,并随着审计工作的进程评估对重要性水平的判断是否仍然适当;

(2)考虑会计政策的选择和运用是否恰当,以及财务报表的列报(包括披露,下同)是否适当;

(3)识别需要特别考虑的领域,包括关联方交易、管理层运用持续经营假设的合理性,或交易是否具有合理的商业目的等;

(4)确定在实施分析程序时所使用的预期值;

(5)设计和实施进一步审计程序,以将审计风险降至可接受的低水平;

(6)评价所获取审计证据的充分性和适当性。

了解被审计单位及其环境是一个连续和动态地收集、更新与分析信息的过程,贯穿于整个审计过程的始终。注册会计师应当运用职业判断确定需要了解被审计单位及其环境的程度。

评价对被审计单位及其环境了解的程度是否恰当,关键是看注册会计师对被审计单位及其环境的了解是否足以识别和评估财务报表的重大错报风险。如果了解被审计单位及其环境获得的信息足以识别和评估财务报表的重大错报风险，设计和实施进一步审计程序，那么了解的程度就是恰当的。当然，要求注册会计师对被审计单位及其环境了解的程度，要低于管理层为经营管理企业而对被审计单位及其环境需要了解的程度。

## 第三节 风险评估程序

风险评估程序，是指为了解被审计单位及其环境而实施的程序，称为"风险评估程序"。主要包括：询问被审计单位管理层和内部其他相关人员，执行分析程序，实施观察和检查程序。风险评估程序如图 15.1 所示。

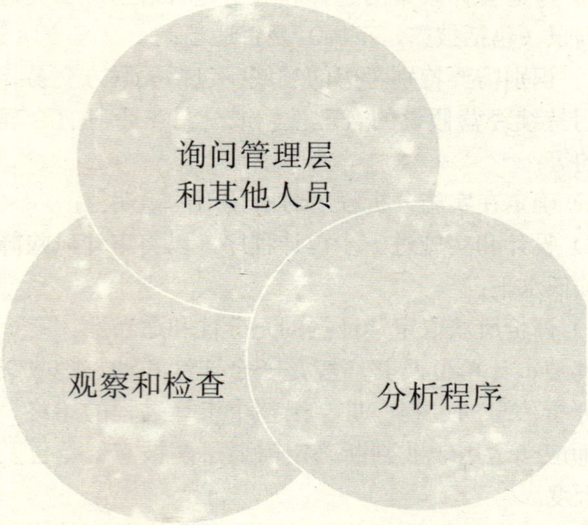

图 15.1 风险评估程序

## 第十五章 内部控制对风险评估及应对审计风险的影响

注册会计师在审计过程中应当实施上述审计程序,但是在了解被审计单位及其环境的每一个方面时无须实施上述所有程序。

(1) 询问被审计单位管理层和内部其他相关人员。询问被审计单位管理层和内部其他相关人员是注册会计师了解被审计单位及其环境的一个重要信息来源。

尽管注册会计师通过询问管理层和财务负责人可获取大部分信息,但是询问被审计单位内部的其他人士可能为注册会计师提供不同的信息,有助于识别重大错报风险。因此,注册会计师除了询问管理层和对财务报告负有责任的人员外,还应当考虑询问内部审计人员、采购人员、生产人员、销售人员等其他人员,并考虑询问不同级别的员工,以获取对识别重大错报风险有用的信息。

(2) 执行分析程序。分析程序是指注册会计师通过研究不同财务数据之间以及财务数据与非财务数据之间的内在关系,对财务信息做出评价。分析程序还包括调查识别出的、与其他相关信息不一致或与预期数据严重偏离的波动和关系。

分析程序既可用作风险评估程序和实质性程序,也可用于对财务报表的总体复核。注册会计师实施分析程序有助于识别异常的交易或事项,以及对财务报表和审计产生影响的金额、比率和趋势。在实施分析程序时,注册会计师应当预期可能存在的合理关系,并与被审计单位记录的金额、依据记录金额计算的比率或趋势相比较。如果发现异常或未预期到的关系,注册会计师应当在识别重大错报风险时考虑这些比较结果。

(3) 观察和检查程序。观察和检查程序可以印证对管理层和其他相关人员的询问结果,并可提供有关被审计单位及其环境的信息,注册会计师应当实施下列观察和检查程序：①观察被审计单位的生产经营活动；②检查文件、记录和内部控制手册；③阅读由管理层和治理层编制的报告；④实地察看被审计单位的生产经营场所和设备；⑤追踪交易在财务报告信息系统中的处理过程（穿行测试）。这是注册会计师了解被审计单位业务流程及其相关控制时经常使用的审计程序。

## 第四节 风险评估的内容

一、了解被审计单位及其环境

注册会计师应当从下列方面了解被审计单位及其环境：
(1) 行业状况、法律环境与监管环境以及其他外部因素；
(2) 被审计单位的性质；
(3) 被审计单位对会计政策的选择和运用；
(4) 被审计单位的目标、战略以及相关经营风险；
(5) 被审计单位财务业绩的衡量和评价；
(6) 被审计单位的内部控制。

上述第(1)项是被审计单位的外部环境，第(2)、(3)、(4)、(6)项属于被审计单位的内部因素，第(5)项则既有外部因素也有内部因素。值得注意的是，被审计单位及其环境的各个方面可能会相互影响。

1. 了解被审计单位的外部环境

了解被审计单位的外部环境，即了解被审计单位面临的行业状况、法律环境与监管环境以及其他外部因素，这有助于注册会计师识别与被审计单位所处行业、法律环境等有关的重大错报风险。

注册会计师还应当了解影响被审计单位经营的其他外部因素，主要包括：①宏观经济的景气度；②利率和资金

## 第十五章 内部控制对风险评估及应对审计风险的影响

供应状况;③通货膨胀水平及币值变动;④国际经济环境及汇率变动。

2. 了解被审计单位的内部因素

(1) 了解被审计单位的性质。对被审计单位性质的了解包括了解被审计单位的所有权结构、治理结构、组织结构、经营活动、投资活动和筹资活动。了解被审计单位的性质有助于注册会计师理解预期在财务报表中反映的各类交易、账户余额和列报。

(2) 了解被审计单位对会计政策选择和运用。注册会计师应当关注被审计单位在会计政策选择和运用方面的下列重要事项。①了解重要项目的会计政策和行业惯例。重要项目的会计政策包括收入确认方法、存货的计价方法、投资的核算、固定资产的折旧方法、坏账准备、存货跌价准备和其他资产减值准备的确定,借款费用资本化方法、合并财务报表的编制方法等。除会计政策以外,某些行业可能还存在一些行业惯例,注册会计师应当熟悉这些行业惯例。②了解重大和异常交易的会计处理方法。③了解在新领域和缺乏权威性标准或共识的领域,采用重要会计政策产生的影响。注册会计师应当关注被审计单位选用了哪些会计政策,为什么选用这些会计政策以及选用这些会计政策产生的影响。④了解会计政策的变更。如果被审计单位变更了重要的会计政策,注册会计师应当考虑变更的原因及其适当性。⑤了解被审计单位何时采用以及如何采用新颁布的会计准则和相关会计制度。

(3) 了解被审计单位的目标、战略以及相关经营风险。注册会计师主要应当了解下列方面有关的目标、战略并考虑相应的经营风险。①行业发展变化导致的风险及应对措施;②开发新产品和提供新劳务导致的风险及应对措施;③业务扩张导致的风险及应对措施;④新颁布的会计法规导致的风险及应对措施；⑤监管要求导致的风险及应对措施；⑥融资风险及应对措施；⑦信息技术的风险及应对措施。

（4）了解被审计单位的业绩的衡量和评价。被审计单位管理层经常会衡量和评价关键业绩指标（包括财务和非财务指标）、预算及差异分析、分部信息和分支机构、部门或其他层次的业绩报告以及与竞争对手的业绩比较。此外，外部机构也会衡量和评价被审计单位的财务业绩，如分析师的报告和信用评级机构的报告。

在了解被审计单位财务业绩衡量和评价情况时，注册会计师应当关注下列信息：①被审计单位对管理层进行业绩评价的关键业绩指标；②被审计单位的业绩趋势；③管理层进行预测、预算和差异分析的方法；④被审计单位对管理层和员工业绩考核与激励性报酬政策；⑤被审计单位分部信息与不同层次部门的业绩报告；⑥管理层如何与竞争对手的业绩比较；⑦外部机构提出的报告对被审计单位管理层的影响等。

## 二、了解被审计单位的内部控制

（1）内部控制的目标是合理保证。通过内部控制，被审计单位一般能对以下三个方面提供合理保证：①合理保证财务报告的可靠性，这一目标与管理层履行财务报告编制责任密切相关；②合理保证被审计单位经营的效率和效果，即经济有效地使用企业资源，以最优方式实现企业的目标；③合理保证在所有经营活动中遵守法律法规的要求，即在法律法规的框架下从事经营活动。

（2）设计和实施内部控制的责任主体是治理层、管理层和其他人员，组织中的每一个人都对内部控制负有责任。

（3）实现内部控制目标的手段是设计和执行控制政策和程序。

内部控制包括下列五个要素：控制环境、风险评估过程；

信息系统与沟通、控制活动、对控制的监督。

（4）内部控制的局限性。内部控制存在固有局限性，无论如何设计和执行，只能对财务报告的可靠性提供合理的保证。内部控制存在的固有局限性如下。

1）在决策时人为判断可能出现错误和由于人为失误而导致内部控制失效。例如，被审计单位信息技术工作人员没有完全理解系统如何处理销售交易，为使系统能够处理新型产品的销售，可能错误地对系统进行更改；或者对系统的更改是正确的，但是程序员没有把此次更改转化为正确的程序代码。

2）可能由于两个或更多的人员进行串通或管理层凌驾于内部控制之上而被规避。例如，管理层可能与客户签订背后协议，对标准的销售合同做出变动，从而导致收入确认发生错误。再如，软件中的编辑控制旨在发现和报告超过赊销信用额度的交易，但这一控制可能被逾越或规避。

3）如果被审计单位内部行使控制职能的人员素质不适应岗位要求，也会影响内部控制功能的正常发挥。

4）被审计单位实施内部控制的成本效益问题也会影响其效能。当实施某项控制成本大于控制效果而发生损失时，就没有必要设置控制环节或控制措施。

5）内部控制一般都是针对经常而重复发生的业务而设置的，如果出现不经常发生或未预计到的业务，原有控制就可能不适用。

（一）内部控制的构成要素

1. 控制环境

内部控制的首要因素是控制环境。控制环境包括治理职能和管理职能，以及治理层和管理层对内部控制及其重要性的态度、认识和措施。控制环境设定了被审计单位的内部控制基调，影响员工对内部控制的认识和态度。良好的控制环境是实施有效内部控制的基础。防止或发现并纠正舞弊和错误是被审计单位治理层和管理层的责任。控制环境具体包括：①治理层和管理层对诚信和道德价值观念的沟通与落实；②治理层和管理层对岗位设置和人员委派时的胜任能力的重视程度；③治理层在内部控制设计与执行上的参与程度；④管理层的理念和经营风格；⑤被审计单位组织结构及职权与责任的分配；⑥企业人力资源政策与实务等。

注册会计师应当对控制环境的构成要素获取足够的了解，并考虑内部控制的实质及其综合效果，以了解管理层和治理层对内部控制及其重要性的态度、认识及其所采取的措施。

控制环境对重大错报风险的评估具有广泛影响，注册会计师应当考虑控制环境总体优势是否为内部控制的其他要素提供了适当的基础，并且未被控制环境中存在的缺陷所削弱。

注册会计师在评估重大错报风险时，存在令人满意的控制环境是一个积极的因素。虽然令人满意的控制环境并不能绝对防止舞弊，但却有助于降低发生舞弊的风险。有效的控制环境还能为注册会计师相信在以前年度和期中所测试的控制将继续有效运行提供一定基础。相反，控制环境中存在的弱点可能削弱控制的有效性。

控制环境本身并不能防止或发现并纠正各类交易、账户余额、列报认定层次的重大错报，注册会计师在评估重大错报风险时，应当将控制环境连同其他内部控制要素产生的影响一并考虑。

2. 被审计单位的风险评估过程

内部控制的第二个要素是管理层的风险评估过程。风险评估过程是指被审计单位识别、评估和管理影响被审计

## 第十五章 内部控制对风险评估及应对审计风险的影响

单位实现经营目标能力的各种风险。而针对财务报告目标的风险评估过程则包括识别与财务报告相关的经营风险，评估风险的重大性和发生的可能性，以及采取措施管理这些风险。注册会计师应当了解被审计单位的风险评估过程和结果。

注册会计师应当确定管理层如何识别与财务报告相关的经营风险，如何估计该风险的重要性，如何评估风险发生的可能性，以及如何采取措施管理这些风险。如果被审计单位的风险评估过程符合其具体情况，了解被审计单位的风险评估过程和结果有助于注册会计师识别财务报表的重大错报风险。

在审计过程中，如果发现与财务报表有关的风险因素，注册会计师可通过向管理层询问和检查有关文件确定被审计单位的风险评估过程是否也发现了该风险；如果识别出管理层未能识别的重大错报风险，注册会计师应当考虑被审计单位的风险评估过程为何没有识别出这些风险，以及评估过程是否适合于具体环境。

3. 被审计单位的信息系统与沟通

与财务报告相关的信息系统，包括用以生成、记录、处理和报告交易、事项和情况，对相关资产、负债和所有者权益履行经营管理责任的程序和记录。

与财务报告相关的信息系统应当与业务流程相适应。业务流程是指被审计单位开发、采购、生产、销售、发送产品和提供服务、保证遵守法律法规、记录信息等一系列活动。与财务报告相关的信息系统所生成信息的质量，对管理层能否做出恰当的经营管理决策以及编制可靠的财务报告具有重大影响。

与财务报告相关的沟通包括使员工了解各自在财务报告有关的内部控制方面的角色和职责，员工之间的工作联

· 281 ·

系，以及向适当级别的管理层报告例外事项的方式。

公开的沟通渠道有助于确保例外情况得到报告和处理。沟通可以采用政策手册、会计和财务报告手册及备忘录等形式进行，也可以通过发送电子邮件、口头沟通和管理层的行动来进行。

4. 控制活动

控制活动是内部控制的核心构成要素。控制活动是指有助于确保管理层的指令得以执行的政策和程序。包括与授权、业绩评价、信息处理、实物控制和职责分离等相关的活动。

（1）授权。注册会计师应当了解与授权有关的控制活动，包括一般授权和特别授权。

授权的目的在于保证交易在管理层授权范围内进行。一般授权是指管理层制定的要求组织内部遵守的普遍适用于某类交易或活动的政策。特别授权是指管理层针对特定类别的交易或活动逐一设置的授权，如重大资本支出和股票发行等。特别授权也可能用于超过一般授权限制的常规交易。例如，因某些特别原因，同意对某个不符合一般信用条件的客户赊销商品。

（2）业绩评价。注册会计师应当了解与业绩评价有关的控制活动，主要包括被审计单位分析评价实际业绩与预算（或预测、前期业绩）的差异，综合分析财务数据与经营数据的内在关系，将内部数据与外部信息来源相比较，评价职能部门、分支机构或项目活动的业绩，以及对发现的异常差异或关系采取必要的调查与纠正措施。

通过调查非预期的结果和非正常的趋势，管理层可以识别可能影响经营目标实现的情形。管理层对业绩信息的使用（如将这些信息用于经营决策，用于对财务报告系统报告的非预期结果进行追踪），决定了业绩指标的分析是

## 第十五章 内部控制对风险评估及应对审计风险的影响

只用于经营目的,还是同时用于财务报告目的。

(3) 信息处理。注册会计师应当了解信息处理有关的控制活动,包括信息技术的一般控制和应用控制。

被审计单位通常执行各种措施,检查各种类型信息处理环境下的交易的准确性、完整性和授权。信息处理控制可以是人工的、自动化的,或是基于自动流程的人工控制,信息处理控制分为两类,即信息技术的一般控制和应用控制。

信息技术的一般控制是指与多个应用系统有关的政策和程序,有助于保证信息系统持续恰当地运行,支持应用控制作用的有效发挥,通常包括数据中心和网络运行控制,系统软件的购置、修改及维护控制,接触或访问权限控制,应用系统的购置、开发及维护控制。

信息技术应用控制是指主要在业务流程层面运行的人工或自动化程序,与用于生成、记录、处理、报告交易或其他财务数据的程序相关,通常包括检查数据计算的准确性,审核账户和试算平衡表,设置对输入数据和数字序号的自动检查,以及对例外报告进行人工干预。

(4) 实物控制。注册会计师应当了解实物控制,主要包括了解对资产和记录采取适当的安全保护措施,对访问计算机程序和数据文件设置授权,以及定期盘点并将盘点记录与会计记录相核对。例如,现金、有价证券和存货的定期盘点控制。实物控制的效果影响资产的安全,从而对财务报表的可靠性及审计产生影响。

(5) 职责分离。注册会计师应当了解职责分离,主要包括了解被审计单位如何将交易授权、交易记录以及资产保管等职责分配给不同员工,以防范同一员工在履行多项职责时可能发生的舞弊或错误。当信息技术运用于信息系统时,职责分离可以通过设置安全控制来实现。

5. 对控制的监督

对控制的监督,是内部控制的关键构成要素。管理层的重要职责之一,就是建立和维护控制并保证其持续有效运行,对控制的监督可以实现这一目标。对控制的监督是指被审计单位评价内部控制在一段时间内运行有效性的过程,该过程包括及时评价控制的设计和运行,以及根据情况的变化采取必要的纠正措施。

通常,被审计单位通过持续的监督活动、专门的评价活动或两者相结合,实现对控制的监督。持续的监督活动通常贯穿于被审计单位的日常经营活动与常规管理工作中。

注册会计师应当了解与被审计单位监督活动相关的信息来源,以及管理层认为信息具有可靠性的依据。如果拟利用被审计单位监督活动使用的信息(包括内部审计报告),注册会计师应当考虑该信息是否具有可靠的基础,是否足以实现审计目标。

(二) 对内部控制设计合理性的评价

通过对内部控制的了解,注册会计师一般可能得出如下三种结论:①被审计单位内部控制设计合理,并得到执行;②被审计单位的内部控制设计合理,但并没有得到执行;③被审计单位的某些内部控制缺乏或者设计无效。

## 第五节 评估重大错报风险

评估重大错报风险是风险评估阶段的最后一个步骤。获取的关于风险因素和抵消控制风险的信息(通过实施风险评估程序),将全部用于对财务报表层次以及各类交易、账户余额和列报认定层次的评估重大错报风险的评估。评估将作为确定进一步审计程序的性质、时间和范围的基础,以应对识别的风险。

（一）评估财务报表层次和认定层次的重大错报风险

1. 评估重大错报风险时考虑的因素

表 15.1 列示了风险评估时需要考虑的部分风险因素。

**表 15.1　风险评估时需要考虑的部分风险因素**

| 1. 已识别的风险是什么？ | |
|---|---|
| 财务报表层次 | 1. 源于薄弱的被审计单位层次内部控制或信息技术一般控制；<br>2. 特别风险；<br>3. 与管理层凌驾和舞弊相关的风险因素；<br>4. 管理层愿意接受的风险，例如小企业因缺乏职责分工导致的风险。 |
| 认定层次 | 1. 与完整性、准确性、存在或计价相关的特定风险：<br>（1）收入、费用和其他交易；<br>（2）账户余额；<br>（3）财务报表披露<br>2. 可能产生多重错报的风险。 |
| 相关内部控制程序 | 1. 特别风险；<br>2. 用于预防、发现或减轻已识别风险的恰当设计并执行的内部控制程序；<br>3. 仅通过执行控制测试应对的风险。 |

| 2. 错报（金额影响）可能发生的规模有多大？ ||
|---|---|
| 财务报表层次 | 什么事项可能导致财务报表重大错报？考虑管理层凌驾、舞弊、未预期事件和以往经验。 |
| 认定层次 | 考虑：<br>（1）交易、账户余额或披露的固有性质；<br>（2）日常和例外事项；<br>（3）以往经验。 |
| 3. 事件（风险）发生的可能性有多大？ ||
| 财务报表层次 | 考虑：<br>（1）来自高层的基调；<br>（2）管理层风险管理的方法；<br>（3）采用的政策和程序；<br>（4）以往的经验。 |
| 认定层次 | 考虑：<br>（1）相关的内部控制活动；<br>（2）以往的经验。 |
| 相关内部控制程序 | 识别对于降低事件发生可能性非常关键的管理层风险应对要素。 |

2. 评估重大错报风险的审计程序

在评估重大错报风险时，注册会计师应当实施下列审计程序。

（1）在了解被审计单位及其环境的整个过程中识别风险，并考虑各类交易、账户余额、列报。注册会计师应当

### 第十五章 内部控制对风险评估及应对审计风险的影响

运用各项风险评估程序,在了解被审计单位及其环境的整个过程中识别风险,并将识别的风险与各类交易、账户余额、列报相联系。

(2) 将识别的风险与认定层次可能发生错报的领域相联系。注册会计师应当将识别的风险与认定层次可能发生错报的领域相联系。

(3) 考虑识别的风险是否重大。风险是否重大是指风险造成后果的严重程度。

(4) 考虑识别的风险导致财务报表发生重大错报的可能性。注册会计师还需要考虑上述识别的风险是否会导致财务报表发生重大错报。

注册会计师应当利用实施风险评估程序获取的信息,包括在评价控制设计和确定其是否得到执行时获取的审计证据,作为支持风险评估结果的审计证据。注册会计师应当根据风险评估的结果,确定实施进一步审计程序的性质、时间和范围。

3. 识别两个层次的重大错报风险

在对重大错报风险进行识别和评估后,注册会计师应当确定,识别的重大错报风险是与特定的某类交易、账户余额、列报的认定相关,还是与财务报表整体广泛相关,进而影响多项认定。

某些重大错报风险可能与财务报表整体广泛相关,进而影响多项认定。财务报表层次的重大错报风险很可能源于薄弱的控制环境。薄弱的控制环境带来的风险可能对财务报表产生广泛影响,难以限于某类交易、账户余额、列报,注册会计师应当采取总体应对措施。

某些重大错报风险可能与特定的某类交易、账户余额、列报的认定相关。在评估重大错报风险时,注册会计师应当将所了解的控制与特定的认定相联系。控制与认定直接或间接相关，关系越间接，控制对防止或发现并纠正认定错报的效果越小，反之，则控制对防止或发现并纠正错报的效果越大。

（二）需要特别考虑的重大错报风险

1. 特别风险的含义

作为风险评估的一部分，注册会计师应当运用职业判断，确定识别的风险哪些是需要特别考虑的重大错报风险（以下简称特别风险）。

2. 非常规交易和判断事项导致的特别风险

日常的、不复杂的、经正规处理的交易不太可能产生特别风险。特别风险通常与重大的非常规交易和判断事项有关。

非常规交易是指由于金额或性质异常而不经常发生的交易。例如，企业购并、债务重组、重大或有事项等。由于非常规交易具有下列特征，与重大非常规交易相关的特别风险可能导致更高的重大错报风险：①管理层更多地介入会计处理；②数据收集和处理涉及更多的人工成分；③复杂的计算或会计处理方法；④非常规交易的性质可能使被审计单位难以对由此产生的特别风险实施有效控制。

3. 判断事项

判断事项通常包括做出的会计估计。如资产减值准备金额的估计、需要运用复杂估值技术确定的公允价值计量等。由于下列原因，与重大判断事项相关的特别风险可能导致更高的重大错报风险：①对涉及会计估计、收入确认等方面的会计原则存在不同的理解；②所要求的判断可能是主观的复杂的，或需要对未来事项做出假设。

4. 考虑与特别风险相关的控制

了解与特别风险相关的控制，有助于注册会计师制订有效的审计方案予以应对。对特别风险，注册会计师应当评价相关控制的设计情况，并确定其是否已经得到执行。由于与重大

## 第十五章 内部控制对风险评估及应对审计风险的影响

非常规交易或判断事项相关的风险很少受到日常控制的约束，注册会计师应当了解被审计单位是否针对该特别风险设计和实施了特别的控制。

（三）对评估风险的记录

1. 审计工作记录

注册会计师应当就下列内容形成审计工作记录：①项目组对由于舞弊或错误导致财务报表发生重大错报的可能性进行的讨论，以及得出的重要结论；②注册会计师对被审计单位及其环境各个方面的了解要点、信息来源以及实施的风险评估程序；③注册会计师在财务报表层次和认定层次识别、评估出的重大错报风险；④注册会计师识别出的特别风险和仅通过实质性程序无法应对的重大错报风险，以及相关控制的评估。

2. 记录的方式

注册会计师需要运用职业判断，确定对上述事项进行记录的方式。常见的记录方式包括文字描述、调查表和流程图等。记录的方式和范围受被审计单位的性质、规模、业务复杂程度、内部控制、被审计单位信息的可获得性，以及审计过程中使用的具体审计方法和技术的影响。

3. 对被审计单位重大错报风险的初步评价

注册会计师通过了解被审计单位及其环境，通过了解被审计单位的内部控制，能够对被审计单位财务报表的重大错报风险给出初步评价结论，通常的初步风险评估结论有：低风险、中等风险和高风险等级三个级次。

（四）对风险评估的修正

注册会计师对认定层次重大错报风险的评估应以获取的审计证据为基础，并可能随着不断获取审计证据而做出相应的变化。

例如，注册会计师对重大错报风险的评估可能基于预期控制运行有效性这一判断，即相关控制可以防止或发现并纠正认定层次的重大错报,因而重大错报风险评估为低风险等级,但在测试控制运行的有效性时,注册会计师获取的审计证据可能表明相关控制在被审计期间并未有效运行。同样,在实施实质性程序后,注册会计师可能发现错报的金额和频率比在风险评估时预计的金额和频率要高。当然,也可能原先评估的某些认定层次的重大错报风险为中等或高风险等级,但是,经过控制测试和实质性程序,发现内部控制执行相当有效,实质性程序收集的证据也表明重大错报风险没有评估的那么高。因此,如果通过实施进一步审计程序获取的审计证据与初始评估获取的审计证据相矛盾,注册会计师应当修正风险评估结果,并相应修改原计划实施的进一步审计程序。

因此,评估重大错报风险与了解被审计单位及其环境一样,也是一个连续和动态的收集、更新与分析信息的过程,贯穿于整个审计过程的始终。

【案例】

D公司2011年1-12月份未审主营业务收入、主营业务成本如下表所示。

D公司2011年1-12月份未审主营业务收入、主营业务成本 单位:万元

| 月份 | 主营业务收入 | 主营业务成本 |
| --- | --- | --- |
| 1 | 7 800 | 7 566 |
| 2 | 7 600 | 6 764 |
| 3 | 7 400 | 6 512 |
| 4 | 7 700 | 6 768 |
| 5 | 7 800 | 6 981 |
| 6 | 7 850 | 6 947 |
| 7 | 7 950 | 7 115 |
| 8 | 7 700 | 6 830 |
| 9 | 7 600 | 6 832 |

## 第十五章 内部控制对风险评估及应对审计风险的影响

| 10 | 7 900 | 7 111 |
| 11 | 8 100 | 7 280 |
| 12 | 18 900 | 15 139 |
| 合计 | 104 300 | 91 845 |

对D公司的主营业务收入和主营业务成本发生重大错报的风险分析，审计人员可以选用毛利率和主营业务收入占全年主营业务收入的比重这两个指标来进行分析。

我们知道，销售毛利率＝（当月主营业务收入－当月主营业务成本）÷当月主营业务收入×100%。经过计算，D公司2011年1-12月份的毛利率分别为：3%、11%、12%、12.1%、10.5%、11.5%、10.5%、11.3%、10.1%、10.0%、10.1%、19.9%，全年毛利率为11.9%。

D公司1-12月份主营业务收入占全年主营业务收入的比重分别为：7.5%、7.3%、7.1%、7.4%、7.4%、7.5%、7.6%、7.4%、7.3%、7.6%、7.8%、18.1%。

（1）1月份：该月毛利率3%，远远低于全年毛利率11.9%，也远远低于全年内其他各月份毛利率，属于异常情况。

（2）12月份：该月毛利率19.9%，也远远高于全年毛利率11.9%和其他各月份毛利率。并且，该月份主营业务收入占全年主营业务收入比例较高（高达18.1%），也属于异常情况。

根据上述分析，审计人员认为，D公司2011年1-12月份的未审主营业务收入和主营业务成本中，1月份和12月份的主营业务收入和主营业务成本应该成为审计重点，应通过制定相应的细节测试进一步收集审计证据。

### 风险应对案例

KH会计师事务所自2008年开始接受RL公司董事会委托，对RL公司进行年度会计报表审计。双方已签订审计业务约定书。KH会计师事务所派出以李杰为项目组长，以张立、王菁、李玉为组员的项目组，于2011年3月1日至3月25日对该公司2010年度的会计报表进行了审计。

进驻RL公司后，该公里交来了2010年全部会计凭证、会计账簿和会计报表等会计资料。在审计过程中，审计人员向RL公司索取

## 内部控制与现代审计初探

了该公司一年来的购货、销售、租赁合同、企业制度汇编等文件,通过了解、调查、描述、测试与评价等方法进行内部控制的符合性测试。审计人员详细审阅了 2010 年度的资产负债表、利润表、现金流量表等相关报表,并复算了会计凭证、账簿和报表相关数字,核对了有关明细账和总账。审计人员对该公司部分固定资产、原材料、低值易耗品、包装物和全部产成品、在产品进行了盘点与查询。同时,对销售收入执行了分析程序,发现销售收入可能存在虚记,因为该公司 2010 年度未发生购并、分立和债务重组行为,供产销形势与上年相当,但毛利率 2010 年比 2009 年呈现较高增长,且应收账款近两年呈增长趋势,于是,审计人员将审计重点放在销售收入和应收账款项目上。根据销售明细账的记录,审计人员分别抽取了 1 月份到 12 月份的记账凭证进行审查,对 11 月份和 12 月份进行重点抽查,在凭证抽查中将记账凭证与销售发票、出库单、货运凭证、运费单据及销售合同分别进行核对,发现不符单据两张。同时还对这些单据不符及金额较大,有一定疑问的应收账款执行了肯定式函证程序。

从回函结果来看,其中有两个经销商经两次函证均未回函,且无法查到对方电话号码,审计人员对这两个客户资料进行进一步整理,发现 RL 公司的这两个客户为新的销售对象,均为赊销,款项未曾收回,经审计人员将相关信息与会计人员沟通后,会计人员承认对这两个客户的销售为虚构,客户根本不存在,合同也系伪造;对其他经常供货的客户进行函证后,发现有两家客户回函称 RL 公司记录的债权数高于对方的记录。同时,审计人员对存货明细账和期末结转主营业务成本的资料进行分析,发现成本结转的数量与销售有较大差距,11 月份到 12 月份的销售额明显高于前几个月,但成本结转数却无明显变化,可能存在虚假出库单。经与该公司财务人员和销售人员调查核实,确实存在销售虚记,但该部分成本并未结转,使本期销售毛利较上年有较大增幅,并影响当期利润额。

对此,审计人员提出了调整意见,RL 公司按照审计意见调整了 2010 年度会计报表的有关项目。

最后,审计人员形成了意见一致的审计报告和管理建议书。

对于审计中识别的风险,注册会计师到底该采取哪些审计方法和审计程序去应对呢?

## 第六节 财务报表层次重大错报风险与总体应对措施

（一）总体应对措施

在财务报表重大错报风险的评估过程中，注册会计师应当确定、识别的重大错报风险是与特定的某类交易、账户余额、列报的认定相关，还是与财务报表整体广泛相关，进而影响多项认定。如果是后者，则属于财务报表层次的重大错报风险。

注册会计师应当针对评估的财务报表层次的重大错报风险确定下列总体应对措施。

（1）向审计项目组强调在收集和评价审计证据过程中保持职业怀疑态度的必要性。

（2）分配更有经验或具有特殊技能的注册会计师，或利用专家的工作。由于各行业在经营业务、经营风险、财务报告、法规要求等方面具有特殊性，审计人员的专业分工细化成为一种趋势。审计项目组成员中应有一定比例的人员曾经参与过被审计单位以前年度的审计，或具有被审计单位所处特定行业的相关审计经验。必要时，要考虑利用信息技术、税务、评估、精算等方面的专家的工作。

（3）提供更多的督导。对于财务报表层次重大错报风险较高的审计项目，审计项目组的高级别成员，如项目负责人、项目经理等经验较丰富的人员，要对其他成员提供更详细、更经常、更及时的指导和监督并加强项目质量复核。

（4）在选择进一步审计程序时，应当注意使某些程序不被管理层预见或事先了解。被审计单位人员，尤其是管理层,如果熟悉注册会计师的审计套路,就可能采取种种规避手段,掩盖财务报告中的舞弊行为。因此,在设计拟实施审计程序的性质、时间和范围时,为了避免既定思维对审计方案的限制,避免对审计效果的人为干涉,从而使得针对重大错报风险的进一步审计程序更加有效,注册会计师要考虑使某些程序不被被审计单位管理层预见或事先了解。

(5)对拟实施审计程序的性质、时间和范围做出总体修改。财务报表层次的重大错报风险很可能源于薄弱的控制环境。薄弱的控制环境带来的风险可能对财务报表产生广泛影响,难以限于某类交易、账户余额、列报,注册会计师应当采取总体应对措施。相应地,注册会计师对控制环境的了解也影响其对财务报表层次重大错报风险的评估。有效的控制环境可以使注册会计师增强对内部控制和被审计单位内部产生的证据的信赖程度。如果控制环境存在缺陷,注册会计师对拟实施审计程序的性质、时间和范围做出总体修改时应当考虑以下几个方面。

(1)在期末而非期中实施更多的审计程序。控制环境的缺陷通常会削弱期中获得的审计证据的可信赖程度。

(2)主要依赖实质性程序获取审计证据。良好的控制环境是其他控制要素发挥作用的基础。控制环境存在缺陷通常会削弱其他控制要素的作用,导致注册会计师可能无法信赖内部控制,而主要依赖实施实质性程序获取审计证据。

(3)修改审计程序的性质,获取更具有说服力的审计证据。修改审计程序的性质主要是指调整拟实施审计程序的类别及其组合,比如原先可能主要限于检查某项资产的账面记录或相关文件,而调整审计程序的性质可能意味着更加重视实地检查该项资产。

## 第十五章 内部控制对风险评估及应对审计风险的影响

(4) 扩大审计程序的范围。例如,扩大样本规模,或采用更详细的数据实施分析程序。

(二) 增加审计程序不可预见性的方法

1. 增加审计程序不可预见性的思路

注册会计师可以通过增加审计程序提高审计程序的不可预见性,例如:

(1) 对某些以前未测试的低于设定的重要性水平或风险较小的账户余额和认定实施实质性程序。注册会计师可以关注以前未曾关注过的审计领域,尽管这些领域可能重要程度比较低。如果这些领域有可能被用于掩盖舞弊行为,注册会计师就要针对这些领域实施一些具有不可预见性的测试。

(2) 调整审计程序的时间,使其超出被审计单位的预期。比如,如果注册会计师在以前年度的大多数审计工作都围绕着 12 月或在年底前后进行,那么被审计单位就会了解注册会计师这一审计习惯,由此可能会把一些不适当的会计调整放在年度的 9 月、10 月或 11 月等,以避免引起注册会计师的注意。因此,注册会计师可以考虑调整实施审计程序时测试项目的时间,从测试 12 月的项目调整到测试 9 月、10 月、11 月的项目。

(3) 采取不同的审计抽样方法,使当年抽取的测试样本与以前有所不同。

(4) 选取不同的地点实施审计程序,或预先不告知被审计单位所选定的测试地点。例如,在存货监盘程序中,注册会计师可以到未事先通知被审计单位的盘点现场进行监盘,使被审计单位没有机会事先清理现场,隐藏一些不想让注册会计师知道的情况。

2. 增加审计程序不可预见性的实施要点

(1) 注册会计师需要与被审计单位的高层管理人员事

• 295 •

先沟通，要求实施具有不可预见性的审计程序，但不能告知其具体内容。注册会计师可以在签订审计业务约定书时明确提出这一要求。

（2）虽然对于不可预见性程度没有量化的规定，但审计项目组可根据对舞弊风险的评估等确定具有不可预见性的审计程序。审计项目组可以汇总那些具有不可预见性的审计程序，并记录在审计工作底稿中。

（3）项目负责人需要安排项目组成员有效地实施具有不可预见性的审计程序，但同时避免使项目组成员处于困难境地。

3. 增加审计程序不可预见性的审计程序

增加审计程序不可预见性的审计程序示例见表 15.2。

表 15.2 审计程序的不可预见性示例

| 审计领域 | 一些可能适用的具有不可预见性的审计程序 |
| --- | --- |
| 存货 | 向以前审计过程中接触不多的被审计单位员工询问，例如采购、销售、生产人员等 |
|  | 在不事先通知被审计单位的情况下，选择一些以前未曾到过的盘点地点进行存货监盘 |

## 第十五章 内部控制对风险评估及应对审计风险的影响

| | |
|---|---|
| 销售和应收账款 | 向以前审计过程中接触不多或未曾接触过的被审计单位员工询问，例如负责处理大客户账户的销售部人员 |
| | 改变实施实质性分析程序的对象，例如对收入按细类进行分析 |
| | 针对销售和销售退回延长截止测试期间 |
| | 实施以前未曾考虑过的审计程序，例如：<br>①函证确认销售条款或者选定销售额较不重要、以前未曾关注的销售交易，例如对出口销售实施实质性程序。<br>②实施更细致的分析程序，例如使用计算机辅助审计技术复核销售及客户账户。<br>③测试以前未曾函证过的账户余额，例如，金额为负或是零的账户，或者余额低于以前设定的重要性水平的账户。<br>④改变函证日期，即把所函证账户的截止日期提前或者延迟。<br>⑤对关联公司销售和相关账户余额，除了进行函证外，再实施其他审计程序进行验证。 |

| | |
|---|---|
| 采购和应付账款 | 如果以前未曾对应付账款余额普遍进行函证,可考虑直接向供应商函证确认余额。如果经常采用函证方式,可考虑改变函证的范围或者时间 |
| | 对以前由于低于设定的重要性水平而未曾测试过的采购项目,进行细节测试 |
| | 使用计算机辅助审计技术审阅采购和付款账户,以发现一些特殊项目,例如是否有不同的供应商使用相同的银行账户 |
| 现金和银行存款 | 多选几个月的银行存款余额调节表进行测试 |
| | 对有大量银行账户的,考虑改变抽样方法 |
| 固定资产 | 对以前由于低于设定的重要性水平而未曾测试过的固定资产进行测试,例如考虑实地盘查一些价值较低的固定资产,如汽车和其他设备等 |
| 跨区域审计项目 | 修改分支机构审计工作的范围或者区域(如增加某些较次要分支机构的审计工作量,或实地去分支机构开展审计工作) |

(三)总体应对措施对拟实施进一步审计程序的总体方案的影响

财务报表层次重大错报风险难以限于某类交易、账户余额、列报的特点,意味着此类风险可能对财务报表的多

第十五章 内部控制对风险评估及应对审计风险的影响

项认定产生广泛影响,并相应增加注册会计师对认定层次重大错报风险的评估难度。因此,注册会计师评估的财务报表层次重大错报风险以及采取的总体应对措施,对拟实施进一步审计程序的总体方案具有重大影响。

拟实施进一步审计程序的总体方案包括实质性程序方案和综合性方案。其中,实质性程序方案是指注册会计师实施的进一步审计程序以实质性程序为主;综合性方案是指注册会计师在实施进一步审计程序时,将控制测试与实质性程序结合使用。当评估的财务报表层次重大错报风险属于高风险水平(并相应采取更强调审计程序不可预见性、重视调整审计程序的性质、时间和范围等总体应对措施)时,拟实施进一步审计程序的总体方案往往更倾向于实质性方案。

## 第七节 针对认定层次重大错报风险的进一步审计程序及其性质、时间和范围

1. 进一步审计程序的含义

进一步审计程序相对于风险评估程序而言,是指注册会计师针对评估的各类交易、账户余额、列报认定层次重大错报风险实施的审计程序,包括控制测试和实质性程序。

注册会计师应当针对评估的认定层次重大错报风险设计和实施进一步审计程序,包括审计程序的性质、时间和范围。注册会计师设计和实施进一步审计程序的性质、时间和范围,应当与评估的认定层次重大错报风险具备明确的对应关系。注册会计师实施的审计程序应具备目的性和针对性,有的放矢地配置审计资源,有利于提高审计效率和效果。

需要说明的是,尽管在应对评估的认定层次重大错报风险时,拟实施的进一步审计程序的性质、时间和范围都应当确保其具有针对性,但其中进一步审计程序的性质是最重要的。例如,注册会计师评估的重大错报风险越高,实施进一步审计程序的范围通常越大;但是,只有首先确保进一步审计程序的性质与特定风险相关时,扩大审计程序的范围才是有效的。

2. 进一步审计程序的性质

进一步审计程序的性质是指进一步审计程序的目的和类型。其中,进一步审计程序的目的包括通过实施控制测试以确定内部控制运行的有效性,通过实施实质性程序以发现认定层次的重大错报;进一步审计程序的类型包括检查、观察、询问、函证、重新计算、重新执行和分析程序。

3. 进一步审计程序的时间

进一步审计程序的时间是指注册会计师何时实施进一步审计程序,或审计证据适用的期间或时点。因此,当提及进一步审计程序的时间时,在某些情况下指的是审计程序的实施时间,在另一些情况下是指需要获取的审计证据适用的期间或时点。

4. 进一步审计程序的范围

进一步审计程序的范围是指实施进一步审计程序的数量,包括抽取的样本量,对某项控制活动的观察次数等。

## 第八节 针对认定层次重大错报风险的进一步审计程序控制测试

1. 控制测试的含义及要求

控制测试是为了获取关于内部控制防止或发现并纠正

## 第十五章 内部控制对风险评估及应对审计风险的影响

认定层次重大错报的有效性而实施的测试。注册会计师应当选择为相关认定提供证据的控制进行测试。

控制测试指的是测试控制运行的有效性,这一概念需要与"了解内部控制"进行区分。"了解内部控制"包含两层含义:一是评价内部控制的设计;二是确定控制是否得到执行。测试控制运行的有效性与确定控制是否得到执行所需获取的审计证据是不同的。

在实施风险评估程序以获取控制是否得到执行的审计证据时,注册会计师应当确定某项控制是否存在,被审计单位是否正在使用。

在测试控制运行有效性时,注册会计师应当从下列方面获取关于控制是否有效运行的审计证据:①控制在所审计期间的不同时点是如何运行的;②控制是否得到一贯执行;③控制由谁执行;④控制以何种方式运行(如人工控制或自动化控制)。

从这四个方面来看,控制运行有效性强调的是控制能够在各个不同时点按照既定设计得以一贯执行。因此,在了解控制是否得到执行时,注册会计师只需抽取少量的交易进行检查或观察某几个时点。但在测试控制运行的有效性时,注册会计师需要抽取足够数量的交易进行检查或对多个不同时点进行观察。

控制测试的要求如下。

作为进一步审计程序的类型之一,控制测试并非在任何情况下都需要实施。当存在下列情形之一时,注册会计师应当实施控制测试:①在评估认定层次重大错报风险时,预期控制的运行是有效的;②仅实施实质性程序不足以提供认定层次充分、适当的审计证据。

如果在评估认定层次重大错报风险时预期控制的运行是有效的,注册会计师应当实施控制测试,就控制在相关期间或时点的运行有效性获取充分、适当的审计证据。

如果认为仅实施实质性程序获取的审计证据无法将认定层次重大错报风险降至可接受的低水平，注册会计师应当实施控制测试，以获取控制运行有效性的审计证据。

此外，需要说明的是，被审计单位在所审计期间由于技术更新或组织管理变更而更换了信息系统，从而导致在不同期间使用了不同的控制。如果被审计单位在所审计期间内的不同时期使用了不同的控制，注册会计师应当考虑不同时期控制运行的有效性。

2. 控制测试的性质

控制测试的性质是指控制测试所使用的审计程序的类型及其组合。

计划从控制测试中获取的保证水平是决定控制测试性质的主要因素之一。注册会计师应当选择适当类型的审计程序以获取有关控制运行有效性的保证。计划的保证水平越高，对有关控制运行有效性的审计证据的可靠性要求越高。当拟实施的进一步审计程序主要以控制测试为主，尤其是仅实施实质性程序获取的审计证据无法将认定层次重大错报风险降至可接受的低水平时，注册会计师应当获取有关控制运行有效性更高的保证水平。

虽然控制测试与了解内部控制的目的不同，但两者采用审计程序的类型通常相同，包括询问、观察、检查和重新执行。

（1）询问。注册会计师可以向被审计单位适当人员询问，获取与内部控制运行情况有关的信息。例如，询问信息系统管理人员有无未经授权接触计算机硬件和软件，向负责复核银行存款余额调节表的人员询问如何进行复核，包括复核的要点是什么，发现不符事项如何处理等。然而，仅仅通过询问不能为控制运行的有效性提供充分的证据，注册会计师通常需要印证被询问者的答复,如向其他人员询问和检查执行控制时所使用的报告、手册或其他文件等。因此,虽然询问是一种有用的手段,它必须和其他测试手段结合使用才能发挥作用。在询问过程中,注册会计师应当保持职业怀疑态度。

(2)观察。观察是测试不留下书面记录的控制(如职责分离)的运行情况的有效方法。例如,观察存货盘点控制的执行情况。观察也可运用于实物控制,如查看仓库门是否锁好,或空白支票是否妥善保管。通常情况下,注册会计师通过观察直接获取的证据比间接获取的证据更可靠。但是,注册会计师还要考虑其所观察到的控制在注册会计师不在场时可能未被执行的情况。

(3)检查。对运行情况留有书面证据的控制,检查程序非常适用。书面说明、复核时留下的记号,或其他记录在偏差报告中的标志都可以被当作控制运行情况的证据。例如,检查销售发票是否有复核人员签字,检查销售发票是否附有订购单和出库单等。

(4)重新执行。通常只有当询问、观察和检查程序结合在一起仍无法获得充分的证据时,注册会计师才考虑通过重新执行来证实控制是否有效运行。例如,为了合理保证计价认定的准确性,被审计单位的一项控制是由复核人员核对销售发票上的价格与统一价格单上的价格是否一致。但是,要检查复核人员有没有认真执行核对,仅仅检查复核人员是否在相关文件上签字是不够的,注册会计师还需要自己选取一部分销售发票进行核对,这就是重新执行程序。如果需要进行大量的重新执行,注册会计师就要考虑通过实施控制测试以缩小实质性程序的范围是否有效。

询问本身并不足以测试控制运行的有效性,注册会计师应当将询问与其他审计程序综合使用,以获取有关控制运行有效性的审计证据。观察提供的证据仅限于观察的时点，本身也不足以测试控制运行的有效性；将询问与检查或重新执行结合使用，通常能够比仅实施询问和观察获取更高的保证。例如，被审计单位针对处理收到的邮政汇款单设计和执行了相关的内部控制，注册会计师通过询问和观察程序往往不足以测试此类控制运行的有效性，还需要检查能够证明此类控制在所审计期间的其他时段有效运行的文件和凭证，以获取充分、适当的审计证据。

3. 控制测试的时间

控制测试的时间包括两层含义：一是何时实施控制测试；二是测试所针对的控制适用的时点或期间。一个基本的原理是：如果测试特定时点的控制，注册会计师仅得到该时点控制运行有效性的审计证据；如果测试某一期间的控制，注册会计师可获取控制在该期间有效运行的审计证据。因此，注册会计师应当根据控制测试的目的确定控制测试的时间，并确定拟信赖的相关控制的时点或期间。

4. 控制测试的范围

对于控制测试的范围，其含义主要是指某项控制活动的测试次数。注册会计师应当设计控制测试，以获取控制在整个拟信赖的期间有效运行的充分、适当的审计证据。

## 第九节 针对认定层次重大错报风险的进一步审计程序实质性程序

1. 实质性程序的含义和要求

实质性程序是指注册会计师针对评估的重大错报风险实施的直接用以发现认定层次重大错报的审计程序。因此，注册会计师应当针对评估的重大错报风险设计和实施实质性程序,以发现认定层次的重大错报。实质性程序包括对各类交易、账户余额、列报的细节测试以及实质性分析程序。

注册会计师实施的实质性程序应当包括下列与财务报表编制完成阶段相关的审计程序:

(1)将财务报表与其所依据的会计记录相核对;

(2)检查财务报表编制过程中做出的重大会计分录和其他会计调整,检查的性质和范围取决于被审计单位财务报告过程的性质和复杂程度以及由此产生的重大错报风险。

由于注册会计师对重大错报风险的评估是一种判断,可能无法充分识别所有的重大错报风险,并且由于内部控制存在固有局限性,无论评估的重大错报风险结果如何,注册会计师都应当针对所有重大的各类交易、账户余额、列报实施实质性程序。

2. 针对特别风险实施的实质性程序

如果认为评估的认定层次重大错报风险是特别风险,注册会计师应当专门针对该风险实施实质性程序。例如,如果认为管理层面临实现盈利指标的压力而可能提前确认收入,注册会计师在设计询证函时不仅应当考虑函证应收账款的账户余额,还应当考虑询证销售协议的细节条款(如交货、结算及退货条款);注册会计师还可考虑在实施函证的基础上针对销售协议及其变动情况询问被审计单位的非财务人员。如果针对特别风险仅实施实质性程序,注册会计师应当使用细节测试,或将细节测试和实质性程序结合使用,以获取充分、适当的审计证据。作此规定的考虑是,为应对特别风险需要获取具有高度相关性和可靠性的审计证据,仅实施实质性分析程序不足以获取有关特别风险的充分、适当的审计证据。

特别风险应对措施及结果汇总示例见表 15.3。

表 15.3 特别风险应对措施及结果汇总表

| 项目 | 简要填写说明 | 举例 |
|---|---|---|
| 经营目标 | 记录对当期审计有影响的经营目标 | 被审计单位通过发展中小城市的新客户和放宽授信额度争取销售收入比上一年度增长25% |
| 经营风险 | 只记录那些对当期审计有影响的经营风险,或注册会计师认为对未来审计产生影响并有必要向被审计单位报告的经营风险 | 不严格执行对新客户信用记录的调查和筛选、放宽授信额度都会增加坏账风险 |
| 特别风险 | 记录源自经营风险的特别风险,或在审计过程中发现的并非由经营目标和经营风险导致的特别风险 | 应收账款坏账准备的计提可能不足 |

## 第十五章 内部控制对风险评估及应对审计风险的影响

| 管理层应对或控制措施 | 记录管理层认为有助于降低特别风险的控制及其评价。如果评价结果显示注册会计师不能依赖这些内部控制，应相应调整审计方案，并考虑把这个问题报告给被审计单位 | 财务部每月编制账龄分析报告<br><br>对超过一年未收回的账款由销售人员与客户签订还款协议，其条款须经区域销售经理和销售总监批准<br><br>销售部每月编制逾期应收账款还款协议及执行情况报告，经销售总监审阅并决定是否降低授信额度或暂停提货<br><br>财务经理根据该报告并结合账龄分析报告，对有可能难以收回的应收账款计提坏账准备 |
|---|---|---|
| 财务报表项目及认定 | 记录受特别风险影响的财务报告项目和认定 | 应收账款（相关认定：计价） |

· 307 ·

| 审计措施 | 记录应对特别风险的审计措施，即综合性方案或实质性方案。根据控制测试和实质性程序的结果对本栏内容予以更新 | 与销售总监讨论所执行的坏账风险评估程序<br>与财务经理讨论坏账准备的计提<br>审阅账龄分析报告和还款协议签订及执行报告<br>抽查还款协议和货款回收情况 |
|---|---|---|
| 向被审计单位报告的事项 | 汇总记录向被审计单位报告的事项，并注明与相关工作底稿的勾稽关系 | 无或详见管理建议书 |

3. 实质性程序的性质

（1）实质性程序性质的含义。实质性程序的性质，是指实质性程序的类型及其组合。前已述及，实质性程序的两种基本类型包括细节测试和实质性分析程序。

细节测试是对各类交易、账户余额、列报的具体细节进行测试，目的在于直接识别财务报表认定是否存在错报。细节测试被用于获取与某些认定相关的审计证据，如存在、准确性、计价等。

实质性分析程序从技术特征上讲仍然是分析程序，主要是通过研究数据间关系评价信息，只是将该技术方法用作实质性程序，即用以识别各类交易、账户余额、列报及相关认定是否存在错报。实质性分析程序通常更适用于在一段时间内存在可预期关系的大量交易。

## 第十五章 内部控制对风险评估及应对审计风险的影响

（2）细节测试和实质性分析程序的适用性。由于细节测试和实质性分析程序的目的和技术手段存在一定差异，因此各自有不同的适用领域。注册会计师应当根据各类交易、账户余额、列报的性质选择实质性程序的类型。细节测试适用于对各类交易、账户余额、列报认定的测试，尤其是对存在或发生、计价认定的测试；对在一段时期内存在可预期关系的大量交易，注册会计师可以考虑实施实质性分析程序。

（3）细节测试的方向。对于细节测试，注册会计师应当针对评估的风险设计细节测试，获取充分、适当的审计证据，以达到认定层次所计划的保证水平。也就是说，注册会计师需要根据不同的认定层次的重大错报风险设计有针对性的细节测试。例如，在针对存在或发生认定设计细节测试时，注册会计师应当选择包含在财务报表金额中的项目，并获取相关的审计证据；又如，在针对完整性认定设计细节测试时，注册会计师应当选择有证据表明应包含在财务报表金额中的项目，并调查这些项目是否确实包括在内。如为应对被审计单位漏记本期应付账款的风险，注册会计师可以检查期后付款记录。

（4）设计实质性分析程序时考虑的因素。注册会计师在设计实质性分析程序时应考虑的因素包括：①对特定认定使用实质性分析程序的适当性；②对已记录的金额或比率做出预期时，所依据的内部或外部数据的可靠性；③做出预期的准确程度是否足以在计划的保证水平上识别重大错报；④已记录金额与预期值之间可接受的差异额。考虑到数据及分析的可靠性，当实施实质性分析程序时，如果使用被审计单位编制的信息，注册会计师应当考虑测试与信息编制相关的控制，以及这些信息是否在本期或前期经过审计。

### 4. 实质性程序的时间

实质性程序的时间选择与控制测试的时间选择有共同点，也有很大差异。共同点在于，两类程序都面临着对期中审计证据和对以前审计获取的审计证据的考虑。两者的差异在于：①在控制测试中，期中实施控制测试并获取期中关于控制运行有效性审计证据的做法更具有一种"常态"；而由于实质性程序的目的在于更直接地发现重大错报，在期中实施实质性程序时更需要考虑其成本效益的权衡；②在本期控制测试中拟信赖以前审计获取的有关控制运行有效性的审计证据，已经受到了很大的限制；而对于以前审计中通过实质性程序获取的审计证据，则采取了更加慎重的态度和更严格的限制。

### 5. 实质性程序的范围

评估的认定层次重大错报风险和实施控制测试的结果是注册会计师在确定实质性程序的范围时的重要考虑因素。因此，在确定实质性程序的范围时，注册会计师应当考虑评估的认定层次重大错报风险和实施控制测试的结果。注册会计师评估的认定层次重大错报风险越高，需要实施实质性程序的范围越广。如果对控制测试结果不满意，注册会计师应当考虑扩大实质性程序的范围。

在设计细节测试时，注册会计师除了从样本量的角度考虑测试范围外，还要考虑选样方法的有效性等因素。例如，从总体中选取大额或异常项目，而不是进行代表性抽样或分层抽样。

实质性程序的范围有两层含义：第一层含义是对什么层次上的数据进行分析，注册会计师可以选择在高度汇总的财务数据层次进行分析，也可以根据重大错报风险的性质和水平调整分析层次。例如，按照不同产品线、不同季节或月份、不同经营地点或存货存放地点等实施实质性分析程序。第二层含义是需要对什么幅度或性质的偏差展开进一步调查。实施分析程序可能发现偏差，但并非所有的偏差都值得展开进一步调查。可容忍或可接受的偏差（即预期偏差）越大，作为实质性分析程序一部分的进一步调查的范围就越小。于是确定适当的预期偏差幅度同样属于实质性分析程序的范畴。因此，在设计实质性分析程序时，注册会计师应当确定已记录金额与预期值之间可接受的差异额。在确定该差异额时，注册会计师应当主要考虑各类交易、账户余额、列报及相关认定的重要性和计划的保证水平。

## 第十节 注册会计师审计风险增大趋势及其对策

**一、注册会计师审计风险日趋增加的必然性**

（1）审计报告的公开化，使关注注册会计师审计的群体增加；而公众对审计的期望过大，依赖程度过高，无形中增加了注册会计师审计的审计风险。

到目前为此，我国的上市公司达1000多家，按照证监会的有关规定，上市公司每年均应由注册会计师进行年审，并将审计报告在报刊上公布。审计报告的公开化，使越来越多的利益群体开始关注注册会计师行业，监督他们的工作。同时，由于公众对注册会计师审计行为的性质、审计报告的意义存在着误解，混淆了被审单位的会计责任和注册会计师的审计责任；或者公众对审计的期望值与审计实际所起的作用之间存在着差距。因此，在现实生活中人们自然而然地、不可避免地将所有的过错者推到注册会计师身上，进而又使更多的群体不能满意注册会计师的审计工作或对他们的审计工作更为挑剔，这些无形中增加了注册会计师审计的风险。

(2) 法律界和会计界对审计责任的界定标准未能达成共识、法庭多次出于保护"弱小群体"的目的而运用"深口袋"理论造成对注册会计师的不利判决，进一步加大了注册会计师的审计风险。

会计界认为，在一般情况下，只要审计人员严格遵守专业标准的要求，保持职业上应有的认真和谨慎，通过实施适当的审计程序和审计方法，是能够将会计重大的错报事项揭示出来的。但是，由于审计的固有限制，并不能保证将所有的错报事项都揭示出来，所以并不能苛求审计人员发现和揭示会计报表中的所有错报事项，因而也不能要求他们对于所有未查出的错报事项都负责任，关键在于未能查出的原因是否源于审计人员本身的过失。如果由于审计人员的过失未能发现和揭示会计报表中的重大错报，从而给委托单位和第三者造成了经济损失，注册会计师则要承担相应的法律责任。而法律界与公众则认为只要审计报告意见与被审单位的实际情况不符，则应承担法律责任。而且，实际上法庭在受理对注册会计师的诉讼时，较倾向于保护所谓的"弱小群体"，强调均衡损失，运用了"深口袋"理论（注：认为受伤害的一方可向有能力提供补偿的另一方提出诉讼而不问过错为谁）。认为会计师事务所和注册会计师盈利丰厚，完全有理由从其丰厚的收入中拿出一小部分来稳定受损方的情绪，以安定团结，稳定经济。法庭的这种判决，使会计师事务所和注册会计师无法摆脱不合理的风险困扰。

(3) 知识经济时代将对注册会计师的审计工作提出不同于工业经济时代的要求，这也必然会加大其审计风险。

当前，高新技术企业不断地涌现出来，高新技术企业

## 第十五章 内部控制对风险评估及应对审计风险的影响

一方面由于知识技术的创新而增加了企业的收益，但与此同时也加大了企业的经营风险。另外，知识经济时代的审计目标将不再像工业经济时代那样仅仅局限于对企业会计报表发表审计意见，而是在很大程度上借助于各种信息来预测企业盈利能力、偿债能力、持续经营能力等，对审计人员提出了更高的要求。因此，对高风险企业的审计必然为注册会计师带来更大风险。

（4）会计电算化的应用和网络技术的发展，与电算化审计的研究开发的相对滞后之间的矛盾，为审计人员在计算机信息系统环境下的审计工作带来了不同于传统手工环境下的审计风险。

利用计算机信息系统处理企业的经济业务具有数据处理过程自动化、数据存储磁性化、内部控制程序化等特点，会计信息的生成方式发生了改变。因此，利用传统的审计程序和方法对在计算机系统环境下生成的会计报表进行审计已经远远不够。审计人员除了对传统的诸如会计报表、账册凭证等审计对象进行审计外，还应对计算机会计信息系统本身进行审计，即审查计算机内的程序和文件。只有开展计算机辅助审计，才能对被审计的会计电算化系统做出客观的、公正的评价。但是，目前审计电算化的研究才刚刚起步，相对滞后于会计电算化。另外，由于审计工作本身的不规范，或者规范性的要求因未能得到重视而没有很好地执行，这也为开发研究计算机辅助审计软件和应用计算机进行辅助审计带来了难处。会计师事务所的审计人员对利用计算机信息系统处理经济业务的企业进行审计时缺少计算机辅助审计环节，将为他们的审计结论意见带来难以预测的风险。

## 二、降低注册会计师审计风险的对策

1. 分清被审单位的会计责任和注册会计师的审计责任。

对于注册会计师审计日趋增大的风险,笔者认为注册会计师除了严格遵守专业标准和职业道德守则的要求,保持职业上应有的认真和谨慎之外,还应注意通过分清企业会计责任和注册会计师的审计责任来转移本不属于注册会计师应承担的会计责任。一方面,注册会计师在与客户签订约定书时,须写明委托方对提供资料的完整性和真实性负责等内容,并对全部审计业务均要求管理当局提交一份声明书,以防止委托方提供虚假证据;或者在委托方提供虚假证据,而由于其舞弊技术的高明并加以精心的掩饰,审计人员即便采取了标准的审计程序也没能查出的情况下,作为委托方应承担会计责任的依据。现在,已经有越来越多的会计师事务所及注册师对此给予了足够的重视,关键在于怎样才能使其内容严密,不致于形同虚设。另一方面,会计师事务所、注册会计师协会应从保护注册会计师利益出发,不断地完善有关权利义务的法规,不断地与法律界沟通,使法律界能够认同审计责任的界定标准,帮助注册会计师反击那些毫无根据地扩大注册会计师责任的诉讼,进而影响公众对区分会计责任和审计责任的理解和认同。

2. 建立保障制度,增强会计师事务所和注册会计师的风险承受能力

审计风险的存在是不可避免的,会计师事务所和注册会计师也没有必要对风险"谈虎色变",而是应从保障制度上寻求帮助,提高对风险的承受能力。时至今日,我国对会计师事务所已建立了审计风险基金制度,在某种意义上缓解了会计师事务所的风险压力,但是由于各事务所的风险基金积累存在差异,因而完全有可能出现实际承担的赔偿大于积累的情况。为此,我国应尽快参照国外建立风

险责任保险制度，以适应市场经济体制的需要。另外，毕竟我们无法要求所有的注册会计师都是精通法律的全才，因此，在执业过程中，会计师事务所应聘请熟悉审计人员法律责任的、有经验的律师共同参与商讨所有潜在的危险情况，争取防患于未然；一旦发生法律诉讼，有律师的参与将使会计师事务所和注册会计师的损失降到最低限度，甚至反败为胜。

# 结束语

本书对内部控制与现代审计诸多问题，探讨到这里，基本告一段落了。我在长期的会计学教学实践中，边教学边学习边研究，体会到在我国市场经济体制日益完善、与国际接轨更加紧密的今天，我国对大中型企业等单位内部控制的要求越来越高，越来越强烈；对其审计要求也越来越高，越来越强烈；对注册会计师审计的要求也越来越高，越来越强烈。感觉这些都涉及内部控制与现代审计所关联的诸多理论与实践的问题，涉及注册会计师审计的诸多理论与实践的问题。于是，希冀结合自己的研究，吸百家之长，对其作一系统探讨。就着这样的思考，我以全书围绕内部控制与现代审计为中心，从探讨组织内部控制的起源与发展入手，探讨组织内部控制及其构成要素，切入内部控制与现代审计之课题，然后分别对内部审计、注册会计师审计诸问题进行细分和探讨，并着力探讨了内部控制对注册会计师审计的影响、注册会计师的内部控制审核、注册会计师审计的项目承接和审计范围、内部控制与注册会计师审计方法选择、注册会计师对内部控制的具体审计、内部控制与注册会计师的审计风险、注册会计师的审计责任、内部控制对风险评估及应对审计风险的影响。所重点探讨的内容，都是现代审计的主要内容，也是注册会计师审计的重点和难点。探讨这些内容，我尽力开拓新的思路，吸收新的观念和成果加以拓展，但我不知道自己的努力是否足够。我今后还要不断学习，并在教学中继续深入探讨书中涉及的有关问题，以期更科学、更具体、更完善。

# 参考文献

## 1. 书刊文献

[1] 李馨．充分发挥内部审计在公司治理中的作用[J]．工业审计与会计，2007.4．

[2] 阎达五，杨有红．内部控制框架的构建[J]．会计研究，2001.2

[3] 建立和完善企业内部审计制度[J]．陈国英．当代经济．2006，4．

[4] 罗凌．有关内部控制审核理论和方法的几点管见[J]．中国审计，2002.3．

[5] 史晓芬．重视内部控制研究与评价在审计中的发展[J]．审计与经济研究，2003.3．

[6] 米荣恩．内部控制评价[M]．北京：中国时代经济出版社，2003．

[7] 胡世强．内部会计控制规范有问必答〔M〕．四川：西南财经大学出版社，2003．

[8] 审计．财政部注册会计师考试委员会办公室．经济科学出版社，2010．

[9] 朱荣恩．建立和完善内部控制的思考．会计研究，2001.1．

[10] 胡志容，吕蓉：审计基础与实务．重庆：重庆大学出版社，2013，2．

## 2. 论著文献

[1] 胡志容．论审计环境与审计方法的演变．重庆：

重庆电子工程职业学院学报，2009.7

[2]胡志容．注册会计师法律责任的成因、认定及防范．重庆：重庆电子工程职业学院学报，2010.5.

[3]胡志容．试析审计重要性与审计风险．时代经贸，2012.13.

### 3. 网络文献

[1]《关于注册会计师对内部控制评价的理论思考》作者：张龙平 朱锦余

[2]《对企业现代审计与内部控制关系的研究》作者：佚名

[3]《论注册会计师职务侵权责任的归责原则》文章来源：互联网

[4]《法人治理、内部控制、风险防范及危机管理的起源和发展》作者：李贵友（云南凌云律师事务所律师）

[5]《内部控制的起源研究》作者：杨伟强（广东省中山市中信会计师事务所）

[6]《注册会计师审计风险的特征、成因及控制》作者：陈小英（福建农业职业技术学院）

[7]《审计与内部控制 管理人制度对CPA的影响》作者：栾甫贵（首都经济贸易大学会计学院）

[8]《影响CPA审计独立性因素的分析》作者：连起

[9]《内部审计质量控制体系思考》作者：饶庆林

[10]《企业内部控制审计相关问题探讨》作者：刘莎

[11]《内部控制及其审计》作者：李迭

[12]《内部审计质量控制体系思考》文章来源：财会通讯

## 后 记

　　本书主要以本人具体教学、实践与探索为基础,参考和吸收了全国会计学界和从事审计教育教学的专家、学者、教师重要文献的一些观点和看法,力求使本书在观点、主张等方面更新颖、系统、深入、完善。在此,本人对相关学校的领导、教师和有关专家学者一并表示衷心的感谢,一并致以崇高的敬礼!由于本人水平有限,恳请同仁和读者提出批评意见,并致以衷心感谢!